À margem
8

Frank Westerman
Engenheiros da alma

Tradução de Mariângela Guimarães
Editora Ayiné

Frank Westerman
Engenheiros da alma

Título original
Ingenieurs van de ziel

Tradução
Mariângela Guimarães

Preparação
Silvia Massimini Felix

Revisão
Andrea Stahel

Projeto gráfico
CCRZ

Imagem da capa
Boris Ignatovitch
At Hermitage, 1930

© 2002
Frank Westerman

© 2025
Editora Ayiné
Praça Carlos Chagas
30170-140
Belo Horizonte
ayine.com.br
info@ayine.com.br

Isbn 978-65-5998-173-1

Nederlands letterenfonds dutch foundation for literature

Direção editorial
Pedro Fonseca

Direção de arte
Daniella Domingue

Coordenação
de comunicação
Amabile Barel

Redação
Andrea Stahel

Designer assistente
Gabriela Forjaz

Imprensa
Clara Dias

Conselho editorial
Lucas Mendes

Este livro foi publicado
com o apoio da
Fundação Holandesa
de Literatura

Sumário

9 Prólogo
17 Escritor número 1
47 O poço sem fundo
71 Belomor
97 Botânico no deserto
125 Despotismo oriental
151 A ilusão
177 O jardim das cerejeiras de Stálin
209 Rab-Rabochi
237 Exibição de patriotismo
267 A baía de Kara Bogaz
297 *Liriki* vs. *fiziki*
325 Referências e agradecimentos

Engenheiros da alma

Aos dezessete anos, Dvanov ainda não tinha uma couraça na alma nem nenhuma crença em Deus ou em algo que tranquilizasse a razão; não deu nenhum nome estranho à vida anônima que se revelou diante dele, mas também não desejava que aquele mundo permanecesse não nomeado; só esperava ouvir o nome dele de sua própria boca, em vez de uma denominação inventada de propósito.

Andrei Platônov, Tchevengur

Prólogo

Muito tempo atrás, eu já quis ser topógrafo. Sentia-me atraído pelos topógrafos que trabalhavam em nossa rua — homens de coletes alaranjados com listras reflectivas. Olhando por um binóculo, eles conferiam todas as coisas nos arredores só para ter certeza de que tudo era realmente como parecia ser.

Eu devia ter uns dez anos? Na escola, aprendíamos sobre as capitais da Europa com um mapa em branco.

Assim que o professor Hulzebos desenrolava o continente de oleado como se fosse uma cortina de rolo, sabíamos que seria preciso dar duro. Com os ombros eretos e gestos angulosos, o professor tirava o ponteiro do gancho — um taco de bilhar fino com uma tirinha de latão na ponta. E então, virando-se para a classe, chamava um de nós para ir à frente. Era preciso mostrar um ponto no mapa com o bastão de madeira e indicar um colega. Se ele não soubesse a resposta, daí você mesmo tinha de dizer «Atenas» ou «Reykjavík» ou «Helsinque». Nessas ocasiões, um formigamento percorria meus dedos. Para mim, o ato de tocar os pontos, que dessa forma se transformavam na mesma hora em sons estranhos, era como para magia.

O mapa em branco da Europa na nossa escola era salpicado de sinais vermelhos com contorno preto. As cidades com menos de 1 milhão de habitantes eram indicadas com círculos do tamanho de uma moeda de 25 cents de florim.

9

Cidades com 1 milhão de habitantes tinham círculos do tamanho de botões de casacos. E depois havia as verdadeiras metrópoles — Paris, Roma, Berlim —, onde existia tanta gente que, segundo o professor Hulzebos, alguém que estivesse sozinho com certeza se perderia. As metrópoles eram marcadas com quadradinhos: mais de 1,5 milhão de habitantes.

De todos os quadradinhos, havia dois — bem no canto do mapa — que não precisávamos conhecer.

«Estão fora da Europa», explicou o professor Hulzebos.

«Mas como se chamam?», perguntei.

«Esta é Moscou.»

Eu já tinha ouvido falar de Moscou. Só não entendia por que aquela cidade não podia se associar ao resto da Europa.

«E esta?» Bati no quadradinho isolado no vazio para além de Moscou. A ideia de que existia, tão longe, outra cidade de 1,5 milhão de habitantes era simplesmente arrepiante. «Górki», disse o professor. A classe inteira deu uma risadinha. Górki! Soava como um lugar de conto de fadas ou o nome de um planeta. Júpiter, Vênus, Górki. Tentei imaginar um cartão-postal com «Saudações de Górki», mas foi mais difícil do que pensei. Que tipo de imagem traria?

«Górki é uma cidade fechada», disse o professor Hulzebos. «Algumas pessoas são mandadas para Górki como punição e nunca mais podem sair de lá.»

Gosto de livros sem imagens, mas com o mapa nas primeiras páginas. Se há uma foto, lá se vai a magia. É melhor desdobrar para mim a planta de um mosteiro onde ocorreram assassinatos ou esboçar a rota de uma expedição ao polo Sul que acabou de modo trágico. Linhas de frente pontilhadas em Galípoli? Um panorama do arquipélago Gulag? Se for bom, o

10

mapa no início funciona como uma vacina: dando ao leitor uma pequena dose de alucinógeno geográfico antes da partida, ele estará protegido contra delírios tropicais ao longo da viagem.

À primeira vista, isso também se aplica a *Kara Bogaz*, o livro pelo qual Konstantin Paustóvski estourou como escritor soviético em 1932.

Comecei a ler esse livro assim que fui morar em Moscou e mergulhei em leituras a respeito da antiga União Soviética, sobre a qual queria fazer reportagens. Fazia sentido que eu recorresse a Paustóvski primeiro: ele era considerado o cronista-mor da Revolução Russa, da subsequente guerra civil e dos anos de desenvolvimento do socialismo. Todos os correspondentes em Moscou sonhavam em poder fazer reportagens tendo a perspectiva de dentro, assim como ele fez. Nas palavras de Paustóvski, *Kara Bogaz* é um livro sobre a «erradicação dos desertos». Para conseguir isso, entusiasmados planejadores quinquenais projetaram um complexo industrial salineiro na costa oriental do mar Cáspio. «Um complexo assim vai infligir um golpe mortal no deserto. Com a extração de água e petróleo e a exploração de carvão mineral, serão criados oásis em torno do complexo, a partir dos quais terá início uma campanha metódica contra o areal.»

Depois da capa e da folha de rosto, antes de chegar ao primeiro capítulo, o mapa no início já conta para qual região o leitor será levado: a baía de Kara Bogaz lembra uma criança no colo de uma mulher curvada, o mar Cáspio. O cordão umbilical ainda não foi cortado. À primeira vista, a região consiste apenas de desertos despovoados e planaltos montanhosos sem nome. Os pontos de referência mais próximos são o delta do Volga e o mar de Aral, ambos a cerca de quinhentos quilômetros de distância.

11

Paustóvski cita um relato marítimo de um certo tenente Zherebtsov, um cartógrafo a serviço do czar: «Apresso-me em informá-lo que atendi ao seu pedido e trago-lhe da minha viagem marítima duas aves extremamente raras, que cacei com minhas próprias mãos na baía de Kara Bogaz. Nosso mestre de provisões se atreveu a empalhá-las e agora elas estão na minha cabine. Essas aves vêm do Egito, são chamadas flamingos e têm uma plumagem do mais fino rosa».

Paustóvski nos permite descobrir a fronteira sul do Império Soviético na esteira desse explorador marítimo.

Talvez você, leitor, consulte o mapa cem vezes — tantas vezes quantas o tenente Zherebtsov observa corpos celestes com seu sextante. Através das orientações transitórias, a história se mantém firme em seu curso; a trilha é uma linha reta. E o que se espera, mas há algo de curioso na geografia do livro de Paustóvski. Eu voltava sem cessar ao mapa do início e não me cansava de olhá-lo. O mar interior em forma de bexiga chamado Kara Bogaz me parecia incrivelmente grande. Se aquela baía (perímetro, de acordo com Paustóvski: oitocentos quilômetros) era de fato um elemento paisagístico tão proeminente como faz crer o mapa, como eu nunca a notara antes?

Num dos túneis do metrô de Moscou, comprei de um geólogo desempregado quatro mapas enrolados. Sua envergadura combinada era de 2,2 metros, abrangendo todos os onze fusos horários do antigo império soviético. De Kaliningrado, no oeste, até o estreito de Bering, perto do Alasca.

Peguei uma escada rolante em direção à luz do dia com o tubo de papel debaixo do braço. Nessa altura, eu já tinha me instalado no *KorPunkt* de meu jornal de Roterdã na praça do Trabalhador. Esse «ponto de correspondente» era um velho escritório com um telex tcheco num apartamento para jornalistas e diplomatas, um fóssil da era soviética. Corria o boato de que as grades de ventilação e tomadas elétricas estavam cheias de microfones do tamanho de cabeças de alfinete. Não sabia se isso era verdade, mas notei que os vizinhos estavam divididos, de acordo com os critérios soviéticos, em estrangeiros de nações amigas (pórtico 1) e nações burguesas (pórtico 2).

Havia uma escrivaninha de metal em frente à única janela de meu escritório. A vista era deprimente: dava para um prédio de tijolinhos à vista de catorze andares. Se eu encostasse a cabeça na vidraça, via ao lado um canteiro de obras cercado. E não existiam operários trabalhando ali, do contrário a vala não estaria coberta de sabugueiros e restos de madeira.

Como não queria olhar o dia todo para essa natureza-morta, virei um pouco a escrivaninha. Na parede à minha frente, preguei o mapa das quinze ex-repúblicas soviéticas. Ao fazer isso, abri uma nova perspectiva da qual, ao longo dos anos, nunca me cansei.

Sentado atrás do teclado (em meu cockpit), eu flutuava sobre um sexto do mundo habitado. Sem o leque de meridianos acima do computador, teria ficado na maioria das vezes desorientado.

O mapa em minha parede datava de 1991, ano do fim da União Soviética. Cidades como Leningrado, Górki e Andropovsk já tinham de novo seus nomes pré-revolucionários nessa edição. Só a mais alta montanha soviética (7.495 metros) ainda era chamada de «Pico do Comunismo».

Uma das primeiras coisas que procurei no mapa da parede do *KorPunkt* foi a baía de Kara Bogaz. Meu olhar seguia o litoral do mar Cáspio. A forma irregular na parede combinava com a do mapa no livro que eu estava lendo. Só que a baía de Kara Bogaz simplesmente não aparecia em minha versão ampliada do mapa.

Meus olhos iam e vinham entre o livro e a parede. Como era possível? Paustóvski teria inventado a baía de Kara Bogaz? E, se não: essa laguna do tamanho de Flandres teria desaparecido do mapa depois de 1932 — ou da face da Terra? Naturalmente, a falta de um mar interior de tamanho médio num mapa soviético poderia ser um exemplo de manipulação cartográfica. Cidades como Krasnoiarsk-26 e Tomsk-7, onde se extraía plutônio em escala industrial, também não eram indicadas. E se os cartógrafos soviéticos tivessem deslocado formações montanhosas inteiras na Crimeia (para mascarar a localização de um porto submarino), então também pode ter acontecido de retocarem um mapa para excluir uma baía. Talvez o «cinturão industrial» descrito por Paustóvski tenha sido aparelhado depois de 1932 com uma área de testes para antraz ou gás mostarda — e a baía de Kara Bogaz escamoteada por medo de espionagem.

A outra possibilidade era que Paustóvski tivesse criado essa bolha no mar Cáspio como cenário fictício para o livro. É claro que um romancista é livre para inventar paisagens, mas os escritores da União Soviética estavam vinculados à verdade factual, «socialista». O credo dos escritores na época de Paustóvski era «contra fabricações, estetização e engodos psicológicos por meio da arte».

O que complicava ainda mais o enigma: em meu *Atlas Mundial Times* os contornos da baía de Kara Bogaz eram indicados por uma linha pontilhada, como se os cartógrafos ocidentais estivessem em dúvida se a superfície da Terra a 41 graus de latitude norte e 53 graus de longitude leste consistia de mar ou de terra.

14

Ocorreu-me uma terceira possibilidade: será que os mapas e livros feitos na União Soviética refletiam fielmente a realidade socialista? E, se fosse assim, no que ela diferia da nossa?

Como eu não tinha mais que uma vaga ideia a respeito, resolvi pelo menos solucionar essas questões. Para isso, empreendi duas viagens: uma à baía de Kara Bogaz (pelo menos ao local onde, segundo Paustóvski, ela deveria estar localizada), e outra imaginária, paralela à primeira, atravessando a literatura soviética.

Escritor número 1

O cérebro de Máksim Górki é mantido num vidro de conservas no Instituto Neurológico de Moscou. Pesa 1,42 quilo e fatias dele foram examinadas sob microscópio em busca de traços de genialidade.

Na tarde de 18 de junho de 1936, poucas horas depois do falecimento do «artista da palavra e abnegado amigo do trabalhador», os dois hemisférios de seu cérebro foram removidos da caixa craniana e entregues à ciência soviética. Um técnico de laboratório de jaleco branco imediatamente fez um molde de gesso. «Assim, o contorno e o padrão dos sulcos e circunvoluções estarão preservados para sempre», reportou o *Pravda*.

Naquela mesma noite, o escultor do Kremlin também foi convocado para fazer a máscara mortuária de Górki. Desde então, essa relíquia está exposta numa mesinha de cabeceira ao lado da cama do escritor, onde ninguém nunca mais dormiu. Ela nos encara com olhos vazios, o bigode bem penteado e os cantos da boca esboçando um sorriso.

Por ordem pessoal de Stálin, a residência de Górki, na rua Málaia Nikítskaia, foi selada imediatamente no dia de sua morte; de acordo com suas instruções, nem um porta-guarda-chuva podia ser movido.

Passei muitas vezes em frente à Casa Górki sem notar o mosaico de íris na fachada, mas quando fui matar minha curiosidade sobre a casa do escritor, prestei mais atenção nesses ornamentos. Era um dia frio e chuvoso de outubro. A calçada brilhava com a umidade, e a cada rajada de vento as tílias lançavam punhados de folhas de outono no ar, como se fossem panfletos. Eu tinha lido num guia literário de Moscou que a Casa Górki foi construída em 1900 por encomenda de Stepan Riabushinski, um comerciante devoto que, já aos 26 anos, podia se considerar um dos vinte moradores mais ricos de Moscou. Amante da arte e colecionador de ícones religiosos, escolheu uma mansão em estilo art nouveau, um colosso anguloso com poucos ornamentos na fachada.

A entrada, sob uma varanda apoiada em pilares, ficava escondida atrás de uma grade de ferro fundido. Os visitantes do «Museu Casa Górki» eram direcionados para a entrada de serviço. Um assoalho rangente levava à chapelaria. Embora estivesse tão frio lá dentro quanto lá fora, a *babushka* atrás do balcão insistiu que eu entregasse o casaco — ela com certeza dependia das gorjetas.

Setas de papelão pregadas nas paredes apontavam para a área principal da casa. Entrei num salão impressionantemente alto, onde uma escadaria de pedra descia brilhante como uma cascata solidificada.

«Rapaz!» Um vigilante junto a um aquecedor elétrico chamou a minha atenção. Perguntou se eu não tinha visto a caixa de aluguel de pantufas.

Abaixei-me para amarrar os trapos de feltro sob as solas dos sapatos, para que eu polisse o assoalho em vez de sujá-lo.

Deslizei da escadaria até a sala de recepção. Os caixilhos das portas de madeira tinham ondulações elegantes, luxuosas, mas não exatamente barrocas. Duas cobras entrelaçadas prendiam uma luminária de vidro para cima como uma tocha.

Causava-me surpresa que um «escritor proletário» como Górki se sentisse à vontade nesse interior.

Uma porta dupla em frente à biblioteca da casa dava acesso ao escritório de Piotr, o secretário particular de Górki, que diariamente lidava com montanhas de correspondências recebidas e a enviar. Passando por um porta-guarda-chuvas, cheguei ao espaçoso escritório de Górki. O cômodo era dominado por uma enorme escrivaninha coberta com feltro verde, uma espécie de mesa de bilhar sem bordas. Seus óculos e a caneta bico de pena ainda estão ali, sob uma lâmpada de arco voltaico, e o casaco de Górki continua pendurado no cabideiro. Então esse foi o lugar onde o inquieto Alexei Peshkov finalmente encontrou abrigo. Depois de suas muitas andanças, regressou como o popular escritor Maksim Górki — «o Amargo» — a Moscou, onde Stálin cuidou dele como um pai adotivo.

A julgar pelas fotos sobre o aparador, o Pai dos Povos o visitava regularmente. Numa delas, Stálin está sentado ombro a ombro com Górki no sofá de couro, que ainda pode ser adimirado atrás da corda de veludo de uma barreira protetora. O escritor usa um barrete uzbeque bordado e mexe em seu bigode pontudo. Stálin está com as pernas cruzadas, suas botas brilham com a luz.

Numa carta a um amigo escritor francês, Górki observou: «Sou condenado por ficar do lado dos bolcheviques, que são contrários à liberdade. Sim, estou do lado deles porque sou a favor da liberdade de todos os trabalhadores honestos e contra a liberdade dos parasitas e charlatães».

Era evidente que eu começaria minha exploração da literatura soviética com Górki. No compêndio *Dez séculos de*

19

literatura russa, de 1948, Johan Daisne, diretor da Biblioteca Municipal de Gante, caracterizou Górki como «a alma e o rim de toda a literatura soviética». Ele não era apenas presidente da poderosa União dos Escritores Soviéticos, criada por Stálin na década de 1930, mas também possuía o cartão de membro número 1. Com bolsas e subsídios para viagens, Górki circulava para explorar talentos literários e ao mesmo tempo purificá-los com o filtro de sua crítica. «Pode-se dizer que quase todos os escritores soviéticos lhe devem alguma coisa, com frequência muito, às vezes tudo [...] foram descobertos ou formados por ele», escreveu o bibliotecário de Gante.

Konstantin Paustóvski falava de um sentimento especial em relação a Górki: a sensação de que ele estava permanentemente presente em sua vida. Ele escreveu: «Com pessoas como Górki, pode-se iniciar uma nova era».

Entrei em contato com sua obra pouco antes de sair de Amsterdã, quando um amigo me deu de presente um livro de bolso da Penguin. «Leia no avião para Moscou», me aconselhou. «É uma boa introdução.»

Era *Infância*, a primeira parte da autobiografia de Górki, um livro que começa com uma impressionante recordação de rãs.

Aleksiéi ainda é uma criança em idade pré-escolar. Seu pai está deitado no chão da sala, vestindo uma túnica branca, com os dedos dos pés estranhamente abertos e os olhos cobertos com moedas de cobre. Com as bochechas molhadas de lágrimas, sua mãe penteia o cabelo dele. Naquela tarde, segurando a mão de sua avó («toda preta e macia»), Aleksiéi está na chuva ao lado de uma cova à beira do rio. Quando o caixão de seu pai, que morreu de cólera, é baixado, ele escuta um coaxar. Dentro da cova de barro há rãs que se retorcem por baixo das tábuas, saltam para as beiradas, mas acabam

20

rolando de novo para baixo junto com os torrões de terra sob os quais os coveiros enterram seu pai.

No caminho para casa, o menino pergunta para a avó:

«As rãs ainda vão conseguir sair?».

«Não, elas não têm nenhuma chance. Que Deus esteja com elas!»

O funeral das rãs foi a primeira história de Górki que eu li. A miséria e o infortúnio se entrelaçam de maneira tão desesperadoras que quase não dá para acreditar que no futuro esse garoto de rua colherá mais louros na vida que qualquer outro escritor vivo antes ou depois dele.

Quando Alexei tem onze anos, sua mãe histérica, que sofria de tuberculose, também morre. Ele sobrevive trabalhando no cais e roubando madeira no bairro dos estivadores de Níjni Novgorod. Em 1887, certa noite, depois de ser demitido da função de ajudante de cozinha num navio a vapor no Volga, o garoto de dezenove anos dá um tiro no peito e, embora tenha mirado no coração, perfura apenas o pulmão esquerdo.

No entanto, o órfão Alexei Peshkov vai da miséria à fortuna — o que também é um sonho russo. Menos de vinte anos depois de sua tentativa de suicídio, em 1906, ele vê do convés superior do transatlântico *Kaiser Wilhelm der Grosse* como milhares de simpatizantes o saúdam agitando bandeirinhas no cais do rio Hudson. «Riot of Enthusiasm Greets Maxim Górky», estampa o *New York Times* na manhã seguinte. «Ele é socialista, não anarquista, e arrecadará fundos para a revolução.» Sua recepção foi abrilhantada com um banquete e um discurso de boas-vindas do escritor Mark Twain.

Górki — nesse meio-tempo mundialmente famoso por suas histórias de vagabundos — escreve do outro lado do oceano quatro panfletos antiamericanos e um romance, *A*

21

mãe. Segundo Johan Daisne, *A mãe* é «uma obra magnífica, caracterizada por uma novidade na literatura russa: "A introdução do revolucionário popular, em contraste com o nobre rebelde que Tolstói já havia trazido".

Segundo ele, Górki «finalmente» reunia realismo e idealismo: «Acabou a lamentação; surge o tom estimulante e heroico do nascente realismo socialista».

Lénin considerou *A mãe* uma obra «instrumental».

Na orelha de minha edição, o livro mais lido de Górki era louvado como «o testemunho insuperável do idealismo social». Começa assim: «Todos os dias, o apito a vapor da fábrica trepidava e rugia através do ar ensebado de fumaça do bairro operário, e ao chamado do apito surgiam das casinhas cinzentas figuras carrancudas, cujos músculos não tinham sido reconfortados pelo sono, andando pelas ruas como baratas assustadas».

A mãe serviria de modelo para a futura escola soviética de escrita. O livro é considerado o primeiro romance «realista socialista», o precursor do gênero que Stálin imporia como o único padrão permitido na década de 1930 (com a ajuda de Górki e de sua União dos Escritores Soviéticos).

Ao contrário de *Infância*, *A mãe* era panfletário. O líder grevista Pavel Vlasov, assim como sua heroica mãe, é um personagem retilíneo, e sua oposição à exploração dos trabalhadores não deixa a menor dúvida disso.

O que me fascinava era que a figura de Maksim Górki era muito mais complexa que a de seus heróis. Ele foi um escritor que se fez sozinho, um autodidata com apenas alguns anos de escola fundamental. Vivendo entre andarilhos do Sul da Rússia, ele começa a escrever as histórias desses vagabundos em 1892, aos 24 anos — já sob o pseudônimo de «o Amargo». Seu realismo bruto, sem firulas, tem um acolhimento impressionante: é considerado mais autêntico e intenso que a prosa engajada do conde-tenista Tolstói.

Os diálogos de Górki, escritos na linguagem dos excluídos, tocam um nervo da sociedade onde já fermenta a insatisfação com o autoritarismo do czar. Embriagado por seu sucesso nacional e internacional, ele se aventura no teatro demagógico e em poemas sobre albatrozes. Com os cabelos penteados para trás, o rosto pálido e os olhos azuis, ele é um ícone vivo, e mesmo antes da virada do século já estava em pé de igualdade com o médico-escritor Anton Tchékhov.

No entanto, Górki é mais impetuoso que seus contemporâneos. Ele tinha acabado de se casar com Ekaterina, a revisora de dezoito anos da *Gazeta de Samara*, quando se encanta pela atriz Maria Andriéieva, estrela de sua peça *Albergue noturno*. A estreia no Teatro de Arte de Moscou, em 1902, causou alvoroço. «Como nos entristece viver numa sociedade que se entusiasma pelo mau cheiro, pela sujeira e depravação do incitamento revolucionário», observou o crítico de *O Mensageiro*.

Onde quer que esteja, na Crimeia, em Níjni Novgorod ou em Petrogrado, Górki é vigiado pela polícia secreta do czar, a Okhrana. Em 1905, ano no qual se tramou a revolução que não foi levada adiante, ele foi o herói dos grevistas e dos amotinados. Quando, certo domingo («o Domingo Sangrento»), a Guarda Imperial abre fogo contra uma marcha de protesto de operários perto do Palácio de Inverno e os manifestantes que se dispersavam caem como lebres na neve, Górki e seus partidários clamam por uma revolta popular naquela mesma noite. «Apelamos a todos os cidadãos da Rússia para que, de modo fraternal e perseverante, comecem de imediato a luta contra a autocracia», dizia o panfleto. Numa carta a Ekaterina — a quem permanece muito ligado, apesar

23

de seus casos amorosos —, ele escreve: «E assim, minha querida, começou a Revolução Russa. Envio-lhe minhas sinceras felicitações. Pessoas foram mortas, mas não se inquiete com isso... só o sangue pode mudar a cor da história».

Dois dias depois, Górki é preso no cárcere da fortaleza de Pedro e Paulo, em frente ao Palácio de Inverno. Cientistas e artistas de toda a Europa, de Marie Curie a Auguste Rodin, exigem sua libertação incondicional. Para aliviar a pressão, o czar o liberta sob fiança e, pouco depois, enfraquecido, o imperador anuncia uma anistia geral aos apregoadores da revolução fugidos ou exilados. Isso permite que naquele mesmo ano, em território russo, Górki encontre Vladimir Ilitch Ulianov. Esse jurista precocemente calvo, que no Partido adotou o nome de Lénin, é um homem irascível que, segundo Górki, tem um olhar «irônico». A primeira conversa deles é ríspida, no entanto o célebre autor decide apoiar financeiramente a facção dissidente de Lénin. A amizade dos dois seria marcada por afeto, mas também por animosidade.

Górki arrecada dinheiro para os bolcheviques de Lénin até nos Estados Unidos, mas, assim que o odiado czar de fato cai, em fevereiro de 1917, ele recua. O intrépido revolucionário Maksim Górki começa a se rebelar contra Lénin e os seus. Ele desabafa numa carta a Ekaterina: «Esses bolcheviques são verdadeiros idiotas. Exigem em coro: 'Fora com os dez ministros burgueses'. Como é possível?! São só oito!».

Ao mesmo tempo, envolvida numa guerra mundial, a Rússia se vê à deriva. Nas pomposas ruas de Petrogrado, Górki é testemunha de saques, vandalismo e linchamentos nos mercados — por causa dos «instintos animais» que Lénin suscita entre seus apoiadores. Os bolcheviques não se sentem impelidos a controlar o povo pobre e ávido, e assim tudo que torna a

24

cidade imperial refinada e nobre é esfacelado. Em seu próprio jornal, *Nova Vida*, Górki adverte contra a barbárie «asiática» dos camponeses russos, que ameaça dominar a civilizada cultura urbana «europeia». Roma também não foi destruída por bárbaros no passado? Se aquilo continuasse, ele previa «o regresso da Idade Média», ou pior: «uma guerra civil».

Górki escreve sobre Lênin: «Ele não conhece o povo, não viveu no meio dele, apenas aprendeu nos livros como deve incitá-lo».

Dias depois da tomada decisiva do poder pelos bolcheviques, em 25 de outubro, a manchete no editorial de Górki era: CIVILIZAÇÃO EM PERIGO! Para conter a iconoclastia das massas, ele organiza vigílias noturnas de intelectuais em palácios e monumentos. Noite após noite, «tropas de ordem» invadem os pátios dos ricos com baionetas em punho. Para irritação dos milicianos de braçadeiras vermelhas, Górki acolhe dezenas de refugiados em sua casa, escritores e poetas perseguidos, uma linda baronesa de nome Benckendorff e um grão-duque que, além do mais, é parente dos Romanov.

Górki qualifica Lênin e Trótski como «incendiários conduzindo uma experiência cruel com o povo russo».

Trótski responde: «Górki saúda a revolução como um diretor covarde de um museu de cultura».

Górki, em suas colunas no jornal: «Lênin e Trótski não têm a menor noção do que é a liberdade».

Trótski, agora furioso: «Ele é um contrarrevolucionário».

Isolado de seus partidários, o escritor do povo se sente solitário e enjeitado, assim como antes. O humanista que certa noite, chorando de vergonha, pôs uma cédula de um rublo nas mãos de uma prostituta infantil, se pergunta se não está a ponto de se tornar um misantropo. «Eu deveria fundar meu próprio partido», escreveu a Ekaterina em março de 1918. «Contudo, eu não saberia dar-lhe um nome. É um partido com apenas um membro, que sou eu.»

Naquele mesmo mês, Trótski assina o Tratado de Brest-Litovsk com os alemães, mas a paz imediatamente dá origem a uma nova guerra: entre os brancos e os vermelhos, em seu próprio país. Para não perder tempo, os bolcheviques põem em prática seu «comunismo de guerra»: com decretos firmes, as fábricas são postas sob controle dos trabalhadores, enquanto os «comitês dos pobres» passam a governar os povoados. O caos e a escassez se multiplicam, os exércitos brancos ganham terreno. Durante a fome que assola Petrogrado e outras grandes cidades, Górki está à frente da administração de uma editora estatal e de um fundo de cultura. Ele consegue uma «ajuda artística de emergência» para Dmitri Shostakovich, para que o garoto de quinze anos possa concluir o conservatório. Com um «terno estrangeiro, que veste seu corpo como um saco», ele também ajuda Isaac Babel a sobreviver com um «subsídio literário de viagem», enquanto o emaciado professor Pavlov, que ganhara o Prêmio Nobel com sua pesquisa sobre o reflexo condicionado com cachorros, recebe uma «cota acadêmica» adicional.

Contudo Górki sofre cada vez mais com comissários do povo desconfiados e procedimentos burocráticos. Quando, em 1921, o poeta Aleksander Blok precisa de atendimento médico urgente na Finlândia («ele está sofrendo de escorbuto; aqui com certeza irá morrer») e seu visto é negado, Górki viaja a Moscou para fazer pessoalmente uma queixa a Lênin. Ao voltar, com o visto de saída em mãos, descobre que Blok tinha morrido no dia anterior. Górki deixa escapar que Lênin é um sonhador, «uma guilhotina pensante». No entanto, por mais intocável que o escritor acredite ser, suas críticas já não são toleradas.

Lênin pensa em tomar medidas. Ele aborda Ekaterina com a observação de que seu marido está sofrendo dos nervos. «Afinal ele é um artista... Não seria melhor se nos deixasse, se fosse se tratar, descansar um pouco, e reavaliasse a situação de longe?»

Fisicamente, ele com certeza estava em má forma. Górki sofria com o pulmão perfurado, tossia e expectorava. A «magreza de sua figura» também chamou a atenção do jovem Babel. Na presença de Ekaterina, Lênin o repreende («Você está cuspindo sangue e ainda não foi embora!») e ao mesmo tempo o incentiva a se tratar: «Vá para o exterior, para a Itália ou Davos».

Na lembrança de Górki, foi uma ameaça: «Se você não for, será deportado».

Durante a maior parte da década de 1920, Górki morou com vista para o fumegante Vesúvio. Ele foi diagnosticado com tuberculose, mas o clima mediterrâneo, combinado com injeções de cânfora, mantinha suportável a dor em seu peito. Seus livros continuavam sendo best-sellers na Europa, de maneira que ele não precisava se preocupar com os rendimentos. Depois de uma temporada num sanatório na Alemanha, ele e seus acompanhantes se mudam para um casarão com vinhedos em Sorrento, não muito longe de Nápoles.

Seus hóspedes e convivas reparam em como Górki parecia relaxado. Não se arrumava como os italianos, vestia-se casualmente, como um turista. Era mais fácil vê-lo de colete que de paletó, e, ainda que continuasse tão consciencioso quanto antes, raras vezes se irritava. Górki (apelidado de «Djuka») era o *pater familias*, estava cercado por sua amante «Titka» (por extenso: baronesa Maria Benckendorff-Budberg), seu filho Maksim, sua nora Nadezhda, as duas filhinhas deles, Marfa e Dária, e Piotr, seu secretário pessoal.

Górki tenta se concentrar num romance épico (*A vida de Klim Sanguine*) sobre o papel da intelligentsia russa no período que antecedeu a revolução. Escreve à mão, sem nunca tocar uma máquina de escrever, fumando sem parar, com tragadas apressadas. Nesse meio-tempo, ele se corresponde com Thomas Mann, H.G. Wells, Knut Hamsun, Henri Barbusse, Romain Rolland e outros com quem tinha afinidade. A correspondência recebida é traduzida para o russo na sala de jantar — na mesma mesa onde Titka serve na hora do almoço o *pelmeni*, a versão russa do ravióli.

Embora Górki seja desdenhado pela comunidade de emigrados russos, ele é o típico emigrante russo. Está constantemente dividido entre a nostalgia e a ojeriza. Numa edição parisiense da «imprensa branca», ele lê: «Que posto Maksim Górki ocupou sob os bolcheviques? Pois é, o de corruptor-mor da intelligentsia», mas os «vermelhos» também o atacam. O que mais o machuca é um comentário de Vladimir Maiakóvski, o aclamado poeta soviético, muito ativo com seu movimento literário Frente de Esquerda. Em Moscou, Maiakóvski se revela um inovador que dá forma à arte proletária ao associar o futurismo a uma grande reverência pelas conquistas dos comunistas. Sobre Górki, ele comenta: «Ele é um peso morto. De nenhum valor para a literatura russa».

Contudo, Maiakóvski se engana. Quando Lênin, paralisado por hemorragias cerebrais, morre em janeiro de 1924 e é exibido na praça Vermelha como um santo soviético mumificado, o obituário escrito por Maksim Górki é o que causa maior impacto. «A vontade sobre-humana de Lênin não desapareceu da face da Terra», escreve ele no *Pravda*. «Ela continua viva na alma do povo.»

Josef Stálin, o georgiano filho de sapateiro que habilmente se apossou do poder, se recusa a descartar Górki. O novo estrategista do Kremlin tem planos de longo prazo para ele. Ao se deparar com uma charge em que o escritor é retratado como barão de Sorrento, ele chama o artista de «patife». A seus olhos, Górki ainda é útil como figura de proa e cão de guarda da literatura soviética, contanto que seja persuadido a regressar à sua terra natal. Isso deveria acontecer com a ajuda de uma operação secreta, acredita Stálin, que convoca o camarada Guenrikh Iágoda, chefe de seu serviço de segurança, e o encarrega de atrair o escritor do povo de volta a Moscou.

Com pequenas gratificações (Górki de repente recebe polpudos adiantamentos sobre livros ainda não publicados) e uma enxurrada de cartas (escritas à mão por uma seleção de agentes secretos), o chefe do serviço de segurança começa a atrair sua presa. Górki é bombardeado com correspondências de fãs, «leitores» simples, operários e camponeses, às vezes com apenas uma exclamação: «Como você pode preferir a Itália fascista em lugar da Rússia socialista?».

O nostálgico Górki passa a ver o regime soviético de maneira cada vez mais indulgente, mas, quando fica sabendo que a viúva de Lênin está redigindo um índex de livros proibidos, que, além da Bíblia e do Alcorão, também inclui obras de Platão, Dante e Tolstói, ele ameaça sem hesitação renunciar à sua cidadania soviética. «Sou um mau marxista», escreve a um colega escritor em Moscou, em setembro de 1927. «Sou por natureza incapaz de compreender como as massas, uma nação ou uma classe podem ser idealizadas.» Cópias das cartas de Górki estão arquivadas por data em seu dossiê na Lubianka, o quartel-general dos serviços secretos de Moscou. Fica evidente em outra carta, enviada seis meses mais tarde, que Górki suspeitava de alguma coisa, desconfiava que em sua correspondência da Rússia talvez houvesse falsificações. Nessa carta, ele conta que é presidente de honra de uma colônia para «crianças socialmente perigosas» em algum lugar na Ucrânia. «Veja só, eu me correspondo com essas crianças e, em resposta a cada carta, recebo 22 de volta. Esse é exatamente o número de assistentes dos vários departamentos. Estranho, não?»

A curiosidade e a saudade acabam convencendo Górki a visitar seu país natal (pouco depois de completar sessenta anos). No dia 20 de maio de 1928, ele embarca num trem em Nápoles para sondar pessoalmente o que tinha acontecido com a União das Repúblicas Socialistas Soviéticas durante sua ausência.

A praça em frente à estação da Bielorrússia, onde hoje em dia o barulhento tráfego se comprime ao passar pela estátua de granito de Górki, fica lotada de gente desde cedo. Centenas de milhares de moscovitas querem ver com os próprios olhos o regresso do filho pródigo soviético. Seu exílio de sete anos é perdoado pelas massas, como anuncia o Comissariado Popular para a Cultura. Mais que isso: «O proletariado triunfante o recebeu em êxtase num gigantesco abraço». Apesar de sua ossatura fragilizada, Górki é carregado nos ombros, sacudido e saudado como um campeão de luta livre.

Ele escreve a Ekaterina em Nijni Novgorod: «Tenho de andar pelas ruas maquiado e com barba postiça, é a única possibilidade de ver alguma coisa de Moscou».

Socialistas e não socialistas no resto do mundo acompanham a expedição de Górki com a respiração contida. Querem saber dele se o regime soviético está sendo bom ou não. O melhor indicador, sobre o qual ao mesmo tempo há a maior controvérsia, é a pergunta: como o regime revolucionário trata seus dissidentes, seus apóstatas e seus inimigos?

Emigrados russos em Paris e na cidade de Harbin, no norte da China, insistem que os bolcheviques fundaram um governo de terror. Há anos eles estão se remoendo sobre suas malas, esperando pela reconquista dos bens expropriados e saqueados. Em 1925, publicaram um livro negro sobre o serviço secreto sob a liderança implacável de Félix «de Ferro» Dzerjinski: *Nas garras da Tcheka*. Nele, há um fragmento de uma carta de um membro do Exército Branco que foi mandado para as ilhas Solovki subárticas em 1921: «Nós, oitocentos homens, estamos a 250 verstas de Arkhangelsk. Não temos nada para comer, passamos frio e não acreditamos que alguém sairá vivo daqui. Se for possível, ajude de alguma forma. Adeus. Seu filho, E.».

É inegável que as ilhas Solovki serviram como um local inóspito para despejo de pessoas durante a guerra civil, onde prisioneiros de guerra eram desembarcados e deixados sem comida, mas, ao longo da década de 1920, esse local de exílio próximo ao círculo polar teria sido transformado num «campo de reeducação» autossustentável, com tratamento humanitário. Comunistas na Europa e nos Estados Unidos teimam que os infratores da lei sob a ditadura do proletariado eram tratados de forma mais justa que as vítimas da «justiça de classe» no hemisfério capitalista. Afirmam que os camaradas têm um sistema judicial humano: esforçam-se para «reeducar» figuras antissociais e torná-las menos egoístas, pessoas melhores.

Uma «lavagem cerebral», dizem seus oponentes. O Campo Solovétski para Propósitos Especiais (conhecido pela abreviatura: Slon) nas ilhas Solovki, no mar Branco, é o mais controverso. A maioria dos presos políticos condenados com base no artigo 58 da Constituição Soviética (atividades contrarrevolucionárias) era enviada para lá por uma média de três anos «para medidas corretivas». Eram artistas e intelectuais, mas também anarquistas, obscurantistas, monarquistas.

Contudo acontece o que ninguém esperava: Stálin concede a Górki, como primeira e única pessoa externa, acesso ao Campo para Propósitos Especiais. Durante seu segundo giro pela União Soviética, no verão de 1929, ele é autorizado a submeter o Slon a uma inspeção.

Ele chega num dia ensolarado de junho, vestido com um terno bege. A seu lado, na amurada do navio a vapor *Gleb Vokin*, está uma jovem com calças de couro — sua nora Nadezhda.

Todos os dias, durante a temporada de navegação, um barco de passageiros sai do mercado de peixe de Belomorsk para as ilhas Solovki. Certa manhã, no outono do ano 2000, eu embarquei ali, acompanhado por moscovitas barulhentos que tinham comprado um pacote numa agência de viagens para «turismo de gulag». Havia um vento terral muito forte, mas o mar Branco nem marulhava. Nossa balsa inclinou alguns graus, problema que o capitão «compensou» se encostando na parede lateral da cabine do leme. Enquanto os moscovitas brindavam, ele conseguiu manter o rumo e, depois de três horas de navegação, tínhamos terra à vista.

O mosteiro de eremitas de Solovki foi o primeiro a se delinear. Eu já era familiarizado com ele de forma estilizada: a abadia está retratada em tinta roxa na nova cédula de quinhentos rublos. As torres da fortaleza do mosteiro e os domos em forma de cebola que se veem acima delas são um emblema da Rússia pós-comunista. Durante seis séculos, esse foi o principal local de peregrinação dos penitentes ortodoxos russos. Devido à sua localização remota, era também um local de refúgio para monges perseguidos, um lugar silencioso que todo inverno ficava cercado por uma borda de gelo que se amontoava, coberta por uma camada de neve.

Ao chegar à baía da Prosperidade, meus companheiros de viagem saíram em disparada, filmando e fotografando, em direção às muralhas de um metro de espessura do mosteiro, o que me fez decidir explorar a ilha primeiro. Deixei para trás os desembarcadouros com cúteres, passei por um galpão do serviço de resgate e por um canteiro de capim com instrumentos meteorológicos. Aparentemente, os 1.340 ilhéus viviam em casas construídas muito próximas umas das outras, porque logo depois do centro do povoado a estrada com pavimento de concreto terminava abruptamente.

Fui ultrapassado por uma motocicleta com sidecar da marca Ural; o motorista apontou para o assento vazio e se fez passar por taxista. Aceitei a oferta e disse bem alto, por causa do barulho, que queria ir até a montanha do Machado.

Ele fez que sim com a cabeça e eu entrei no sidecar.

Em meu mapa turístico de Solovki, a montanha do Machado, o ponto mais alto das seis ilhas, estava marcado com duas estrelas: uma para «vista pitoresca» e outra para «monumento histórico».

Depois de meia hora andando ao longo de uma monótona fileira de árvores, Igor — esse era o nome do motorista — me deixou no sopé de uma colina coberta de pinheiros e áceres. Ele disse que cobrava uma tarifa por hora, eu mesmo deveria decidir quanto tempo aguentaria ficar ali em cima.

Tomei um caminho sinuoso, que serpenteava até o alto, como num conto de fadas, e senti o perfume dos pinheiros. No meio dessa subida, Górki e seus anfitriões descansaram por um momento. Sabia-se pouco sobre seus três dias de visita a Solovki, mas existe uma foto que prova que ele subiu a montanha do Machado. O escritor está de ombros encolhidos, apoiado em sua bengala. Um dos guardas do acampamento leva um galho de primavera florido. Ele está rindo.

Numa curva mais acima, os áceres desaparecem e surge um pequeno templo, rebocado há não muito tempo: a Igreja da Decapitação. Uma construção quadrada com janelas altas. Na altura do telhado com cúpula de cebola, vejo uma lâmpada de farol de fabricação soviética. Eu já conhecia uma série de métodos bolchevistas para a dessacralização de igrejas, sinagogas e mesquitas. Destinações comuns eram usá-las como silos ou estábulos (nas áreas rurais) e planetários ou museus do ateísmo (nas cidades). Também conheci templos que viraram fábrica de botas, depósito de pesticidas, delegacia de polícia, ginásio ou prisão. Uma igreja-farol eu ainda não tinha visto.

Uma cabra pastava num campo mais além da copa das árvores. Sua barbicha balançava de maneira regular, como um metrônomo, enquanto ela olhava para uma paisagem de lagos espelhados, cercada por florestas de pinheiros, com o mar Branco ao longe. Li em meu guia que as ilhas Solovki (uma área total de trezentos quilômetros quadrados) têm 562 lagos de água doce, «que, devido à sua localização protegida, são um local de descanso procurado por incontáveis pássaros».

Era difícil conceber que a Igreja da Decapitação tivesse sido usada como cela de isolamento e local de tortura. Histórias terríveis do período do Slon afirmavam que músicos de jazz, falantes de esperanto, poetas satíricos e tantas outras pessoas consideradas «inimigas do povo» tinham sido torturadas até a morte nesse terreno sagrado. Teriam sido empurradas por uma escadaria de 365 degraus, do lado leste da montanha, amarradas a pedaços de troncos.

Depois de procurar por um tempo, encontrei a escada: um colosso desengonçado de madeira, agora já meio apodrecido. TRANSPOR POR SUA PRÓPRIA CONTA E RISCO, advertia uma placa. Bem quando eu quis testar a estabilidade do corrimão, ouvi passos na terra atrás de mim. Uma aparição de mechas esvoaçantes veio em minha direção: cabelos saindo de um coque, xale de lã nos ombros, polainas de tricô. Devia ser a faroleira.

Cumprimentei e perguntei se podia ser mesmo verdade que prisioneiros eram empurrados dali em troncos de árvores.

«Sim, é o que as pessoas dizem.»

«Quem são essas 'pessoas', se me permite perguntar?»

A faroleira soltou a cavilha à qual sua cabra estava presa para enfiá-la de novo no chão alguns metros mais à frente. «Até onde eu sei: Alexander Soljenítsin. Foi ele quem escreveu isso.»

«Mas e o corrimão? Um tronco de árvore não enroscaria ali?»

«É, mas as pessoas dizem que o corrimão só foi feito depois.»

«Pessoas?»

«Alexander Soljenítsin.» A faroleira se levantou com uma mão nas costas. «O senhor ainda tem mais alguma pergunta?»

Balancei a cabeça negativamente e agradeci.

«Então são seis rublos.»

«Seis rublos?»

«A taxa de entrada.»

Em *Arquipélago Gulag*, Soljenítsin descreveu, quarenta anos depois, a viagem de Górki a Solovki como um acontecimento trágico. Tudo se resumiu ao fato de o escritor, segundo um antigo costume russo, ter sido guiado por uma «Aldeia Potemkin», nome dado a uma construção de fachada. O termo data de 1787, ano em que o ex-amante de Catarina, a Grande, o conde Potemkin, ergueu fachadas de madeira em vilarejos para que a czarina, de sua carruagem, tivesse a impressão de que estava visitando regiões prósperas.

Górki teria visto uma prisão Potemkin. No relvado atrás da Igreja da Decapitação, os prisioneiros estavam confortavelmente sentados ao sol, lendo o jornal do Partido, relata Soljenítsin. Semanas antes da chegada do ilustre convidado, já havia grande agitação entre a administração do campo — a enfermaria teve de ser desinfetada, os presos receberam um novo conjunto de roupas e foi construída uma «alameda» com abetos plantados às pressas. Na recepção, deveria haver arenque com cebolinha. Em suma, tudo foi organizado para evitar que Górki e sua nora vissem o verdadeiro regime do campo durante a inspeção, mas os guardas subestimaram a engenhosidade dos condenados: em sinal de protesto, eles seguraram os jornais distribuídos de cabeça para baixo. «Górki foi até um deles e, em silêncio, virou o jornal na posição correta», é o que se conta em *Arquipélago Gulag*. O escritor-inspetor teria se omitido de fazer mais perguntas e depois elogiou a administração do campo «no livro de comentários feito especialmente para ele»: «Não sou capaz de expressar minhas impressões em poucas palavras. Não tenho vontade de — e seria vergonhoso — reduzir a elogios comuns os lúcidos e incansáveis guardiões da revolução, que ao mesmo tempo são intrépidos criadores de cultura».

Razão suficiente para que Soljenítsin condenasse o «lamentável comportamento de Górki» sem pensar duas vezes, mas tenho minhas dúvidas se o escritor não se fez de cego. Talvez sua capacidade crítica tenha de fato sido anestesiada pelo anseio com que ele esperava que Solovki fosse uma «ilha-prisão digna». Por outro lado, no que Soljenítsin baseou sua asserção? A inspeção de Górki aconteceu duas décadas antes da experiência de Soljenítsin no gulag. Poderia ser que, em 1929, o sistema disciplinar soviético ainda não tivesse se degenerado em crueldade?

De volta ao sidecar, perguntei a Igor o que eu queria ter perguntado à faroleira: de onde vem o nome da Igreja da Decapitação?

Um sorriso apareceu em seu rosto contraído pelo esforço. Com uma mão livre, fez *zap zap*, um movimento cortante no ar, gritando «João Batista! Entendeu?».

Horas depois, naquela tarde, no claustro da abadia, vi de novo os moscovitas. Estavam na galeria mais alta e direcionaram suas câmeras de vídeo para o pátio interno. Freiras com enxadas, que capinavam lá embaixo, nem olharam para cima ou para os lados. Meus companheiros de viagem foram guiados por Oleg Filipov, um historiador de São Petersburgo, «especialista em gulag», que tinha ido morar no mosteiro de Solovki. Filipov parecia um homem tímido e sério. Quando falava, seus óculos baixavam e ele adquiriu o hábito de empurrá-los mais que depressa de volta para cima do osso nasal. O guia nos levou até uma masmorra, onde um monge com um hábito que ia até os tornozelos operava uma antiga caixa registradora.

«Entrada: oito rublos. Ex-presidiários e familiares: GRÁTIS», estava escrito com canetinha numa tabuleta de papelão.

Atrás de uma porta com guarnições de ferro, havia uma exposição que seguia a cronologia da era Slon. Na sala mal iluminada havia uma foto dos operários que substituíram as cruzes ortodoxas nas torres da igreja por estrelas de cinco pontas. Oleg Filipov contou que, de início, os monges foram deixados em paz e podiam rezar e contemplar sem serem perturbados, desde que se abstivessem de cantar ou tocar os sinos.

Na década de 1920, os condenados também tiveram a oportunidade de se desenvolver espiritualmente. Os atores entre eles formaram uma companhia de teatro (o refeitório ao lado da Igreja da Transfiguração foi convertido num teatro com 750 lugares), e os músicos, uma orquestra de câmara (com quinze integrantes e um maestro). O Campo para Propósitos Especiais tinha seu próprio jornal, o *Crocodilo de Solovki*, editado e impresso pelos prisioneiros.

Imaginei que essas atividades criativas tinham um alto teor Potemkin, mas parece que não era o caso. Filipov listou as conquistas científicas da comunidade SLON como se fosse a coisa mais normal do mundo. Os agrônomos, por exemplo, conduziram experimentos de melhoramento de plantas na horta do mosteiro. Os meteorologistas estudaram a aurora boreal; os ornitólogos, a variedade de pássaros. Além dos trinta estudos acadêmicos concluídos em Solovki, o teólogo condenado Pavel Florenski descobriu como extrair iodo do ágar-ágar, uma alga vermelha e gelatinosa.

«Graças ao padre Florenski, existe até hoje uma fábrica de ágar-ágar na ilha», contou Filipov.

Contudo, e quanto às crueldades?

«Elas existiram», observou o guia. «No entanto, só mais tarde. Talvez pareça um paradoxo para o senhor; música, teatro, pesquisa científica e, de repente, *cabum*! torturas, execuções... Mas com vocês não foi diferente na Alemanha. O país de Heine e Goethe também não gerou Hitler?»

Quis objetar dizendo que eu não era alemão, mas bem naquele momento o círculo de ouvintes se moveu em direção a uma vitrine dedicada a Maksim Górki. Estavam expostos alguns de seus romances da biblioteca do Slon, gastos de tão lidos, e também um desenho em bico de pena no qual ele parecia irritado.

Nosso guia leu em voz alta uma citação de Górki na revista *Nossas Conquistas*: «E, portanto, a conclusão inevitável é: campos como os de Solovki são necessários».

Aquela frase arrancou assobios dos moscovitas.

Mas eu queria saber se, em junho de 1929, Górki tinha sido enganado ou não. Era verdade a anedota dos jornais de cabeça para baixo atrás da Igreja da Decapitação?

Filipov empurrou os óculos para cima. «Essa é uma história apócrifa. Soljenítsin escreveu isso.»

Perguntei sobre as primeiras torturas e fuzilamentos documentados.

«Tenha paciência, tenha paciência», disse o guia. «Vamos chegar a isso agora. Três meses depois da visita de Górki, um ex-coronel do Exército Branco fez uma tentativa de fuga. Falhou e, como retaliação, ele e 33 companheiros de prisão foram executados em outubro de 1929.»

Depois da viagem exclusiva de Górki a Solovki, Stálin — como uma espécie de última ofensiva de charme — inicia uma correspondência pessoal com o escritor em Sorrento. O líder soviético o mantém informado, de próprio punho, sobre a coletivização da agricultura, ainda que sem detalhes sobre as execuções de cúlaques (camponeses com mais de duas vacas ou um telhado de zinco) ou sobre a fome que aumentava a seu redor. Ele manda enviar a Górki relatórios sobre o progresso da rápida industrialização no contexto do Primeiro Plano Quinquenal, com dossiês separados «relativos a sabotadores nos mais altos escalões da engenharia», incluindo os estenogramas de interrogatórios nos quais os suspeitos admitem sua culpa.

Por meio do chefe da inteligência, Iágoda, o secretário particular de Górki recebe 4 mil dólares em dinheiro para a compra de um carro na Itália.

Na primavera seguinte, uma casa milionária na rua Malaia Nikitskaia espera por Górki em Moscou. É a mansão art nouveau de Stepan Riabushinski, o poderoso magnata do comércio que, fugindo das hordas bolcheviques, teve de deixar para trás sua casa com móveis e tudo. Como um pai atencioso, Stálin aparece regularmente para visitas. Numa dessas ocasiões, Górki recita seu poema «A virgem e a morte», e depois disso seu visitante pega a coletânea e rabisca no meio da página: «Melhor que o *Fausto* de Goethe! (O amor vence a morte) J. Stálin».

Os clássicos de Górki, como a peça *Albergue noturno*, àquela altura já fazem parte do repertório-padrão dos teatros russos. Por ordem das autoridades, *A mãe* é publicado em 61 idiomas, incluindo o dos iacutos e o dos calmucos — povos soviéticos que não tinham linguagem escrita antes da revolução. Stálin concede a Górki a mais alta honraria civil, a Ordem de Lênin, e o nomeia membro da Academia de Ciências. O Serviço Cinematográfico recebe a instrução de produzir o filme *Nosso Górki*, enquanto uma comissão estatal tem de preparar homenagens nacionais a Górki em 1932, por ocasião do quadragésimo aniversário de sua estreia como escritor. Durante essas festividades, os jardins ao longo do rio Moscou recebem o nome de parque Górki. Além disso, o Instituto de Literatura de Moscou recebe seu nome, bem como um avião de seis motores, um navio de passageiros de dois andares e uma montanha na Ásia Central. A rua de maior prestígio em Moscou, a Tverskaia, passa a se chamar rua Górki, e, como é considerado um dever cívico participar dos tributos nacionais a Górki, centenas de diretores de escolas e fábricas e presidentes de colcozes (propriedades rurais coletivas) põem efígies de Górki em seus portões de entrada.

Apenas o rebatismo do Teatro de Arte de Moscou encontra certo protesto por parte do editor-chefe do *Izvestia*, que se ocupa da política literária em nome do governo. «Contudo, camarada Stálin, o Teatro de Arte na verdade é mais associado a Anton Tchékhov.»

«Isso não importa», responde Stálin. «Górki é um homem vaidoso. Devemos atá-lo com cabos ao Partido.»

Como bônus, ele ainda manda substituir o nome da cidade Nijni Novgorod por Górki em todas as futuras edições de mapas e atlas do país.

Ainda um tanto envergonhado com o culto à sua figura, Górki diz a um amigo: «Hoje, pela primeira vez, escrevi 'Górki' num envelope, em vez de Nijni Novgorod. Pensando bem, é embaraçoso e desagradável».

Em abril de 1932, justo quando Górki decidiu se estabelecer permanentemente em Moscou, Stálin manda dissolver todos os clubes de escritores. «O sectarismo na literatura deve acabar», determina diante do Politburo. «O conteúdo social da nossa literatura deve ser elevado a um nível mais alto.» E ele deixa a implementação do decreto «Sobre a reestruturação das organizações literárias» sob responsabilidade de Maksim Górki.

Por iniciativa própria, Górki já tinha começado a procurar um denominador comum para definir o caráter revolucionário da literatura soviética. Em 1928, ele estimulou a comunidade dos escritores em Moscou a trabalhar unida no espírito socialista, vinculando a partir dali o realismo (leia-se:

a realidade soviética em transformação) à perspectiva de futuro que se acenava. Ele batizou esse novo movimento de «realismo romântico», mas não pegou. A geração mais jovem de escritores soviéticos via Górki, de certa forma, como um intruso que tinha ignorado os experimentos dos anos 1920. Se havia alguém que inspirava enorme respeito era Vladimir Maiakóvski. Esse poeta comunista, que não tinha nem a metade da idade de Górki, via como sua missão criar uma arte socialista que, por definição, fosse orientada ao futuro e que, portanto, tinha de ser radicalmente inovadora. Como um pregador rebelde («o 13º apóstolo»), ele proclamava o evangelho da revolução, muito mais arrojado e progressista em forma e estilo do que Górki.

«A respeito de tudo o que foi feito antes, estampo: *nihil*», escreveu o apaixonado Maiakóvski.

Seus versos caíram no gosto do Comissário do Povo para a Cultura, mas não no da Associação de Escritores Proletários, entidade sempre fiel ao Partido. Uma briga com colegas invejosos, acompanhada de um amor impossível por uma garota de dezoito anos, filha de emigrantes em Paris, acelerou a queda de Maiakóvski. Quando ele quis se casar com ela na França, em 1929, seu visto de saída foi negado. Seis meses mais tarde, pouco depois de completar um último poema de louvor ao Plano Quinquenal, Maiakóvski deu um tiro no coração. «Esse não é o melhor método», dizia sua nota de suicídio. «Não recomendo a ninguém.»

Postumamente, o poeta ganhou sua própria estação de metrô e sua própria montanha, o pico Maiakóvski, nas montanhas Pamir (6.095 metros).

Com sua morte, a União Soviética perde seu comandante literário — o que torna mais fácil para Górki assumir esse papel. Apesar de seu problema pulmonar, ele desenvolve grande atividade em sua mansão em Moscou. De manhã, trabalha em seu romance *A vida de Klim Sanguine*; à tarde, atende escritores iniciantes; e, à noite, escreve cartas fazendo pedidos a Stálin. Os favores solicitados vão desde a assinatura de uma revista ocidental de biologia para a Biblioteca Lênin até pedidos de clemência para «talentos injustamente criticados».

Em meio a essas atividades, Górki trabalha na tarefa que lhe foi confiada: dinamizar a literatura soviética. Ele quer introduzir uma estética nova, embelezada por simplicidade e clareza, sob medida para a república camponesa e operária. Seu mote: «Quanto mais compreensível uma obra de arte, mais sublime». Quando colegas escritores utilizam termos regionais desconhecidos, ele os repreende: «Um estilo rebuscado reduz o alcance da sua criação». Um livro deve edificar, a União Soviética não está à procura do tipo hollywoodiano de entretenimento.

Em 26 de outubro de 1932, dezenas de escritores presentes em Moscou são inesperadamente mobilizados para comparecer naquela mesma noite à casa do escritor do povo. Não são informados sobre quem mais foi convidado ou do que se trata, apenas são advertidos de que será insensato não comparecer.

Górki recebe seus hóspedes ao pé dos sólidos degraus da escada de pedra; Piotr auxilia com os casacos e leva até a sala de jantar os convidados, que se sentam do lado direito da longa mesa, em três fileiras com diversos tipos de cadeiras. Só quando todos estão sentados, a porta se abre de novo e Stálin faz sua entrada. O georgiano usa, como sempre, uma túnica verde-escura e botas que vão até os joelhos. Num alvoroço, os escritores e poetas se levantam, mas Stálin indica com um gesto que aquilo não é necessário. Aqueles que nunca tinham visto o generalíssimo pessoalmente ficam impressionados com seu domínio do ambiente. Os membros do Politburo que foram junto, Molotov, Voroshilov e Kaganovich, agem com a rigidez de lacaios.

«Górki ficava sentado lá atrás, à esquerda.»

Uma vigia sobre solas de feltro deslizou em silêncio até mim. Com um movimento de queixo, ela apontou para um lugar junto à janela que estava arrumado com um prato simples, um guardanapo e uma xícara. Estávamos com os joelhos encostados na corda decorativa, a linha lateral de onde se podia contemplar a histórica suíte. O interior não havia sido alterado nas últimas décadas; ainda tinha os mesmos lambris elegantes e o mesmo assoalho de tacos artisticamente dispostos.

Naquela noite de 1932, a mesa transborda de vinho, vodca e *zakuski* — petiscos. O piano de cauda Bechstein, que sozinho já ocupa um quarto do espaço, está encostado na parede. As cortinas fechadas, as lâmpadas do lustre, em forma de vela, acesas. Entre os quarenta escolhidos estão o futuro vencedor do Prêmio Nobel, Mikhail Sholokhov (*Terra e sangue*, *O Don silencioso*), e partidários do governo, como Fiódor Gladkov (*Cimento*) e Valentim Kataiev (*Uma chácara na estepe*). Ausentes notáveis são Boris Pasternak, Mikhail Bulgákov, Óssip Mandelstam, Anna Akhmatova e outros espíritos rebeldes.

O decorrer daquela noite pode ser reconstruído com bastante precisão a partir das memórias de vários escritores. Em seu discurso de boas-vindas, Górki constata que a literatura da União Soviética já tem uma biblioteca bastante grande. «Nela se encontram livros bons, mas também ruins.» Ele acha que é hora de trocar ideias sobre a criação da literatura soviética de alto nível, «uma literatura digna do 15º aniversário da revolução, que se aproxima».

Depois do primeiro gole de vodca, Górki dá a palavra aos escritores. Seguem-se alguns discursos cautelosos, nos quais os presentes sublinham que não devem se isolar em torres de marfim. Os oradores pesam suas palavras, sem saber o que se espera deles. Fazem seu brinde sem improvisações, usando as fórmulas seguras e infalíveis da tradição, evidentemente, à saúde e à sabedoria ilimitada de seu líder.

Stálin, que até então ouvia fumando cachimbo, depois desse início de tartamudez, assume o comando. «Nossos tanques não valem nada», ele começa, «quando as almas que devem dirigi-los são de barro. Por isso eu digo: a produção de almas é mais importante que a de tanques...»

Aqui ele faz uma pausa por um instante, talvez devido à expressão de sua plateia, que parecia não compreender. Aonde ele quer chegar?

Stálin continua: «Alguém aqui observou que os escritores não deveriam ficar parados, que deveriam conhecer a vida no seu país. O homem é transformado pela vida, e vocês devem ser um instrumento na transformação da sua alma. Isto é importante, a produção de almas humanas. E é por isso que eu brindo a vocês, escritores, que são nossos engenheiros da alma».

Os copos de cristal são esvaziados de um só gole e instantaneamente a eletricidade desaparece do ar. O escritor Alexander Fadeiev incentiva o jovem Sholokhov a cantar uma canção. Logo no primeiro verso, todos começam a acompanhar com palmas, e assim que ele termina de cantar, um dos poetas grita: «Bebamos à saúde do camarada Stálin!».

No entanto, enquanto servem os copos novamente, Georgi Nikiforov dá um salto. «Estou farto disso!», fala embriagado. «Já bebemos à saúde de Stálin pelo menos um-milhão-cento-e-quarenta-e-sete-mil vezes. Até ele já deve estar farto disso.»

As palavras de Nikiforov congelam a cena; a algazarra dá lugar a um silêncio sufocante.

Então Stálin se levanta e estende a mão. «Camarada», ele diz, apontando os dedos para o escritor imprudente. «Você tem razão. Obrigado. De fato, já estou bastante farto disso.»

O poço sem fundo

Lendo o diário de bordo do tenente Zherebtsov, como descrito por Paustóvski em *Kara Bogaz*, fui tomado por mais do que apenas um romantismo de marujo. Viajando junto por «costas lúgubres de falésias verticais» e recifes que «parecem estar à espreita», tive a impressão de que o escritor, inconscientemente, baixava uma sonda de prumo a cada parágrafo. Como se Paustóvski procurasse passagens navegáveis entre o mundo real e o sonhado. «Saímos de Baku em direção a Astracã e de lá navegamos para o Sul ao longo de costas desconhecidas e inóspitas. [...] Até a baía de Kinderli enfrentamos um forte vento sul contra — o 'moriana' —, que soprava a poeira e o cheiro de enxofre do deserto até nós. Dizem que existem montanhas de enxofre lá.»

A história ganha um tom cada vez mais fantástico à medida que Zherebtsov, como enviado do czar Nicolau I, vai descendo pela costa leste do mar Cáspio. O explorador e seus marinheiros testemunham como o continente asiático emerge do deserto feito um «limiar». «Esse limiar é inacessível e, segundo os nômades, só pode ser escalado num único local, ao longo do leito de um rio seco.»

O estilo e o ritmo desse relato marítimo revelam a mão de Paustóvski. Ele não se acanha em distorcer a paisagem com «um brilho forte e uma refração irregular dos raios de luz» —, e com isso Zherebtsov percebe a costa como «uma cordilheira serrilhada e pontiaguda, quando na realidade ela é tão plana quanto uma folha de papel». «Espessas camadas da atmosfera estão impregnadas de sal, dando ao sol uma cor opaca e um tanto prateada, ainda que ele brilhe impiedosamente.»

Pouco a pouco, comecei a suspeitar que Paustóvski brincava ou que talvez zombasse de propósito da margem de manobra que lhe era permitida como autor soviético. Será que invadia de propósito esse terreno desconhecido para dar asas a sua imaginação literária? Era como se Paustóvski, uma vez distante dos lugares geográficos familiares, criasse seu próprio universo. E, estando tão longe do centro do poder, por que ele se preocuparia com a realidade verificável?

Para averiguar se o tenente Zherebtsov era uma figura histórica ou um personagem fictício, recorri à *Grande enciclopédia da União Soviética*. Eu o encontrei no índice: Zherebtsov, tenente de mar e guerra de primeira classe, capitão de porto assistente em Baku. Cartógrafo explorador marítimo. Sua realização mais memorável foi ter mapeado o contorno do mar Cáspio, em 1847, a serviço do Ministério Imperial de Gestão de Águas da Rússia. Sob o título curiosidades, lia-se: «Descobridor da baía de Kara Bogaz».

Então era isso mesmo. Uma região geográfica com esse nome existia ou já existira. Em minhas pesquisas até então, só tinha encontrado «Kara Bogaz» como um lugar mitológico em histórias centenárias. O nome aparece mencionado pela primeira vez num almanaque do século XVII, em conexão com desaparecimentos misteriosos. Kara Bogaz significa: «garganta negra». Era um poço de sucção, uma zona de perigo no mar Cáspio, onde os navios sumiam sem deixar vestígios. Mercadores do delta do Volga, em geral sensatos, afirmavam que a água se precipitava através de fendas no fundo do mar, para só brotar novamente milhares de quilômetros ao norte. Dessa forma — filtrada em água doce pelas camadas subterrâneas —, alimentava de novo o Volga. Outros sustentavam que o Maelstrom, o redemoinho que sorve insaciavelmente as águas dos oceanos, ficava em algum lugar do mar Cáspio; segundo consta, numa saliência circular na costa leste.

O tenente Zherebtsov não tinha ideia de onde poderia encontrar Kara Bogaz. A única indicação que aparecia no almanaque do século XVII era inutilizável: «Na altura de Farabad, existe uma cachoeira marinha tão barulhenta que os mercadores persas a contornam fazendo uma ampla curva, com medo de serem arrastados para o submundo». Mas na Rússia ninguém nunca tinha ouvido falar de Farabad. E o que era uma cachoeira marinha? Como pode haver no mar um desnível tão abrupto que provoque rumor constante de água caindo?

O desenho na carta náutica que Zherebtsov tinha a sua disposição não trazia mais que uma suposição da localização de Kara Bogaz — «consistindo de duas linhas sinuosas descontínuas». Esse esboço foi o parco resultado de uma expedição que Pedro, o Grande, organizou para expandir seu poder em direção à Índia. Para isso, o czar construtor naval ordenou uma expedição ao rio Oxus em 1717. Os russos não conheciam o curso preciso desse rio, embora ele fizesse parte da Rota da Seda e tivesse sido navegado por inúmeros caixeiros-viajantes. Marco Polo vira barcos de madeira de amoreira flutuando nele, e o exército do estrategista mongol Gengis Khan teria dado água a seus cavalos ali.

Na corte de São Petersburgo, acreditava-se que o Oxus desembocava em algum ponto no canto sudeste do mar Cáspio. Em suas visões, o czar Pedro viu sua frota subir o Oxus através do Volga e do mar Cáspio para penetrar no coração da Ásia, se possível até o oceano Índico. Só que a foz desse rio se revelou impossível de ser encontrada.

A força expedicionária enviada por ele, sob o comando do general Bekovitch, acabou sendo obrigada a continuar por terra depois de passar o inverno na costa do mar Cáspio. Seus exploradores ouviram de alguns nômades que o curso do Oxus tinha sido desviado por uma barragem de terra. O poderoso canato de Quiva, famoso local de paragem nas rotas de caravanas desde a mais remota Antiguidade, teria conseguido realizar essa façanha da engenharia hidráulica com trabalho escravo.

Se o boato fosse verdadeiro, seria fácil explodir a barragem com pólvora para que o Oxus em sua forma original ainda pudesse ser usado como rota de navegação, deduziram os engenheiros militares.

Bekovitch e seus homens cruzaram o deserto de Caracum com esse plano até pararem, empoeirados e cansados, depois de apenas um dia de viagem do portal de adobe de Quiva. Avisado, o cã cavalgou para dar boas-vindas às tropas. Ele recebeu seus presentes, entreteve o general com a hospitalidade oriental, convidou Bekovitch e seus oficiais para uma refeição suntuosa em seu palácio, e no dia seguinte mandou decapitá-los. O crânio do capitão do exército, recheado com palha, foi enviado de canato em canato como um troféu.

O enigma do Oxus permaneceu sem solução para os russos. Só um ano depois da morte de Pedro, o Grande, em 1726, o hidrógrafo russo Semionov descobriu a entrada do vale seco do rio. Entre dois paredões rochosos, ele encontrou restos ocultos de uma civilização passada: cochos de madeira, valas de irrigação, cacos de jarros. Como curiosidade no verbete Semionov, a *Enciclopédia soviética* relata que os contornos de Kara Bogaz permaneceram desconhecidos para ele «porque sua tripulação se recusou a entrar na baía». O hidrógrafo avistou à distância uma desembocadura afunilada e borbulhante, um estreito para onde a água do mar Cáspio era sugada com uma força sem precedentes, mas seus marinheiros se rebelaram contra a ordem de Semionov de rumar para lá.

Um século depois, durante a viagem do tenente Zherebtsov, as lendas sobre a Garganta Negra ainda continuavam vivas. Quem se deixa engolir por ela, dizem pescadores turcomanos, cai numa poça de ácido sulfúrico na qual cascos e hélices de navios se dissolvem em poucas semanas, mas Zherebtsov não se deixa intimidar por nenhum relato. «Quando nos aproximamos da baía de Kara Bogaz, vimos uma cúpula de névoa vermelho-púrpura por cima da planície arenosa, como a fumaça de um fogo silencioso queimando sobre o deserto. A explicação de nosso piloto turcomano foi: 'Kara Bogaz está fumando'.» Ele se aproxima cautelosamente da passagem, que quase não se vê do mar. O tenente não tem muito tempo para refletir: sua corveta é arrastada em direção ao «portão do inferno» para a Ásia. «Havia uma corrente turbulenta e o estuário se parecia muito com o Volga na maré alta.» Rangendo por toda parte, o navio atravessa duas ou três verstas naquele rio, mas então as cristas brancas dão lugar ao espelho cinza-chumbo da baía, onde «todo som parecia sufocar». Tudo isso acontece e passa logo em seguida. A tripulação lança âncora, mas decide manter o motor a vapor funcionando durante a primeira noite.

«Como o abastecimento de água doce estava acabando, as caldeiras eram alimentadas com água retirada direto da baía. Pela manhã, descobrimos que uma camada de sal de uma polegada de espessura tinha se acumulado nas paredes das caldeiras, embora vapores de alta pressão fossem injetados a cada quinze minutos.»

Zherebtsov suspeita que a salinidade da baía deve ser comparável «à do mar Morto, na Palestina». Cardumes de peixes mortos são levados com a arrebentação das ondas e lançados às praias em salmoura. A orla parece ser feita de gesso e argila salinizada; não há fontes de água doce. O clima também é extremo, como se verifica no relatório «citado» por Paustóvski: «Aqui não há chuva. Devido ao calor excessivo, ela já se evapora antes de atingir o solo». O tenente supõe que a baía seja um grande caldeirão plano onde a água do mar Cáspio evapora. Isso explicaria por que tanto sal se acumula ali. Sem entrar em maiores detalhes, ele relata que se trata de um sal especial, «com uma composição diferente do sal de cozinha comum».

E, por fim, as largas faixas de espuma vermelha que flutuavam na água em linhas paralelas chamam sua atenção. Ele arria um bote e descobre que a espuma consiste em minúsculos ovos de lagostim. «Em seguida fui até a próxima faixa de espuma, que era de cor ainda um pouco mais rosada. Aqui aconteceu um incidente bastante incomum. A faixa se elevou grasnando alto e passou com pesada lentidão sobre nosso bote e seus remadores desnorteados. Era um bando de flamingos que estava sobre a espuma, se refestelando com os ovos de lagostim.»

Amansoltan Saparova, filha de nômades turcomanos, nasceu numa *kibitka*, uma tenda feita de pele de animal, num lugar que já não pode ser localizado nas nervuras da areia do deserto de Caracum. Quando tinha cerca de dez anos, ela dançou para os operários das salinas de Kara Bogaz com um lenço de pioneiro no pescoço.

Eu a conheci no Hotel Universidade, uma hospedaria na Colina dos Pardais, em Moscou, com passadeiras carcomidas nos corredores. Lá fora, a neve se acumulava nas janelas. A dra. Saparova era uma «historiadora química», membro da Academia de Ciências do Turcomenistão, com doutorado sobre a história da mineração de sulfato durante os dois primeiros planos quinquenais (1928-38). Amansoltan tinha pele bronzeada e cabelos pretos, presos num coque, e usava óculos com armação inconfundivelmente soviética: grande, colorida e com uma curva quase elegante nas hastes. Via-se sua origem oriental refletida nos olhos, ampliados pelas lentes, cujas íris e pupila eram igualmente escuras.

Ela achava Moscou um horror em novembro, mas simplesmente não tinha escolha sobre o local e data para o congresso anual do sal. A sra. Saparova estava se aproximando da idade de aposentadoria, e, se tudo corresse bem, este seria seu último simpósio científico.

Reagiu com hesitação ao meu pedido para falar com ela. «Sobre Kara Bogaz?», repetiu desconfiada. Amansoltan se sentou no lobby, entre os pilares cobertos por hera de plástico, como se estivesse numa entrevista de emprego — coluna ereta, mãos no colo, alerta. Eu já tinha visto isso antes com pessoas mais velhas que fizeram carreira durante o período soviético: eram extremamente cautelosas (do contrário não teriam feito carreira).

É claro que ela conhecia o livro *Kara Bogaz*: tinha inclusive extraído material dali para sua tese de doutoramento. «Paustóvski trabalhou com muita precisão, não há nenhuma bobagem histórica», comentou a pesquisadora.

Eu não sabia se ela de fato pensava assim ou se tinha medo de dizer algo negativo sobre Paustóvski.

A partir do momento em que se sentiu em terreno seguro, ela começou a falar livremente. Amansoltan concordou que o tenente Zherebtsov havia recomendado em seu relatório que a «laguna inútil» fosse fechada com uma barragem.

Dessa forma ele pretendia acabar com a mortalidade de peixes: todos os bacamartes, arenques e esturjões que eram arrastados para lá morriam juntos em cardumes.

Seus superiores em São Petersburgo já estavam dimensionando a barragem que seria necessária quando Zherebtsov retirou seu parecer. O que o fez mudar de ideia foi a análise de uma amostra de solo que ele levou, que descobriu ser constituída de puro «sal de Glauber». O fechamento de Kara Bogaz poderia até beneficiar as populações de peixes no mar Cáspio, argumentou Zherebtsov, mas também perturbaria o regime sob o qual esse sal medicinal era formado.

Amansoltan contou que o descobridor desse sal foi um farmacêutico de Amsterdã, no século XVII. Durante uma viagem pelos Alpes, esse Johannes Glauber, aconselhado por pastores locais, bebeu água de uma mina fétida para aliviar cólicas estomacais. Uma vez recuperado de seu mal, ele derramou o líquido sobre uma folha de papel e um pó branco ficou como resíduo. Ele o chamou de *sal mirabilis* (sal maravilhoso), nome que mais tarde foi substituído por «mirabilita» (nos círculos farmacêuticos) e «sal de Glauber» (popularmente).

«Na_2SO_4», me ensinou a acadêmica.

Na baía de Kara Bogaz, esse sal milagroso se deposita em crostas brancas nas praias. A caldeira plana (não mais de quatro metros de profundidade, mas com uma superfície de 18 mil quilômetros quadrados) funcionou como laboratório natural para a produção de sulfato de sódio, matéria-prima indispensável para as indústrias de vidro e papel, para os curtumes e a produção de fertilizantes.

Já na época czarista, empreendedores tentavam explorar os depósitos de sal de Glauber. As praias da baía, onde o sal se cristaliza de meados de novembro a meados de março, foram concessionadas a um fabricante de cigarros, a uma negociante de Petersburgo e a uma sociedade em comandita. A extração ocorria de maneira primitiva: no inverno, os nômades recolhiam o sal lançado além da linha da maré alta; no verão, carregavam tudo em camelos. O trabalho dos concessionários foi interrompido pela Primeira Guerra Mundial; teve início um período de desordem, no qual piratas viram uma oportunidade. Durante a madrugada, surgiam navios desconhecidos que eram rapidamente carregados e fugiam para a Pérsia com o porão cheio de mirabilita.

A situação continuava assim quando, em 1921, Lênin solicitou informações detalhadas sobre a reserva de minério. Para sua tese, Amansoltan obteve permissão de ver suas anotações pessoais. «Caso o senhor esteja muito ocupado, isso pode esperar alguns dias, mas certamente não muito mais», ele escreveu a seu consultor científico. Lênin destinou 40 mil rublos de ouro para preparar a exploração socialista da baía. A expedição exploratória reportou: «A capacidade excepcionalmente grande desse local de extração faz da baía de Kara Bogaz a fonte mais rica de sal de Glauber, não apenas na nossa pátria, mas em todo o mundo».

Foram os engenheiros soviéticos que finalmente iniciaram a mineração de sulfato em escala industrial. A construção, em condições adversas, de um complexo industrial salineiro em Kara Bogaz, em 1928, foi elevada a um dos projetos de maior prestígio do Primeiro Plano Quinquenal de Stálin.

Esses eram os fatos, e pude lê-los na tese de Amansoltan. Contudo, eu queria mais que apenas histórias de segunda ou terceira mão. Desejava visitar aquelas remotas indústrias químicas. Elas ainda estavam em operação? A baía de Kara Bogaz ainda era navegável?

A historiadora deixou escapar uma risada nervosa. Dois de seus colegas especialistas em sal que estavam no bar ergueram os olhos do suco de tomate que tinham diluído meticulosamente com vodca de uma jarra como se fosse uma experiência científica.

«Impossível», ela disse.

Reagi com irritação. Como assim, impossível? A julgar por seu cartão de visitas, a dra. Saparova trabalhava no Ministério de Assuntos Químicos do Turcomenistão, e eu esperava que pudesse me ajudar, mas ela assegurou que todos os locais de extração de sulfato, e também de fosfato, eram áreas proibidas.

«Nos tempos soviéticos», protestei. «Mas agora não mais, certo?» O rosto de Amansoltan se contraiu. E ela disse: «Sem *propusk*, ninguém chega nem perto».

Na Rússia, e pelo visto também no Turcomenistão, o *propusk* regula a vida pública. O *propusk* foi um fenômeno soviético ferrenho que sobreviveu com louvor à queda do comunismo. Até mesmo o direito de morar em Moscou era reservado aos titulares de *propusk* — autorizações. Quem não tivesse uma série desses cartões laminados ricamente carimbados não chegava a lugar nenhum, não era ninguém. O *propusk* dava aos deputados da Duma direito ao acesso à Duma, aos condutores de bondes o acesso à estação e aos arquivistas o acesso aos arquivos.

Eu queria saber como poderia conseguir um *propusk* especial para Kara Bogaz — Quem os concedia? Eu teria alguma chance se me apresentasse como um especialista em sulfatos? —, mas me dei conta de que não era o momento para essas perguntas.

Tomamos ao mesmo tempo um gole de nosso chá, a essa altura já morno; eu me mexi na cadeira e levei a conversa para o passado: do que ela se lembrava da vida no deserto?

Aliviada, Amansoltan contou sobre cogumelos boletos e se eu sabia que chovia uma ou duas vezes por ano no Caracum.

«Então, em poucas horas, aparecem boletos por toda parte.» Quando criança, mandavam que ela fosse colher os cogumelos, que depois sua avó refogava num fogaréu de esterco de camelo.

Ela me contou que «Caracum», em turcomano, significava «areia preta», mas que também havia sedimentos avermelhados de loesse e dunas de areia fina e amarela como no Saara. No chão dos desfiladeiros profundos crescia o *saksaul* sem folhas, um arbusto espinhoso que é chamado de maneira desmedida de «árvore». «Antigamente também havia chitas ali. De vez em quando, elas rapinavam um potro ou uma ovelha, mas ninguém mais as vê desde a década de 1950.»

Amansoltan devia muito ao pai, ou melhor, ao pai adotivo. Seu nome era Rashid, mas era tratado como Rashid-Aka, uma vez que o sufixo «Aka» expressava a estima que ele conquistou desde jovem. Ela contou que o pai se juntou voluntariamente aos bolcheviques na década de 1920. Isso o ajudou muito, e mais tarde também a ela.

O pai adotivo de Amansoltan vinha de uma família de pescadores. Desde muito cedo, ele ia sozinho para o mar numa faluca, um tipo de barco à vela. Vendia o pescado em Krasnovodsk, o porto onde os camaradas assumiram o poder de um dia para o outro. Ali, no cais, a revolução o agarrou pelo pescoço aos dezesseis anos: por curiosidade, o jovem pescador Rashid se deixou recrutar pelos Guardas Vermelhos e seu partido comunista.

Os representantes do poder soviético raramente se aventuravam para além da crista de rocha basáltica que protegia Krasnovodsk do resto do Turcomenistão. A localidade costeira era apenas uma testa de ponte a partir de onde faziam tentativas tímidas de pacificar os *basmachis*: cavaleiros orgulhosos que lutavam com cimitarras contra a nova autoridade.

Rashid foi um peão muito útil nisso. Cavalgava como os melhores. Feito um artista de circo, ele descia pela cinta sob a barriga do animal enquanto seu cavalo continuava a galopar de modo ritmado. Em 1932, tornou-se campeão de atletismo da República Socialista do Turcomenistão, sendo por isso gratificado com um treinamento em Moscou como agente secreto.

«Em 1936, ele testemunhou a cerimônia de cremação de Maksim Górki na praça Vermelha», disse Amansoltan. «E depois também a de Maria Ulianova, irmã de Lênin.»

Quando Rashid voltou à sua terra natal, no fim da década de 1930 — como oficial de inteligência no distrito de Krasnovodsk —, sua futura esposa, a mãe de Amansoltan, ainda vagava tranquila pelo deserto. Ela ficou viúva cedo e partiu com sua primogênita, a família e todo o rebanho de ovelhas e camelos de desfiladeiro em desfiladeiro, em busca de pastagens frescas.

Durante essas viagens de vários dias, Amansoltan era amarrada às costas de sua mãe ou da tia, o que a arranhava tanto que ela sempre ficava coberta de sangue. Em seu quinto aniversário, sua cabeça foi raspada, com exceção de duas trancinhas, um ritual que significava que ela havia sobrevivido ilesa à primeira infância e agora poderia ter seu próprio cavalo para cuidar.

Até a Segunda Guerra, os clãs nômades podiam cruzar livremente a fronteira com a Pérsia para trocar tapetes por limões, tâmaras e chá, mas isso mudou em 1946: com base num simples decreto, a vida nômade foi equiparada à vagabundagem, sendo, portanto, sujeita a punição.

Eu me lembrei do apelo dos soviéticos, citado por Paustóvski em *Kara Bogaz*: «Nômades! Desmontem suas tendas [...] Parem com suas andanças pelo deserto e tornem-se trabalhadores».

O garoto pescador turcomano, com suas instruções especiais de Moscou, tinha como tarefa fazer com que os nômades se estabelecessem. Sua futura esposa, que um dia entrou a cavalo em seu distrito, foi raptada por ele. Ela e sua filha foram capturadas e levadas para interrogatório. Como o próprio Rashid também era viúvo, acabou levando mãe e filha para sua casa.

«Meus avós ainda tentaram fugir para a Pérsia com os rebanhos, mas o Exército Vermelho tinha fechado a fronteira. Havia torres de vigilância com soldados armados. Todo o nosso gado foi coletivizado.»

Coletivizado?

«É, expropriado, 'tomado' como dizemos hoje em dia... Muita coisa mudou nesse aspecto.»

Ela contou que seu pai tinha uma cicatriz no ombro. Todos sabiam que era a marca de um golpe de sabre, reminiscência de uma batalha com os *basmachis*. «Ele considerava aquela ferida uma condecoração. Ainda me lembro de ter muito orgulho daquilo quando era criança, mas hoje em dia, de uns anos para cá, os *basmachis* voltaram a ser celebrados e homenageados no Turcomenistão. Eles agora são chamados de guerreiros da liberdade.»

As desconfianças de Amansoltan se dissiparam e ela contou sobre quando pôde ir pela primeira vez às minas de sal. Talvez tivesse uns nove ou dez anos. Já uma pequena pioneira — «Sempre alerta!».

Ainda não havia estrada até a baía. A poeira branca da planície desértica estalava sob os pneus do jipe Kommandir de seu pai. Naquele dia, Amansoltan ganhou óculos escuros de operário, grandes demais («uma espécie de máscara»), e viu através das lentes foscas como seus conterrâneos quebravam o sal sedimentado e o colocavam em cestos. Eles usavam lenços na cabeça contra a insolação e cobriam a boca e o nariz com as pontas soltas para se proteger da atordoante poeira de sal.

Na nova «cidade química» de Bekdash, localizada no istmo entre o mar Cáspio e a laguna sulfurosa, o calor era um pouco mais suportável. Existia uma fonte ali e foram plantados eucaliptos. Graças à alta posição de Rashid, Amansoltan pôde ficar quatro verões consecutivos no acampamento dos pioneiros da fábrica de sal. Ela se lembrava do clima alegre entre os membros do Komsomol, a Juventude Vermelha. Eram estudantes de engenharia civil e hidráulica da capital do Turcomenistão, Asgabade, que passavam as férias naquele recanto esquecido fazendo trabalho voluntário. Amontoados na carroceria de caminhões Kamaz, eles cantavam músicas da moda enquanto a poeira subia pelos pneus, que eram da altura de uma pessoa, como gelo seco num show de música pop. À noite, quando já não estava tão quente, todos iam ao cinema ao ar livre. Foi ali, naquele lugar, que Amansoltan, usando seu lenço vermelho, dançou para os operários da salina.

Depois do período escolar, a menina nômade conseguiu trabalho como técnica de laboratório na refinaria de petróleo de Krasnovodsk. Com seu jaleco branco, aprendeu a pipetar e destilar. Perceberam que tinha habilidade para isso e ela foi indicada para o Instituto Mendeleev, em Moscou. Como todas as repúblicas soviéticas tinham de fornecer cotas de estudantes e o Turcomenistão quase não tinha candidatos letrados, Amansoltan acabou caindo na melhor universidade de química da União.

Os camaradas soviéticos lhe deram a oportunidade de se desenvolver. Foi a consciência disso que a fez continuar, porque a vida em Moscou era difícil para ela. Quanto horror Amansoltan tinha aos meses lamacentos de novembro e abril, quando a neve se transformava numa papa molhada e marrom! Ela morava numa casa estudantil comunitária, perto do metrô Sokol, não muito longe diametralmente do Hotel Universidade.

«Me casei com um colega de faculdade», ela disse. «Um russo; prefiro nem pensar.»

Teve três filhos, se formou e se divorciou dele.

Na época, seus pais já tinham morrido; Amansoltan não tinha para quem voltar. Foi forçada a assumir o cargo de professora assistente, o que não era um mau emprego: oferecia a perspectiva de promoção e filiação ao Partido. A partir de 1975, ela trabalhou intermitentemente em sua tese nos arquivos da Biblioteca Lênin. Nunca se tornou membro do Partido. «Quando fui indicada, nos anos 1980, já não fazia questão.»

Como tantos outros, Amansoltan já estava cansada da retórica comunista. Também mudou de opinião sobre Konstantin Paustóvski. «Ele é e continua sendo um escritor soviético», falou em tom decidido.

O que quis dizer com isso?

Achou difícil explicar. Com certeza, ele era popular — todos os turcomanos que aprenderam a ler e escrever, portanto todos os turcomanos, conheciam *Kara Bogaz*. E, em seu otimismo, Paustóvski certamente foi insuperável, mas era como se o escritor tivesse caído de seu pedestal. Amansoltan contou que até dez anos antes existia em Krasnovodsk a rua Konstantin-Paustóvski. «Mas foi renomeada depois do colapso da União Soviética, assim como a própria Krasnovodsk, aliás. Essa palavra, por si só, já soava russa demais.»

Apesar de seu entusiasmo contagiante e de suas boas intenções, Paustóvski ainda representava as forças de ocupação. Falando sem rodeios: um colonizador que incitou os nômades a entrar numa salina sob 50°C e extrair riquezas para os dirigentes de Moscou.

«Paustóvski nunca deixa sombra de dúvida», disse Amansoltan. «Como se as coisas só pudessem dar certo para nós, com a mineração de sulfato, com tudo. O senhor deve saber: trabalhar lá é a coisa mais insalubre que se pode fazer a uma pessoa. Como é que alguém pode enaltecer isso?»

Ela nunca suspeitou que Paustóvski tivesse más intenções — aqueles tempos eram assim. «Mas aquela 'crença incondicional num futuro brilhante' não era necessária», acrescentou resoluta.

Se eu de fato estivesse interessado em literatura e em sua região natal, deveria ler Andrei Platônov. «Também um escritor soviético russo, contemporâneo de Paustóvski.»

Amansoltan tinha conhecido sua obra em Moscou, na década de 1960. Lembrava-se particularmente do livro *Djan*. Era sobre ela, ou ao menos: sobre os nômades do Caracum.

Eu tinha lido algumas coletâneas de contos de Andrei Platônov, mas não conhecia *Djan*.

«*Djan* expressa nosso estado de ânimo», definiu a doutora em história química. «Significa: alma em busca da felicidade.»

Amansoltan sugeriu que eu também lesse *Djan*, além de *Kara Bogaz*, pois traria nuances à imagem que eu tinha. Prometi que faria isso.

Andrei Platônov escreveu *Djan* em 1934. Paustóvski já era um escritor popular naquela época, seu *Kara Bogaz* estava em marcha triunfal entre o proletariado leitor. A cada dois ou três meses era publicada uma nova reimpressão, e a tiragem total chegou a centenas de milhares.

Já o público leitor de Platônov, pelo contrário, era pequeno, e sua relação com as autoridades, difícil. Foi Maksim Górki quem impulsionou o escritor de 35 anos ao incluí-lo numa «brigada viajante» de escritores de Moscou com destino ao Turcomenistão. A intenção era que, ao longo da viagem, eles se abastecessem com temas socialistas para seus livros.

O Turcomenistão, que em 1934 celebrava seu décimo aniversário como república socialista, quase não tinha literatura soviética, enquanto a «campanha de extermínio do analfabetismo» avançava rapidamente de oásis em oásis, deixando no caminho um rastro de pequenas escolas.

A dúzia de escritores enviados por Górki viajou de trem pela ferrovia Transcaspiana (a «rota de ferro da seda», concluída em 1930) e fez algumas paradas no deserto de Caracum. Durante as festanças noturnas, Platônov se isolava. Então ia se deitar nas colinas quentes ao longo do Amu Dária, um rio sinuoso que se divide em vários braços na altura de Quiva.

À sua esposa Masha, que tinha ficado em Moscou, ele escreveu: «O deserto sob o céu estrelado me causou uma profunda impressão. Entendi algo que não entendia antes».

Ao visitar um colcoz de algodão, Platônov perguntou sobre o leito seco do Amu Dária. Ele tinha lido que até cinco ou seis séculos antes a artéria principal desse rio, conhecido no passado como Oxus, cortava todo o Caracum e desaguava no mar Cáspio, mas, devido ao assoreamento — ou por causa das obras de irrigação em Quiva, os arqueólogos tinham opiniões diferentes sobre isso — o rio teria mudado seu curso original em direção ao mar de Aral. Os anfitriões de Platônov confirmaram e o levaram até o vale morto do rio, onde foram encontrados restos de encanamentos de cerâmica e terraceamento. O vale profundo não estava morto. Em poças de água estagnada, o escritor conheceu súditos soviéticos que não tinham conhecimento da revolução, muito menos do décimo aniversário do Turcomenistão socialista. Ele chamou esse bando de almas errantes de *djan*, «um povo soviético que anseia pela felicidade como nenhum outro». Nas palavras de Platônov, são andarilhos que não têm nada exceto «um coração e o fato de que ele bate». Antigamente, eles trabalhavam nos campos de cultivo de Quiva. «Tomavam o lugar das mulas nos moinhos de irrigação. Tinham de empurrar uma alavanca de madeira para que a água corresse nos canais.» Mas, agora que o rio não estava mais ali, eles apenas vegetavam numa «ravina profunda como uma cova mortuária».

Reconheci a região sobre a qual Amansoltan tinha contado nas paisagens descritas por Platônov: ela e sua família haviam perambulado por esse mesmo desfiladeiro. A grande diferença em relação ao povo *djan* era que seu avô era um *baj* proeminente: dono de ovelhas, camelos e um rebanho de valiosos cavalos Akhal-Teke.

Sua avó contava todo tipo de histórias sobre aquele desfiladeiro, conhecido popularmente como vale do Uzboj. O fundo, de barro craquelado, seco, exceto por um charco aqui e ali, um dia fora o leito do Oxus. Segundo a avó de Amansoltan, aquele rio era «uma mulher volúvel, que chorava de saudade da juventude e das cidades que conheceu». Oxus, agora Amu Dária, ainda aspirava pelo mar Cáspio, que amava profundamente. «Mas o mar de Aral a atraiu e raptou.» Como resultado desse desvio adúltero, a população que ficou ali foi condenada a vagar para sempre no Caracum.

Nesse cenário impregnado de lendas, Platônov envia seu herói, Nazar, em nome do governo soviético, numa missão de resgate desse povo do deserto. O enviado («que odiava a tristeza desde tenra idade»), e que no passado, como criança *djan*, correu atrás de cardos arrastados pelo vento, depois de muito vagar acabou chegando ao Instituto Econômico de Moscou. Já adulto, regressa «à sua terra natal para estabelecer um mundo de felicidade».

Ao longo das estações nas estepes, ele repara nos retratos de Lênin, pintados de maneira tão tocante que «Lênin parece um homem velho, uma espécie de bom pai de todos os órfãos do mundo».

Nazar se apresenta ao gabinete do Partido em Tashkent, onde o secretário-geral lhe dá instruções.

«Vá até lá. Veja se encontra esse povo perdido.»

«Está bem», diz Nazar. «Mas o que devo levar a eles? O socialismo?»

«O que mais?», pergunta o secretário. «Seu povo já esteve no inferno, se depender de nós, agora também pode passar um tempinho no paraíso. Você será nosso representante oficial.»

Nazar está determinado a não «permitir que o infortúnio continue por mais tempo». Em busca de seu povo, ele se depara com um camelo sentado em posição humana, com as patas dianteiras apoiadas num banco de areia, no vale do Uzboj.

«Suas corcovas pendiam frouxas e em seus olhos negros havia o olhar tímido de uma pessoa sensata e triste. Um cardo foi arrastado para perto, vindo de longe. O camelo olhou com olhos brilhantes para a folhagem embolada, mas a planta passou rolando, e o animal fechou os olhos porque não sabia como chorar.»

Os *djan* se encontram numa condição igualmente deplorável. Aquele «povo» parece um miserável resíduo humano que suga a areia molhada para saciar a sede. «Bem-aventurados os que morreram no ventre da mãe» é tudo que a mãe de Nazar tem a dizer quando revê o filho depois de todos aqueles anos. Como a alma deles está «exaurida», tudo que lhes resta é «continuar vegetando mecanicamente».

Além de Nazar, outro enviado das autoridades soviéticas havia chegado, um certo Nur-Mohammed. Esse personagem maligno tenta atrair os habitantes que restaram para fora do vale, onde ainda havia alguma água, na esperança de que morressem nas colinas de areia. Ele próprio tem planos de fugir para o Afeganistão com a menina Aidim, de doze anos, para vendê-la como escrava. Nazar alcança essa caravana de sedentos, é exposto às mais terríveis privações, mas consegue, com a ajuda de Aidim, eliminar o diabólico Nur-Mohammed.

Como uma espécie de Moisés, Nazar conduz os sobreviventes para fora do deserto, e, quando na calada da noite eles se arrastam até o limite do mundo habitado, se deparam com uma coluna de caminhões soviéticos com faróis fustigantes. Estão carregados de arroz, biscoitos de água e sal, farinha, carne enlatada, remédios, querosene, lamparinas, machados e pás, roupas e livros.

Os *djan* fundam uma comuna ali mesmo. «Por sugestão de Nazar, o povo elegeu um conselho de trabalhadores, do qual todos se tornaram membros [...]. E Nazar regozijou-se silenciosamente porque em torno da pobre e doce órfã Aidim havia uma cerca reforçada de bolcheviques para protegê-la.» No entanto, essa experiência socialista não dura nem dois dias. Assim que os membros do conselho *djan* acordam de seu sono, bem alimentados e fortalecidos, enrolam os escassos bens em esteiras de palha e seguem cada um por seu caminho. De cima de um planalto, Nazar e Aidim veem como seus concidadãos se dispersam em todas as direções. Quando desaparecem de vista, Nazar dá um suspiro resignado. «Pela primeira vez, ele quis constituir uma verdadeira vida aqui [...] no charco infernal do velho mundo, mas as pessoas viram com mais clareza do que ele como podiam viver melhor. Era suficiente que ele os tivesse ajudado a sobreviver, agora devia deixar que cada um buscasse sua própria felicidade além do horizonte.»

O criador desse acorde final deve ter percebido que ele soaria dissonante para os oficiais da censura. Como todos os escritores, Platônov era obrigado a primeiro submeter o texto à GlavLit, a Direção-Geral de Assuntos Literários e Editoriais. Os funcionários desse instituto tinham o poder de liberar um manuscrito para publicação ou recusá-lo. Eles davam *nihil obstat* com um número de cinco dígitos e uma letra. Quem questionava ou ridicularizava o pensamento soviético não recebia um número da GlavLit.

Ao pacote de folhas datilografadas, Platônov acrescentou uma nota em que prometia antecipadamente reescrever o final: «Ao ler, favor observar o seguinte: o autor fará uma outra versão [...] na qual o povo *djan* alcançará um estado de felicidade tão real quanto possível para o homem de hoje».

Como era esperado, o autor recebeu seu manuscrito de volta, mas, mesmo depois de ter reunido o povo *djan* numa vida comunitária socialista na versão reescrita, a obra não foi aprovada. Por mais que tenha tentado, Platônov não conseguiu publicar *Djan* em vida.

Paustóvski compreendeu que não se podia brincar com a censura. Quer acreditasse nisso ou não, ele põe os desejados toques de clarins e tímpanos no final de *Kara Bogaz*: «Vamos executar o lema do Partido e concretizar a industrialização das áreas periféricas». Os engenheiros soviéticos que Paustóvski desembarcou na costa do mar Cáspio para desbravar a baía iriam «desmascarar as lendas cruéis sobre o deserto realizando todo tipo de tarefa para a indústria socialista».

Na baía, surge um tipo estranho de máquina que solta a camada de sal, facilitando o extenuante trabalho com as picaretas. Moscou envia «casas dobráveis» para os turcomanos, «nas quais eles nunca mais se incomodarão com pulgas». Os nômades são esquivos e desconfiados, mas seu ceticismo desaparece quando «uma promessa de Lênin feita há dez anos» é cumprida: «Perto do outono, chegou aos *kibitkas* o boato de que muitos engenheiros estavam vindo, assim como máquinas que pareciam camelos de ferro, e que o cimento estava sendo descarregado de barcos e que os bolcheviques queriam trazer a água do Amu Dária de volta para seu leito original».

Os anciãos da aldeia «riam da ingenuidade dos bolcheviques», que aparentemente não sabiam que o fundo do Uzboj tem um tipo de areia que absorve água como «uma manada de búfalos sedentos», mas os engenheiros soviéticos abordam a questão com seriedade. Eles cavam um canal, constroem um açude e jogam cimento nos lugares onde o leito é composto por areia grossa.

«Então chegou o dia do grande triunfo. A água límpida do Amu Dária jorrou para o Uzboj e a areia não roubou dela nem um único balde.»

Impressionados com esse milagre, os velhos *bajs* se convertem um a um ao socialismo, tirando ostensivamente os turbantes verdes — um sinal de que completaram a peregrinação a Meca — e dando-os de presente às crianças para brincarem.

Virei a última página de minha edição russa de *Kara Bogaz*, uma segunda edição de 1932, comprada num sebo.

No verso havia dados técnicos em letras minúsculas, como a tiragem (20 mil exemplares) e o preço de venda (dois rublos). Entre as garatujas também descobri um número (B-24290), dado pela GlavLit.

Belomor

Em 17 de agosto de 1933, quatro vagões do Flecha Vermelha estão reservados para uma brigada extraordinária. Na plataforma há um controlador em cada estribo e uma senhorinha zelosa com uma faixa vermelha no braço. Quando o grupo chega, tarde da noite, as atendentes de vagão ficam tão curiosas quanto os carregadores e os outros passageiros da estação Leningradski: todos tentam dar uma olhadela nos 120 escritores soviéticos escolhidos por Maksim Górki. Estão cheios de malas e — segundo o repórter da *Literaturnaia Gazeta* — se comportam de maneira «eufórica».

«Os escritores se apressaram a entrar no trem e uma hora e meia antes da partida já haviam ocupado os compartimentos reservados.» De acordo com o jornal, o serviço secreto do OGPU («como seria de esperar desses vigilantes da revolução») tinha preparado a excursão até os mínimos detalhes.

Seu destino: o gulag. Por intercessão de Górki, a delegação de escritores tem a oportunidade de conhecer de perto esse novo sistema disciplinar, que tem como princípio fundamental a «reeducação pelo trabalho físico». Para isso eles visitarão os campos de prisioneiros ao longo do canal de Belomor, já quase concluído. Esse leito navegável, uma ligação marítima direta entre Leningrado e o mar Branco (Belomor), é escavado à mão por condenados a trabalhos forçados («soldados do canal») e é considerado a pérola do Primeiro Plano Quinquenal.

«Tome como exemplo o canal de Belomor», Górki vem proclamando há um ano. «Aquilo já é uma mudança real na nossa geografia. Não é um tema por excelência para nós, escritores soviéticos?»

O decano da associação de escritores soviéticos, com sua tosse tuberculosa e a expressão facial dura, tem a ideia de fazer com que os discípulos sob seus cuidados participem de uma grande experiência. Essa experiência («Chamem-na de nossa contribuição ao Plano Quinquenal!») consiste de um coletivo de escritores que registrará a construção do canal de Belomor fazendo a «historiografia instantânea do socialismo».

Stálin dá sua aprovação, e, no verão de 1933, Górki elabora uma lista de 120 escritores que ele convida para a excursão ao gulag.

A dupla de escritores satíricos Ilf e Petrov está incluída; a charmosa Vera Inber, com sua inseparável boina; Marietta Shaginian (uma armênia que escreve romances policiais antiamericanos sob o pseudônimo de Jim Dollar); Aleksei Tolstói (que reconheceu no czar Pedro, o Grande, o primeiro bolchevique); e o tipo dândi Bóris Pilniak (que custa a entender que os socialistas não usam gravata-borboleta).

O caçula do grupo, o operário Sasha Avdeienko, não consegue acreditar que Górki o incluiu nessa seleção. «De uma hora pra outra, fui incorporado às fileiras dos escritores mais respeitados. Um trabalhador de choque, chamado à literatura», escreveria mais tarde. «Eu mal podia esperar por aquela noite. Como fiquei nervoso! Achei que eles iriam me riscar da lista no último instante, ou que eu chegaria tarde demais.»

Sasha Avdeienko tinha acabado de publicar a história de sua vida, *Eu amo*, sobre sua infância como menino de rua abandonado que acaba chegando a operador de guindaste numa «cidade de metal socialista». Participar da viagem a Belomor é a recompensa mais honrosa que ele poderia imaginar. Segundo Sasha, os anfitriões do serviço secreto lhe deram uma amostra do «comunismo pleno»: «Comíamos e bebíamos o que queríamos e o quanto queríamos. Salsicha defumada. Queijo. Caviar. Fruta. Chocolate. Vinho. Conhaque. E sem ter de pagar nada».

O Flecha Vermelha os leva de Moscou a Leningrado, onde o escritor satírico Mikhail Zhoshenko (autor da coletânea *Conte-me, camarada!*) se junta ao grupo. Depois de mais uma noite, o trem chega à remota administração florestal de Medvezja Gora (Colina dos Ursos), sede da direção do campo de Belomor.

O sucesso da excursão é de importância decisiva para o prestígio pessoal de Górki. Desde sua recepção calorosa por Stálin, ele ficou curado de suas hesitações crônicas. Seu velho medo de que as hordas rurais vermelhas fossem destruir a cultura urbana deu lugar a um profundo respeito pelo trabalhador. «O homem só é humano na medida em que é trabalhador», defende Górki, com convicção religiosa.

Górki tem como missão criar uma literatura soviética específica, com voz e estilo próprios. A *Literaturnaia Gazeta* escreve: «As massas exigem do artista soviético um realismo socialista». Mas o que significava isso? O que distinguia a literatura soviética daquela do velho mundo?

Górki trabalhou sistematicamente para responder a essas perguntas. Primeiro ouviu trabalhadores e camponeses, a quem cabe — em linha com a ditadura do proletariado — o monopólio do gosto. A partir de pesquisas de opinião existentes, o escritor do povo pôde deduzir as preferências das massas: durante as campanhas de alfabetização, já tinham sido realizadas enquetes na década de 1920 entre a sempre crescente multidão de leitores. Assim que esses novatos entre o público alfabetizado conseguiam soletrar o nome, recebiam poemas de Maiakóvski e Blok para ler, clássicos de Górki ou *A cavalaria vermelha*, de Babel — e depois perguntavam a eles o que tinham achado.

«Útil», disse uma garota de dezoito anos, filha de um lavrador, sobre *A mãe*. «A gente aprende de que modo se deve viver como mulher.»

«Só Górki consegue escrever de maneira tão saborosa», opinou um operário de 48 anos. «E dá para entender tudo.»

Criadores de gado e produtores de batata, ainda com terra sob as unhas, foram convidados a comentar sobre ópera e balé. Os tempos eram assim. Acanhados, eles foram assistir ao *Lago dos cisnes* de Tchaikóvski no Teatro Bolshoi.

«É sobre o amor de um príncipe por uma princesa, e sobre um cisne moribundo, por causa da sua traição. E isso em quatro atos», escreveram depois no formulário da enquete. «De todas as histórias entediantes, essa é a pior. Realmente, ninguém quer saber disso.»

Eles tinham acabado de se livrar da nobreza e aquela ninhada de víboras voltava a se embrenhar na sociedade por meio dos teatros.

«Três de nós — estávamos em sete — caíam sempre no sono. De vez em quando, levavam um empurrão das pessoas que estavam atrás: 'Ei rapazes, parem de roncar'. E nós? Nós sofremos.»

Essa crítica saiu no *Trabalhadores sobre literatura, teatro e música*, um livro de 1926 em que o proletariado acerta contas com Púchkin, Tchekhov, Tolstói e «tudo o que está ultrapassado e morto».

Contudo, os proletários também não tinham nenhum interesse no novo teatro experimental dos anos 1920. Um crítico operário que, representando sua fábrica, assistiu a uma apresentação do estúdio vanguardista Vakhtangov, se sentiu absolutamente desconfortável. Na plateia, ele viu três, no máximo quatro outros trabalhadores, «o restante dos espectadores parecia ser formado por cavalheiros, senhoras embonecadas e mocinhas com anéis e pulseiras».

Moradores de uma comuna urbana que receberam um poema de Boris Pasternak para avaliar foram unânimes: «Isso não tem pé nem cabeça. O poema cacareja como uma galinha depenada. Horrível».

«O que está escrito aqui é lixo, merda.»

«Não tenho nada contra esse Pasternak, mas achei o poema dele tão repugnante que me deu náusea.»

«As palavras são russas, mas não dizem nada.»

«Elas voam em torno do ouvido como moscas, bzzz-bzzz-bzzz!»

Górki levou as críticas dessa tribuna popular a sério. Ele já se incomodava havia algum tempo com o fato de a geração pós-revolucionária de escritores não se importar com a legibilidade de suas obras e com a compreensão do trabalhador. «Não; preferem se dedicar à arte pela arte!» Górki acredita que a forma deve estar sempre subordinada ao conteúdo; está farto dos «truques» dos formalistas e de outros experimentalistas.

Mas como deveria ser feito?

Em 1927, a Direção-Geral de Assuntos Literários publicou um manual para escritores intitulado: «De que tipo de livro o camponês precisa?».

«Os camponeses gostam de tramas bem construídas. Eles querem uma sequência lógica da ação. O leitor camponês não se satisfaz com um livro que lhe provoca apreensão do começo ao fim. Todo tipo de retórica, maneirismo exagerado ou invenções formais vão contra seu gosto estético e o enojam.»

Em sua mansão, Maksim Górki se deixa influenciar por essas e outras constatações semelhantes. Está a seu cargo a tarefa de fornecer fundamentos teóricos que remontem a Marx e Lênin.

Graças a Vladimir Ilitch, ele logo resolve a questão. Górki acredita que Lênin teve o raro dom de olhar para o presente pantanoso «a partir das alturas que o povo alcançará no futuro». Os escritores soviéticos deveriam internalizar essa visão de Lênin a fim de serem guias confiáveis e indicar o caminho para sair do pântano.

Marx, por sua vez, deu ao escritor seu principal tema: a realidade tangível a sua volta, a «infraestrutura materialista» que sofre uma transformação revolucionária na União Soviética.

Portanto: nada de contos de fadas ou histórias de amor. Os escritores estão ali para documentar a construção do país, que libertem seu lirismo nos túneis do metrô, nos poços de minas e nas fundições de metal. Górki menciona «um movimento essencial, novo para nós, o realismo socialista, que pode apenas ser criado a partir de dados concretos da experiência socialista».

O realismo do termo «realismo socialista» são as construções que surgem em terra soviética: fábricas de cimento, casas comunitárias, fazendas coletivas. O social é a promessa intrínseca de um futuro brilhante, com amizade entre os povos, ausência de classes, e desfiles de Primeiro de Maio com ginástica e acrobacias.

Esquematicamente, isso significava que o Partido, que coordena a força de trabalho das massas, fosse assistido por *fiziki* e *liriki*. Os primeiros são os engenheiros e arquitetos, os hidrólogos e eletrotécnicos, em suma, aqueles capazes de trazer para a realidade física uma base socialista. Os *liriki* (líricos) são os cineastas e compositores, os escultores e pintores, enfim, artistas, sendo os escritores os que estão na linha de frente, aqueles que orientam ao mesmo tempo a metamorfose das pessoas e da sociedade.

«Vejo muito poucos rostos sorridentes», diz Górki — o Amargo — em 1933, numa exposição de pintura. «Muito pouca alegria espontânea.»

Dali em diante, a animação é obrigatória. Górki exige que os personagens de romances sejam bons ou maus. É tarde demais para indecisos e problemáticos (e os «Oblomov» que não conseguem sair da cama). Os russos do século XIX, Dostoiévski e seus discípulos em primeiro lugar, de acordo com ele, produziram obras sem valor algum, «cheias de heróis inúteis». Heróis devem ser coerentes, ter caráter inequívoco e, de preferência, estar cobertos por um casaco comprido, sob o qual não sentem desejos sexuais. Esse asceta, membro do Partido Comunista, é ao mesmo tempo perseverante e um matador de leões, mas atenção: sem a ajuda do «coletivo», não conseguirá obter o que quer.

Górki declara o individualismo «falido» e «gasto». Infelizmente, ele ainda prolifera no hemisfério capitalista, mas isso acontece porque os aspirantes da propriedade privada ainda não ultrapassaram o «estágio zoológico». Seguindo esse raciocínio, o que Górki faz de maneira consequente, o escritor como indivíduo também é um anacronismo. Sob o comunismo, a arte é produzida pelo povo; mais um pouco e o nome do autor já não terá importância.

Nas palavras de Górki: «Se os trabalhadores podem derramar concreto em brigadas, por que as brigadas de escritores não poderiam produzir um livro conjunto?».

Seguindo o exemplo da delegação de 120 escritores, no outono do ano 2000 fui pelas ferrovias russas até Medvezja Gora/Colina dos Ursos. Peguei o Flecha Vermelha para São Petersburgo e depois o trem expresso para Murmansk. A viagem durou mais de 24 horas. Ao norte de São Petersburgo, a paisagem se limitava à brumosa taiga e, de vez em quando, a um pátio de manobras. Em vagões de carga abertos havia pilhas de bétulas derrubadas, as mesmas que estavam plantadas ao longo dos trilhos.

Pedi uma xícara de chá à atendente do vagão e comecei a ler *Belomor*, o livro que aqueles autores escreveram depois da visita ao gulag. O texto foi produzido por um coletivo de 36 escritores, com edição de Maksim Górki, não como uma coletânea de contribuições individuais, mas como «literatura grupal». Em Moscou, tradutores anônimos produziram uma versão em inglês destinada a nós, capitalistas. A edição estrangeira de *Belomor* foi publicada em 1935 pela Harrison Smith & Robert Haas, editora de Nova York que também publicou William Faulkner, Antoine de Saint-Exupéry e André Malraux.

Em casa, em Moscou, encontrei um exemplar num sebo on-line com apenas alguns cliques do mouse — em Burbank, Califórnia. Embora o pedido e o pagamento não tenham demorado nem um minuto, o pacote demorou três semanas para chegar.

Era um livro com ilustrações. Senti o cheiro da capa de tecido, virei as páginas e me vi cara a cara com J.V. Stálin. Ele tinha aparência jovem e impecável, sem nenhuma ruga ou imperfeição. Só examinando melhor se percebia que a foto tinha sido cuidadosamente retocada.

O título completo era: *Belomor, a história da construção do canal J.V. Stálin entre o mar Branco e o mar Báltico.*

Num ritmo frenético — vinte meses —, essa hidrovia de 227 quilômetros foi escavada à mão por 126 mil trabalhadores forçados.

«Nossos escritores têm de contar tudo sobre isso», explica Maksim Górki no prefácio, «pois primeiro devem surgir os fatos e só depois podem ser expostos à reflexão artística.»

Agora que li *Belomor* calmamente, ao ritmo suave e espasmódico de um trem expresso russo, me deparei com diversos fatos, datas, números, curiosidades. Dados aparentemente irrefutáveis; concretos como a rocha onde está escavado o canal (mais longo que o do Panamá).

O texto principal é precedido por um «calendário de produção»:

13 de agosto de 1933: A presidência editorial da editora A História das Fábricas e Empresas decide incluir em sua série de publicações um livro sobre a construção do canal mar Branco-Báltico.

17 de agosto de 1933: Uma delegação de 120 escritores empreende uma viagem pelo canal.

10 de setembro de 1933: O projeto do livro é determinado e o trabalho é dividido entre 36 autores.

20 de outubro de 1933: O colegiado de autores submete o manuscrito à discussão e crítica.

12 de dezembro de 1933: O manuscrito fica pronto para impressão.

20 de janeiro de 1934: O livro é publicado.

Nota bene: A impressão e encadernação foram realizadas por um grupo selecionado de 122 trabalhadores de choque que concluíram o trabalho em 38 dias.

Meu exemplar de *Belomor* tinha uma dedicatória manuscrita. XMAS 1936. A MERRY CHRISTMAS TO POLLY AND CLAYT. DOROTHY.

Fiquei me perguntando quem seria Dorothy. E também se Polly e Clayt teriam lido trechos de *Belomor* um para o outro sob a árvore de Natal. Será que as conquistas do poder soviético expostas ali os surpreenderam?

Foi justo durante os anos de crise que a distância entre o «aqui» e o «acolá» começou a assumir proporções grotescas. Os mercados financeiros no Ocidente entraram em colapso, enquanto os gráficos da economia planificada soviética continuavam a subir. «Autarquia» era a palavra-chave do Plano Quinquenal de Stálin. A União Soviética se isolou do resto do mundo com restrições de viagens, rolos de arame farpado e proibições de importação. Intelectuais críticos não podiam mais entrar; comerciantes de madeira e outros representantes comerciais do exterior foram declarados *persona non grata*.

Por outro lado, o Ocidente bloqueou o acesso de visitantes soviéticos suspeitos. Em 1932, o governo holandês recusou um visto a Maksim Górki quando ele quis participar do «Congresso Internacional Antiguerra» em Amsterdã como chefe da delegação soviética.

A troca de ideias foi interrompida, a imagem do experimento socialista se tornou vaga. Os filmes de propaganda da União Soviética só podiam ser exibidos na Holanda a membros registados da Associação de Amigos da União Soviética — por medo do perigo vermelho.

Tentei fazer um pequeno inventário do que ainda podia ser verificado de forma mais ou menos objetiva sobre a União Soviética no início da década de 1930 por quem estava de fora (Europa). Se riscássemos em todos os escritos impregnados de ideologia o que era pró e contra, de um lado e de outro, o que sobraria?

Relações diplomáticas eram praticamente inexistentes (só se restabeleceram depois que Hitler foi instituído chanceler).

Correspondência censurada (de ambos os lados).

Ocasionalmente, turnês de uma equipe de atletismo ou companhia de circo.

Exportação de trigo russo a preços de dumping (em 1930 e 1931 foram 10 milhões de toneladas no total; depois disso, nada mais).

Exportação de minérios e madeira para papel (cada vez menos; em 1933, exatamente cinco carregamentos partiram em navios de Odessa).

De qualquer forma, pouca coisa atravessava a fronteira; por ironia da natureza, até mesmo o Dnieper, o Dom e o Volga ficavam dentro do território soviético, da nascente à foz. Por isso, o ritmo da industrialização — que Stálin tanto elogiava — não podia sequer ser medido pelas possíveis descargas nesses rios.

Por fim, ainda havia o «mistério ornitológico»: a ausência repentina e inexplicável de aves migratórias. Em particular, o número de gansos-de-cara-preta, que todo inverno se instalavam nos bancos de lama ricos em alimentos do mar Frísio, diminuiu visivelmente no início da década de 1930. Em geral, eles voavam em enormes formações em V das costas imaculadas além de Nova Zembla, onde se reproduziam nos deltas dos rios, pelo mar Branco, lagos da Carélia, baía da Finlândia e península dinamarquesa, mas, depois de 1932, as armadilhas para capturar patos no norte da Holanda quase não pegavam mais nenhum ganso-de-cara-preta.

Ao primeiro raio de sol, acordei com dois finlandeses que se aconchegaram em minha cabine com uma caixa de cerveja. Ficamos parados na plataforma de Petrozavodsk («Fábrica de Pedro», em tradução livre). Nessa cidade ficava a fundição de bronze onde o czar Pedro encomendava seus canhões e âncoras, e que mais tarde, no período soviético, passou a fabricar caçambas de escavadeira, raspadores e braços hidráulicos para todo tipo de máquina.

Eu me dirigi ao vagão-restaurante para o café da manhã. Em vez de um garçom, apareceu em minha mesa um caçador com os braços cheios de peles. «Para sua esposa ou amante», insistia, enquanto acariciava as caudas dos arminhos.

Agradeci, abri as cortinas pra eliminar o lusco-fusco e peguei de novo o livro sobre Belomor.

O tom em qualquer página aleatória era sempre enaltecedor: «Em 1931, parecia que o mapa da Rússia tinha ganhado vida. Analisá-lo era como explorar uma miríade de empreendimentos que pareciam vir à tona como resultado de uma força geológica. Novos nomes começaram a surgir no mapa da União Soviética: Magnitogorsk, Igarka, Zaporozhe [...] Fábricas e grandes cidades estavam a ponto de brotar nas estepes».

O grupo de escritores conta, com ironia, sobre as tentativas pré-revolucionárias, de guardas-florestais e donos de navios de carga ávidos por lucro, de abrir a impenetrável Carélia, na fronteira com a Finlândia, para a exploração. A chave para isso seria uma rota náutica de São Petersburgo, através dos lagos navegáveis Ladoga e Onega, até o mar Branco. Um obstáculo formidável era a margem norte do lago Onega, cujo ponto mais baixo ainda estava 108 metros acima do nível do mar. Para forçar uma passagem, era necessário não só um canal, mas também degraus de eclusas na altura do vilarejo de Povenets para corrigir a diferença de altura.

Ninguém duvidava da utilidade de um novo leito navegável nesse formato, uma vez que ele tornaria desnecessário o contorno da península escandinava. Já em 1702, o czar Pedro havia convocado duas fragatas do porto de Arkhangelsk, no mar Branco, para vir até sua nova capital por essa rota direta. Os navios de madeira deveriam ser rebocados em trenós pelas florestas até o lago Onega: uma distância de mais de cem quilômetros. A prática do reboque de navios tinha uma longa tradição na Rússia. As pessoas presas aos navios por arreios eram chamadas *burlaki*, aldeões rudes e primitivos que se deixavam explorar como animais de tração por cem mililitros de vodca e um naco de pão. O avô de Górki uma vez se arrendou como *burlak*, e o pintor favorito de Stálin, Ilia Repin, fez da pintura *Burlaki no Volga*, que aparecia em todos os livros escolares soviéticos, um libelo contra a escravidão sob os czares.

A distância entre o mar Branco e o lago Onega era grande demais para um «serviço de transporte» permanente com a ajuda dos *burlaki*, como também se deram conta os comerciantes e concessionários. Um canal no lugar da trilha de reboque reduziria o tempo de navegação de São Petersburgo a Arkhangelsk de dezesseis dias para menos de uma semana. Inúmeros traçados foram explorados, os esboços estavam prontos, mas infelizmente os senhores capitalistas não conseguiram completar o financiamento.

«Os bosques, pântanos e cachoeiras permaneceram intocados», constata o texto de *Belomor*. «A Carélia ainda era a terra dos pássaros intrépidos.»

Em 1931, os camaradas decretaram que o canal tinha de ser construído. «Não a longo prazo, mas agora, imediatamente — em cerca de quinze meses, no máximo vinte. A União Soviética teria êxito onde a Rússia czarista falhou?»

Folheei o livro até as imagens em preto e branco. Na página 253, uma mulher com avental cor de chumbo põe uma britadeira na terra. «Ao mudar a natureza, o homem muda a si mesmo», diz a legenda.

Havia algo de verdade nisso.

Belomor trazia impressões heroicas do trabalho de escavação: «À noite, o canteiro de obras se ilumina como a rua Górki, em Moscou. Nuvens de fumaça flutuam pelo céu escuro. As locomotivas apitam, enquanto milhares de trabalhadores fervilham lá no fundo, pelas encostas e pelas matas. Isso nunca foi mostrado antes, nem mesmo em filme. E pensar que são todos criminosos».

Numa mesma equipe de trabalho era possível encontrar ladrões de gado caucasianos, especuladores judeus e contrabandistas de diamantes siberianos, mas a grande maioria dos condenados do gulag era cúlaque: camponeses que tinham uma vaca ou um cavalo a mais que o campesino médio. Eles obstruíram em massa a coletivização da agricultura, retendo cereais ou gado, mas agora, assim como os outros soldados do canal, têm uma segunda chance «na escola socialista do trabalho».

Uma categoria extraordinária de prisioneiros são os «engenheiros sabotadores». Esse clã de contrarrevolucionários foi surpreendido em vários pontos da União desarticulando de propósito o Plano Quinquenal. Como uma quinta coluna, tentaram jogar areia na máquina socialista com erros deliberados de cálculo e falhas de projeto encobertas de forma astuta. Seu chefe era um certo professor Riesenkampf, um alemão do Volga que tinha provocado o fracasso de um projeto de irrigação no deserto da Ásia Central. Para compensar o Estado, Riesenkampf e seus colaboradores foram condenados a trabalhos forçados no canal de Belomor. No começo, isso aconteceu nas repartições da Lubianka, em Moscou, a sede do serviço secreto, em mesas de desenho alinhadas em ordem de combate no salão superior.

Os engenheiros-sabotadores, curiosamente todos engenheiros hidráulicos, tinham de projetar barragens de terra para tornar os lagos da Carélia navegáveis no trajeto do canal. Em seguida, dezenove eclusas, treze das quais com câmaras duplas. Ao calcular suas construções, eles não podiam partir da premissa de que haveria disponibilidade de cimento ou metal: não teriam outro material disponível além de madeira, presente em abundância no local.

No campo, os condenados contavam com 70 mil carrinhos de mão e 15 mil cavalos. Devido ao déficit de animais de tração, eles também tinham de trabalhar em turnos de doze horas, que são descritos como «substituição provisória das tarefas do cavalo». Nesses casos, eles se equipavam (como *burlaki*) com arreios para arrastar os troncos de árvores. No entanto, não havia nenhum supervisor para incitá-los com chicotes, pelo contrário: os soldados do canal eram estimulados a deslocar mais terra e a competir entre si com música de acordeon e toques de trompete.

A Brigada de Agitação de Ex-Ladrões passava por todas as eclusas em construção cantando com falsetes estridentes: «Ensinando uma lição à natureza/ ficaremos livres, que beleza».

Há reveses, tempestades de neve, rupturas de diques grandes e pequenos, mas também sucessos. Ribeirões rumorejantes são domados ou bloqueados com força conjunta. *Belomor* está repleto de histórias do tipo bem-está-o-que-bem-acaba. Prostitutas ucranianas e bandidos georgianos caem como dominó pelo socialismo. Um dos antigos sabotadores, o engenheiro Maslov, de quarenta anos, emerge como que renascido da terapia de trabalho. Ele recebe a Ordem do Estandarte Vermelho por seu projeto de portas de eclusas em losango. Em 1933, Maslov é libertado antes do previsto, mas decide ficar porque queria passar o resto da vida trabalhando voluntariamente a serviço da «hidrotecnologia socialista».

O verdadeiro herói do livro *Belomor* é o agente do OGPU, o vigilante do campo, na qualidade de «guarda-costas do proletariado». Ele se veste com «um longo casaco cinza» ou «uma jaqueta de couro» e aparece de pernas abertas na porta dos barracões ou num bote no rio. Incansável, quepe puxado até as sobrancelhas, ele explica «o que é a verdade e o que é o socialismo». Sua tarefa — a forja de indivíduos — exige controle e paciência de monge, «uma vez que a matéria humana bruta é infinitamente mais difícil de trabalhar que a madeira».

Em algum ponto na metade de *Belomor*, eu me deparei com o menu do campo. A descrição me fez pensar em Sasha Avdeienko, o mais jovem participante da brigada de escritores. Em seu relato, ele contava que nunca tinha esquecido o jantar de recepção com frango à Kiev na Colina dos Ursos: «Que prazer culinário, ainda mais em tempos de escassez!».

A lista com as porções diárias a que tinham direito os soldados do canal ficava pendurada em todos os barracões, decorada com motivos florais:

> Sopa de repolho — 1/2 litro
> Mingau de carne — 300 gramas
> Posta de peixe com molho — 75 gramas
> Massa folhada com repolho branco — 100 gramas

Sasha Avdeienko havia notado com surpresa que se tratava de uma refeição completa, uma raridade agora que a formação dos colcozes no campo tinham resultado em escassez e fome, mas será que os soldados do canal realmente recebiam suas porções? Não encontrei nada sobre isso no livro, a não ser a menção passageira de que no fim não eram mais dadas fitas vermelhas aos melhores trabalhadores, apenas «pãezinhos de recompensa». Numa das imagens em preto e branco há um guarda com um rifle no ombro distribuindo esses pãezinhos extras da carroceria de um caminhão cercado por mãos ávidas estendidas.

Os poucos passageiros que desembarcam na Colina dos Ursos são recebidos com baldes de frutas vermelhas e cogumelos, potes de mel, cestos de peixe seco. Encolhidas pela idade, as mulheres que erguiam essas mercadorias chegavam com grande esforço até as janelas do trem. Assim que ele voltava a apitar, sumindo na floresta, elas também desapareciam.

A estação parecia um chalé alpino, mas, ao contrário de uma estação de esqui, essa colônia de 20 mil habitantes não tinha sido tomada pela publicidade. Em nenhum lugar das plataformas vi o Marlboro-man, onipresente na Rússia, ou windsurfistas bebendo Fanta. O único outdoor (pintado à mão) anunciava o clube de caça local.

«Rua Félix Dzerzhinski, nº 208», anotei.

A rua Dzerzhinski era uma alameda em linha reta que passava pela administração florestal. A constatação de que 126 mil inimigos do povo tinham marchado ali me provocou um calafrio.

O asfalto, coberto de folhas do tamanho de mãos, conduzia inevitavelmente a uma praça com um hotel. Os prisioneiros de Belomor ergueram esse colosso de pedra para receber Stálin de maneira adequada. Eu queria ficar lá, mas o prédio, sustentado por colunas esfaceladas, não parecia muito apropriado para pernoitar. Tufos de grama e brotos de bétula saíam das calhas. A única porta que abria levava a um porão sob uma das alas laterais. A escadaria cheirava a serragem e resina; havia uma oficina de carpintaria funcionando nas catacumbas do Hotel Stálin.

Uma silhueta magra usando um guarda-pó ergueu os olhos de seu trabalho na madeira e praticamente ficou em posição de sentido. Carpinteiro Nikolai Iermanchuk. Pelo visto, o homem me confundiu com um representante do fisco ou alguma inovação desse gênero. Só quando perguntei sobre a entrada de hóspedes com sotaque estrangeiro ele relaxou, sacudindo algumas aparas dos punhos.

«Já faz anos que o hotel está fechado», ele disse.

Perguntei se ele sabia como era antes, com toda a pompa, e então o carpinteiro começou a dar pequenos fragmentos de informação.

Os azulejos verde-mar eram remanescentes de um banho turco, ele contou. «E do outro lado do corredor ficava o campo de tiro ao alvo.»

Isso era padrão na hotelaria?

«Sim. A caça é um esporte popular aqui. Quando trouxemos a oficina para cá, os alvos ainda estavam pendurados na parede.»

Por uma fresta, Nikolai me mostrou o saguão barricado do hotel, onde não podíamos entrar devido ao risco de desabamento. Em frente ao elevador havia uma guarita no formato de cabine telefônica de onde um agente da KGB vigiava os visitantes até o amargo fim da União.

No segundo andar, funcionava um restaurante e salão de festas com capacidade para duzentos convidados. O carpinteiro não fazia a menor ideia da qualidade da cozinha. «Nunca comi lá», ele se desculpou. «Esse era o lugar onde a elite se reunia.»

Como profissional, ele conhecia as particularidades das torres de vigia quadrangulares no prolongamento do poço do elevador. O andar de cima, que do lado de fora, na praça, já tinha me chamado a atenção, era um cubo de vidro com esquadrias finas. Nikolai falava com admiração de um «átrio», onde antes havia espreguiçadeiras e vasos de plantas. «Naquela época, era o ponto mais alto da Colina dos Ursos.»

Desse camarote de honra, pelo que entendi, era possível supervisionar todo aquele anfiteatro como um estrategista: o lago Onega, com os troncos de madeira boiando ao longo das bordas e, à distância, a imponente entrada do canal Belomor, junto ao vilarejo de Povenets. A intenção era que Stálin, por trás da parede de vidro, pudesse observar com um telescópio de cobre as sete eclusas sucessivas da «escada de Povenets» antes de iniciar a passagem a bordo de uma embarcação a motor.

«Mas Stálin nunca entrou neste hotel», falou Nikolai. «Ele esteve na Colina dos Ursos muito rapidamente e logo seguiu viagem.»

Será que ouvi um leve tom de aborrecimento em sua voz? Agradeci pelas explicações e na despedida perguntei se muita coisa tinha mudado ali desde a queda do comunismo.

O carpinteiro fez sinal que sim. «E como! Nos últimos dez anos, não construíram mais nada.»

A caminho do canal, passei pelo Clube de Caça da Colina dos Ursos — pelo menos havia uma placa pintada à mão (com homens de verde) pendurada num barraco de madeira dizendo exatamente isso, como na estação. Um jipe Kommandir estava estacionado do lado de fora. Quando abri a porta do clube, entrei numa espécie de cosmorama muito peculiar: chifres de alce saíam de todas as paredes, e nas vigas naturais havia patos, doninhas e faisões. No meio dessa coleção de troféus, dois caçadores estavam sentados perto de um fogão a lenha, celebrando o início da estação de caça.

Eles me ofereceram chá com um pouco de conhaque, e, embora eu estivesse interessado principalmente em histórias sobre Belomor, começamos a conversar sobre o declínio da população de animais silvestres, a precisão dos rifles de cano duplo e o baixo valor do bônus governamental (de apenas 410 rublos) por cada lobo abatido.

«Mas não pense que hoje em dia você ainda será pago», disse o guarda-caça local. Seu nome era Aleksander e ele usava um colete militar decorado com fileiras de cartuchos onde os veteranos costumam usar suas medalhas.

Seu companheiro, Pavel, tinha dentes de ouro e era um criador desempregado de animais para venda de pele. «Não há dinheiro, então para cada lobo morto eles nos dão permissão pra atirar num alce.»

Meus anfitriões me mostraram um álbum de fotos com imagens sangrentas. Todas elas de caçadores posando com suas presas, ora orgulhosos, de pé, com a bota esmagando a cabeça de um javali, ora erguendo um copo de vodca ao lado de um urso abatido.

«Nós não somos do Greenpeace», observou Aleksander.

De repente me ocorreu que os moradores da Colina dos Ursos foram lançados alguns séculos para trás com a queda do Estado soviético, aos tempos dos caçadores e coletores. As *babushkas* na plataforma não erguiam cestos de peixes e baldes cheios de frutas silvestres colhidas por elas mesmas?

Perguntei àqueles homens se eles caçavam por esporte ou por causa da pele e da carne.

«*Shashlik* de carne de urso aumenta a potência», disse Pavel, mostrando os dentes dourados. «É o que minha mulher diz, e ela deve saber.»

O guarda-caça não riu. «Até pouco tempo atrás, fazíamos parte da Academia de Ciências», ele disse, massageando a testa com a ponta dos dedos. «Todos nós tínhamos empregos, como Pavel no *sovcoz* de martas. Caçar era só algo a mais. Enviávamos nosso relatório anual completo pra Moscou, inclusive com os anéis dos pássaros, para pesquisa sobre migração...»

Quis interrompê-lo, mas Aleksander levantou a mão, ainda não tinha terminado.

«Antes disso, éramos enquadrados no GosPlan, o comitê estatal de planejamento. Como todo mundo, tínhamos de entregar a cota predeterminada de caça e aves a cada temporada.» Ele olhou para mim e perguntou se eu sabia que a caça fazia parte dos planos quinquenais. «O que o senhor pensava? Stálin ordenou a exploração das riquezas até o círculo polar ártico, então o canal Belomor tinha de ser construído e a ferrovia, estendida até Murmansk. Em Vorkuta, mais a leste, tinha lignito, e em Norilsk, níquel e ouro. Só faltava a mão de obra, foi por isso que ele mobilizou os ditos inimigos do povo, mas, bem, eles também morriam se não fossem alimentados.»

Aleksander conta que o plano de caça previa o abate de meio milhão de aves por ano.

«Gansos-de-cara-preta!», eu disse.

«Isso mesmo!» O guarda-caça apontou para um espécime no parapeito da janela. «Eles vêm da Holanda, não é?»

Enquanto eu analisava o peito de plumas pretas e e os olhos ainda mais pretos do animal, fragmentos de *Belomor* brotavam em minha mente. *A Carélia ainda era a terra dos pássaros intrépidos.* Lembrei-me de que a primeira passagem de Stálin ocorreu *sob o grasnado das aves migratórias...* e que os vigias do campo eram *ávidos caçadores de gansos.*

A caça ao ganso poderia ter ocorrido em escala tão grande a ponto de reduzir drasticamente a população?

«O que o senhor achava? O gulag dependia em grande parte disso. Quando os suprimentos dos campos não davam conta, os guardas organizavam brigadas de caça.»

Eles não poderiam entregar armas aos prisioneiros assim tão fácil, ponderei.

«Armas? Nas áreas acima do círculo polar, um pedaço de pau é suficiente. Os gansos que passam o inverno lá com vocês fazem a muda conosco no verão, depois da reprodução. Então perdem as penas e não podem voar por cerca de três semanas. É só juntar todos e bater até morrerem. Se depois forem salgados, permanecem bons por vários meses.»

Comentei sobre o mistério ornitológico da década de 1930, a súbita ausência do ganso-de-cara-preta no mar Frísio.

Contudo Pavel, o produtor de peles, não entendeu aonde eu queria chegar. «Os gansos são bichos bobos», ele disse. «A gente joga aveia num descampado, coloca uma isca ali e pronto, eles pousam em enxames. Duas vezes por ano, na ida e na volta, é certeiro.»

Ele caçava gansos-de-cara-preta?

Pavel acendeu um cigarro da marca Piotr I. «Tem algo de errado nisso?»

Então a população tinha voltado ao nível normal?

«Nos anos 1960, eles conseguiram se recuperar bem», disse Aleksander, o guarda-caça. «Isso faz sentido se a gente considerar que os últimos campos perto do círculo polar foram fechados nessa época.»

Naquela tarde, Pavel me levou até Povenets em seu jipe. Abri a janelinha para que os aromas do outono entrassem. NOSSA POLÍTICA É POLÍTICA MUNDIAL — V.I. LÊNIN, dizia um painel desgastado na prefeitura. Meus pensamentos ainda estavam na ave de barriga preta do clube dos caçadores: com seus números decrescentes, os gansos-de-cara-preta foram os primeiros a contar a história ainda desconhecida do gulag, foram um indicador incomparável naquela época, mas ninguém captou a mensagem.

Não muito longe de Povenets, a paisagem se abria. Os campos eram cheios de seixos. Pavel explicou que, dos dois lados do canal de navegação — em faixas de alguns quilômetros de largura —, a floresta tinha sido derrubada para a construção das eclusas. Passamos por um escritório de alvenaria da gerência do canal de Belomor e por um parque com um sino de ferro fundido, em memória à Segunda Guerra Mundial.

O caçador morava com a esposa e a filha atrás da eclusa número 2. Sua horta, decorada com repolhos-roxos e brancos em canteiros feitos de pneus de trator, subia pela margem do canal. Natasha, de dezessete anos, filha de Pavel, caminhou conosco até a ponte de onde se podiam admirar melhor os degraus da eclusa (sete desníveis consecutivos de quinze metros). Vista de cima, a água era marrom-mijo, dava para ver um monte de filamentos boiando. Natasha insistiu que não era poluição, mas sim turfa solta. «Sério, nadei aqui no verão.»

Eu esperava encontrar sobreviventes da construção do canal, mas Pavel acabou com essa ilusão. «Povenets foi despovoada durante a Segunda Guerra Mundial», falou. «O canal era a linha de frente. Os finlandeses ficaram aqui no lado oeste, perto da nossa casa; o Exército Vermelho tinha se entrincheirado do outro lado.»

No fim dos anos 1940, o vilarejo, todo saqueado, foi recolonizado, não pelos habitantes originais, mas por jovens comunistas que vieram montar um *sovcoz* de martas. Como membros fanáticos do Komsomol, os pais de Pavel estavam entre os primeiros produtores de peles daquela época. O resultado disso foi que ninguém na região se lembrava dos soldados do canal, muito menos da visita-relâmpago de Stálin ou do passeio de barco da brigada de escritores de Górki.

«O *sovcoz* foi privatizado em 1993 e dois anos depois declarou falência», contou Pavel. «Não existe mais mercado para peles.»

Estávamos prestes a ir embora quando uma comporta da eclusa se abriu ao longe. Uma golfada de água marrom surgiu na frente da proa de uma embarcação de calado profundo, um sinal ficou vermelho, uma campainha tocou e o pavimento onde estávamos começou a girar noventa graus, com amurada e tudo. Carregado de alumínio, o STK-102, de São Petersburgo, deslizou para dentro da câmara da eclusa e passou de forma totalmente automatizada por uma porta de metal. Centímetro a centímetro, o navio começou a descer o penúltimo degrau da escada de Povenets.

À noite, em casa, na cozinha feita de ripas, Natasha me contou que tinha encontrado uma colher de metal durante uma excursão da escola, em algum lugar perto da quinta eclusa. Ela mostrou a todos o talher amassado. «Olhem, há iniciais e nomes riscados», falou.

Inclinados sob a luz de uma lâmpada, pudemos ler: P. M. I. Logo abaixo havia um S, seguido de algo ilegível. E depois um nome, «Marozov», segundo Pavel, mas sua filha discordava («Onde você está vendo esse 'z'? Parece mais Maronov»).

Natasha levou sua descoberta a seu professor de história, que fez o objeto circular pela classe dizendo que «devia ter sido utilizado por pelo menos três prisioneiros». Agora Natasha se perguntava quem eram Maronov e os outros dois. Eles tinham de compartilhar essa colher ou tinham usado o objeto um depois do outro? E, no fim, o que aconteceu com eles?

«Que perguntas absurdas», disse o pai. «Você pode ficar remoendo isso pelo resto da vida e nunca descobrir.»

Maksim Górki conversou com soldados do canal no fim de sua exaustiva jornada de trabalho. «O ano, o mês, o dia em que os campos de reeducação não serão mais necessários está próximo.» Górki elogiou o triunfo de «milhares de indivíduos heterogêneos sobre a natureza e sobre si mesmos».

Dos 126 mil inimigos públicos, 12.484 foram libertados imediatamente depois da conclusão do canal de Belomor, e 59.516 tiveram a pena reduzida. Eles e os outros sobreviventes foram postos para trabalhar no trajeto do canal de 128 quilômetros que em três anos ligaria Moscou ao Volga.

«Eu os parabenizo pelo que se tornaram», falou Górki. «Felicito nosso sábio Partido e seu líder, o homem de aço, camarada Stálin.»

Esse discurso de encerramento foi impresso como epílogo do livro *Belomor*. Em seguida, ainda havia um retrato de Górki, no qual o escritor do povo veste uma jaqueta de operário, com a gola da camisa amassada. Ele aparenta estar exausto. Eu pelo menos vejo um bigode caído, um sulco entre as sobrancelhas, olhos úmidos e amistosos. Sua orelha esquerda se destaca, como se ele estivesse ouvindo atentamente.

«Os senhores atiçaram o entusiasmo de uma boa centena de escritores», ele assegurou aos soldados do canal. «Isso é de grande importância. A partir de agora, a literatura será impulsionada por um novo fervor, à altura das maiores obras realizadas por vocês.»

Botânico no deserto

Krasnovodsk e o subjacente Caracum provocaram repulsa em Paustóvski. Talvez pelo clima («com o ar espesso e pegajoso como glicerina»), talvez pelo temperamento do escritor. Visto do mar, o porto, revestido de rochas negras e denteadas por trás, para ele parecia «a boca incinerada da Ásia». Não exatamente o convidativo anfiteatro esculpido pela natureza que outras pessoas viam ali.

Ele não conseguia ver nada de encantador no indiferente quebra-mar. «Tudo parecia tão coalhado pelo calor que o ressoar da rebentação surpreendia; era incompreensível que essa água de mar pesada pudesse reunir forças para afluir exausta até a costa quente e ainda recuar fazendo barulho.»

Paustóvski ficou encalhado nessa costa árida no verão de 1931. Para a etapa final até as salinas de Kara Bogaz, ele dependia de dois navios-tanque, o *Frunze* e o *Dzerzhinski*, que tinham como missão o transporte de água do Cáucaso até o «complexo químico». «Holandeses voadores», ele resmungava. «Navios que não sabem nem quando nem para onde navegam.» Não havia horário de chegadas e partidas, e nem o armador nem o capitão do porto sabiam dar informações. À espera de notícias, ele discava o telefone de baquelite da estação portuária até cansar, e o único resultado era o matraquear estridente de uma telefonista soviética: «O que o senhor está fazendo, ligando como se houvesse um incêndio? Desligue esse telefone!».

Ao longo de vários capítulos de seus seis volumes de memórias (*A história de uma vida*, escrito depois da Segunda Guerra Mundial), Paustóvski explica de forma fragmentada a gênese do livro *Kara Bogaz*, da ideia à execução. E constata de modo sensato: «Este é meu primeiro livro de sucesso, porque é sobre a realidade».

Estranhamente, Paustóvski não fala mal da própria Kara Bogaz (como era uma baía de enxofre, fedia a ovo podre?) nem da «cachoeira marinha» ou da fábrica experimental de sulfato construída na costa. Essas omissões contrastam muito com a extensão com que Paustóvski descreve o período que antecede seu sucesso literário. Percebi um padrão: toda vez que ele está quase na baía, suas memórias saltam para outro tema. Ou vem um comentário para encerrar o assunto: «O restante/como terminou/a continuação... pode ser lido/lida em *Kara Bogaz*».

No entanto, se o *Frunze* ou o *Dzerzhinski* chegaram ou não ao ancoradouro de Krasnovodsk, isso ele deixa em aberto.

Paustóvski não é vago ou misterioso sobre as origens de seu fascínio por Kara Bogaz. Em sua percepção, o local remontava à infância dele. Para ser mais preciso: a uma noite passada em Kiev, quando seu pai, um estatístico da empresa ferroviária, o levou para passear na colina de São Vladimir, acima do Dnieper. Apareceu por lá um estranho, com um chapéu esfarrapado e um telescópio num tripé, que começou a matraquear de maneira monótona: «Caros *signori* e *signorini*. *Buon giorno!* Por cinco copeques os senhores podem viajar da Terra à Lua e a todas as estrelas. Posso recomendar especialmente que olhem para o sinistro planeta Marte, que tem a cor do sangue humano?». O pai de Konstantin («Kostik») permitiu que ele olhasse Marte pelo telescópio. «Eu vi um abismo negro e uma esfera avermelhada que pairava imperturbável nesse abismo, sem nenhuma sustentação.» A esfera se arrastava com lentidão desesperante para a borda do anel de cobre. O astromante ajustou seu aparelho em alguns graus, mas Marte começou a se esconder de novo atrás da borda.

«E então? Está vendo alguma coisa?», perguntou meu pai.

«Sim», respondi. «Estou vendo até os canais.'»

Marte, com seus marcianos e os «canais de Marte», descobertos pelo italiano Schiaparelli, provocou nele um medo indefinível. Seu pai chamou a atenção para o fato de que Marte era «um planeta moribundo», onde os antigos mares e rios tinham secado. A vegetação que antes crescia ali ressecou e as cadeias de montanhas erodiram. Não sobrou nada além de um vasto deserto arenoso.

«Então Marte é uma bola de areia?»

«Pode-se dizer que sim», concordou o pai. «O que aconteceu com Marte também pode acontecer com a Terra.»

Em casa, Kostik ouviu de seu irmão mais velho, Dima, que metade da superfície da Terra já era tomada por desertos. «Desde então, meu medo do deserto (sem nunca tê-lo visto) assumiu um caráter obsessivo», escreve o autor de *Kara Bogaz*.

Não demoraria muito para que o pior pesadelo de Kostik se tornasse realidade. Aconteceu naquele verão, quando a família foi para uma de suas propriedades fora da cidade. Os Paustóvski eram originalmente cossacos zaporijianos que, como servos do czar, defenderam com sucesso variável o curso inferior do Dnieper. Num dos ataques turcos, eles foram derrotados e expulsos, e depois disso o avô Paustóvski se estabeleceu mais para o interior, numa ilhota estreita e oblonga no rio Ros, um afluente de corrente rápida do Dnieper.

Essa propriedade da família era «definitivamente, o lugar mais misterioso do planeta», achava Kostik. Nos arbustos atrás do apiário, ele e seus dois irmãos brincavam de «zaporijianinhos», jogo que consistia em heroísmo e lealdade ao czar.

Numa tarde preguiçosa, ele estava pescando com o avô, quando este de repente se levantou assustado e, protegendo os olhos com as mãos, fixou o olhar nos campos: «Lá vem o vento do deserto. O vento que vem de Bukhara». Ele cuspiu no chão com raiva. «Maldito calor infernal. Isso é um desastre na certa, Kostik. Daqui a pouco não poderemos mais respirar.» O menino correu para casa, fugindo da névoa cinzenta que chegava como um furacão, mas as primeiras rajadas de vento quente o alcançaram e fizeram sua camisa grudar nas costas. Nas 24 horas seguintes, tudo que era verde (da erva-doce na horta até as folhas dos salgueiros-brancos), na prosa inimitavelmente bela de Paustóvski, ficou esturricado como um buquê seco.

«A colheita está perdida», constatou seu pai. «O deserto está avançando em direção à Ucrânia.»

Conhecedores da obra de Paustóvski suspeitam que essa experiência tenha despertado o interesse do escritor pela botânica. Não se sabe se algum dia ele secou trevos-de-quatro-folhas e taboas entre seus volumes de dez copeques da Biblioteca Universal e então colou num herbário, mas sim que, depois de concluir o Primeiro Ginásio Clássico de Kiev, ele se inscreveu na faculdade de História Natural. Nos dois anos de universidade que faltavam até a eclosão da Primeira Guerra Mundial, ele se especializou em botânica.

«Seu conhecimento quase enciclopédico de flores e plantas e suas descrições meticulosamente precisas causam muitas dores de cabeça a seus tradutores», comenta uma dupla de tradutores inglês-russo no prefácio de uma coletânea. Como leitores, com frequência andamos à procura de alguma coisa entre gramíneas e ervas orvalhadas até os joelhos ou quadris. E, quando a silvicultora Masha Klimova vai colher rosas silvestres no Volga, Paustóvski faz seu vestido se emaranhar em urze, capim-colchão, tanchagem, mato-de--colher, malva-cheirosa, trevo-vermelho, mirtilo e rapa-saias.

Não é de admirar que seu autor favorito seja Ivan Búnin, o ganhador do Prêmio Nobel que deu continuidade à tradição russa de escrever sobre paisagens e natureza no século XX, ainda que no exílio, em Paris. Búnin conseguiu «embelezar bosques com pensamentos e ânimos humanos», foi como Paustóvski expressou sua admiração. Ele próprio era tão afeiçoado à língua russa e às imensas florestas russas que a ideia de emigrar jamais lhe passou pela cabeça. Ao elencar «condições necessárias» para uma boa escrita, ele menciona (além de «poder lírico e capacidade de se pôr no lugar do outro») um «vínculo real com a natureza». Nada de «consciência de classe» ou algum outro tipo de engajamento social. Não, era a natureza, através do estudo atento, que deveria se tornar «um segundo universo no coração do escritor». Quando li isso, de repente percebi por que tipo de tensão Paustóvski deve ter passado como escritor soviético iniciante. Os Planos Quinquenais eram ataques declarados à «natureza inexplorada», o próprio Górki proclamou que, assim que a luta de classes terminasse, o homem soviético teria as mãos livres para lutar contra seu último inimigo: a natureza.

Kara Bogaz era alinhado com esse pensamento administrativo nada sentimental. «Na natureza que nos rodeia, praticamente não existe mal que não possa ser usado em vantagem e benefício do homem», escreve Paustóvski. Toda a história reverencia a construção de fábricas de produtos químicos como «a conquista industrial do deserto»; o autor devia seu reconhecimento a isso.

No entanto, comecei a me perguntar se isso tinha sido sincero. Ou será que ele teve de negar suas próprias convicções?

«Até onde pudemos averiguar, Konstantin Paustóvski nunca esteve na baía de Kara Bogaz.»

Para observar melhor minha reação, o professor Ilia Ilitch inclinou a cabeça, fazendo com que suas bochechas carnudas pendessem ligeiramente para o lado, revelando um rabo de cavalo na nuca. Nunca descobri de que disciplina esse homem amável era professor; por isso vou me ater a estudos de Paustóvski. Calculo que ele devia ter sessenta e poucos anos. Seu cabelo era todo grisalho, penteado para trás e preso num penacho excêntrico que ia até os ombros, o que o tornava dez anos mais jovem.

Ilia Ilitch era diretor do Instituto Paustóvski, em Moscou. Patinando pelo parque Kuzminki, uma propriedade nobre que os comunistas pavimentaram com asfalto, eu já tinha passado várias vezes por uma casa tipo João e Maria sem saber que era onde antigamente o jardineiro do conde Kuzminki morava, muito menos que a pesquisa sobre a vida e obra de Konstantin Georgievich Paustóvski hoje em dia era conduzida ali no sótão. A imagem do escritor em baixo-relevo está pregada na fachada de madeira do sobrado.

Num dia de primavera, quando toquei a campainha, uma senhora frágil com pele de pergaminho apareceu na porta. «Ilia Ilitch!», ela gritou em direção ao desvão. «Visita da Holanda.»

Subi a escada aos tropeções atrás dela, e lá em cima o diretor já estava ocupado tirando a papelada de uma mesa. Ele e sua assistente, que me pediu que a chamasse simplesmente de Monika, apesar de sua idade avançada, eram os únicos funcionários remunerados do Instituto Paustóvski.

«Vamos cortar o bolo de Páscoa», sugeriu Ilia Ilitch. «Monika vai preparar o café. Pode ser solúvel?» Os pires tilintaram, o diretor limpou uma faca de pão e logo foi repreendido como uma criança: sua assistente achava que a faca devia ser lavada primeiro.

«Por favor, Monika, querida, vá ferver um pouco de água.» Estalando os lábios franzidos, Ilia indicou que ela fosse para a cozinha.

Como ele poderia me ajudar?

Por educação, e porque era verdade, mencionei o quanto os tributos dos russos a seus escritores me surpreenderam. Eram vistos por toda parte, um Dostoiévski perdido em pensamentos na Biblioteca Lênin, Maiakóvski com seu orgulhoso topete em sua própria estação de metrô, vários Gógol maiores e menores nos jardins públicos. E que Paustóvski tenha sido homenageado com um centro de estudos — inacreditável.

«Já existimos há 26 anos», disse o professor, radiante de orgulho. Infelizmente, ele não conheceu seu tão amado escritor. «Monika também não. Nós nos encontramos pela primeira vez no funeral de Paustóvski, em 1968. Foi então que surgiu a ideia de criar uma instituição.»

«Não foi bem assim, isso só aconteceu mais tarde», interrompeu Monika, com o cabelo em forma de sino balançando para a frente e para trás em protesto. Ela veio se juntar a nós com a chaleira na mão. Não fazia diferença, amenizou Ilia. O que importava eram as atividades literárias, sobretudo a publicação da revista *O Mundo de Paustóvski,* duas vezes por ano. Ganhei os últimos quatro números, que eram bem grossos. Além dessa revista, a instituição, movida por um grupo de voluntários, também organizava noites culturais e edições para bibliófilos. Como exemplo, Monika me passou um pequeno dicionário russo no qual o significado de cada verbete era explicado com base numa citação de Paustóvski. «Na língua russa, só existe algo parecido de Púchkin», ela disse com sua voz frágil.

Antes que eu tivesse conseguido dizer qualquer coisa sobre essa pequena bíblia de Paustóvski, logo a ganhei de presente. Lamentei ter vindo de mãos vazias, sobretudo porque mencionei que uma nova tradução de *Kara Bogaz* fora recém-lançada em holandês, a qual infelizmente eu não tinha trazido.

Não tinha importância. Ilia Ilitch pegou um caderno bastante manuseado do parapeito da janela, pôs seus óculos de leitura e examinou uma lista manuscrita de traduções de Paustóvski. «*Kara Bogaz* está aqui, vamos ver... em dinamarquês, alemão, grego, japonês e, ahá... em holandês. Editora Pegasus. Amsterdã, 1935. Traduzido por 'Ban het Reve'. Pronunciei direito?» O professor me olhou triunfante por cima das lentes em formato de meia-lua.

Fiquei pasmo. Eu sabia que Gerard van het Reve sênior, que na época era presidente da Associação dos Amigos da União Soviética, junto com seu filho adolescente Karel, tinha traduzido dois títulos de Paustóvski na década de 1930 (*Kara Bogaz* e *Cólquida, a terra dos novos argonautas*), mas nem ousava suspeitar que essa informação tivesse chegado a um sótão bagunçado em Moscou.

Ilia Ilitch registrou os detalhes da nova tradução holandesa — quando chegou na palavra «Arbeiderspers», o nome da editora, franziu uma sobrancelha — e prometeu mencioná-la no próximo *Mundo de Paustóvski*. De minha parte, prometi lhes trazer a nova edição o mais rápido possível.

«Se me permite a curiosidade», continuou o professor, «por que seu interesse especial por *Kara Bogaz*?»

Contei que estava me preparando para uma viagem para o Turcomenistão, até a baía de Kara Bogaz. «Quero seguir os passos de Paustóvski, sete décadas depois.»

Esse foi o momento em que Ilia Ilitch fez sua revelação e por alguns instantes ficou me observando com a cabeça inclinada, como se sentisse pena. Paustóvski nunca tinha visto sua baía, nunca tinha visto o tema de seu primeiro livro de sucesso «sobre a realidade» com seus próprios olhos.

«Ele foi até Krasnovodsk, mas o dinheiro do seu adiantamento acabou. Daí voltou por Baku.»

«Então os navios que ele estava esperando não vieram?»

Ilia Ilitch assentiu circunspecto, com medo de que agora eu ficasse decepcionado com o escritor que ele admirava tanto.

Decepcionado não era a palavra certa. Fiquei foi consternado com o fato de Paustóvski ter feito tantos malabarismos, mesmo em suas memórias. Uma coisa era embelezar uma história «sobre a realidade» com ficção, mas subordinar o curso de sua própria vida às leis da escrita era trair uma existência misturando verdade e lenda. Pensei numa frase da qual concluí que Paustóvski realmente tinha alcançado seu destino. «Moro numa casa de madeira compensada nas margens da baía de Kara Bogaz», citei em voz alta. «Então isso não era verdade?»

O diretor do Instituto Paustóvski assentiu de novo, dessa vez metodicamente, como um médico ao dar más notícias. «Nas nossas pesquisas, também nos deparamos com frequência com essas pequenas incongruências.»

Monika, que tirava com o dedo uma migalha de bolo do tampo da mesa, contou que no princípio também ficou chocada: a primeira vez, quando leu sobre a morte de Lolia, o grande amor de Paustóvski, em seus braços durante a Primeira Guerra Mundial; e mais intensamente quando soube que a Lolia de carne e osso, anos depois, ainda atuava como atriz numa conhecida companhia de Moscou.

«Imagine só», acrescentou Ilia Ilitch. «Na sua autobiografia, Paustóvski a enterra com as próprias mãos sob um salgueiro no front.»

Eu me perguntei se haveria uma maneira de avaliar o conteúdo ficcional dos seis volumes de memórias de Paustóvski. O que era inventado e o que era autobiográfico em *A história de uma vida*?

O professor e sua assistente se entreolharam e me levaram até a cozinha estreita, onde num canto do balcão havia sido feito um pequeno altar. Consistia num ícone de plástico, uma flor num copo de cerveja e um cinzeiro com tocos de vela. Esses objetos formavam um semicírculo em torno de uma foto emoldurada de um homem com uma armação de óculos carrancuda e barba com tufos grisalhos. «Vadim Paustóvski», disse Ilia Ilitch. «O filho do escritor. Ele nos deixou na semana passada. Por isso agora guardamos luto por quarenta dias.»

Fiquei sabendo que Vadim («Dima» para os íntimos) tinha completado 75 anos. Até o fim, ele foi um ativo divulgador da obra do pai. Aparecia com frequência no instituto e servia como fonte de informação para as «incongruências» com as quais Ilia e Monika se deparavam. Na maioria das vezes, ele sabia distinguir perfeitamente os fatos da ficção, fundamentado ou não em passagens de cartas com a caligrafia do pai, mas agora esse detector de mentiras ambulante não estava mais ali. Prestes a falecer, Dima escreveu um díptico sobre a vida privada do pai para *O Mundo de Paustóvski*. Ilia Ilitch me mostrou, disse que era um texto fundamental porque falava dos três casamentos de Paustóvski e do impacto deles em sua obra. Começava assim: «Durante toda a sua vida, meu pai se equilibrou no limite entre o real e o imaginário. Considero como minha tarefa levantar uma pontinha desse véu para que a 'realidade' se torne visível».

Com a exegese de Dima em mãos, foi um pouco mais fácil desvendar a obra de Paustóvski. Ele demonstrou de forma convincente que o pai não considerava *Kara Bogaz* como seu primeiro livro de verdade, mas sim *Os românticos*. Embora essa obra só tenha sido publicada em 1935, três anos depois de Paustóvski ter se tornado conhecido como escritor soviético, ele já a começara nos tempos do czar.

«Meu pai arrastou consigo o manuscrito em expansão por vinte anos», escreveu Dima. «Para ele, era uma espécie de diário lírico, uma segunda existência na imaginação, sem a qual ele não poderia viver.»

O próprio Paustóvski afirmou, pelo menos em suas memórias, que durante todos aqueles anos não considerava o texto «pronto para impressão», mas Dima veio com uma explicação mais simples: como escritor iniciante na União Soviética, era preciso que Paustóvski primeiro provasse seu valor com um livro sobre um assunto desejado pelo Partido. A melhor maneira de debutar seria com um «romance de produção» sobre a indústria pesada, a construção de barragens ou a extração de recursos minerais. Em outras palavras: como estreante, Paustóvski não podia abordar as editoras soviéticas com um livro sobre amor.

Os românticos é sobre amor. O personagem principal é um jovem que quer ser escritor (alter ego de Paustóvski), mas que está apaixonado por Chatidze, a «filha da natureza», e ao mesmo tempo por Natasha, a atriz da cidade. Ele não consegue escolher, mas no fim a Primeira Guerra Mundial escolhe por ele: Natasha morre de tifo perto da cidade de Minsk.

«Chatidze era minha mãe», escreve Dima, nascido em 1925. De acordo com sua certidão de batismo, seu nome era Ekaterina Stepanovna Zagorskaia — apelido: Kátia. «Meus pais se conheceram em 1914, num trem hospitalar na retaguarda do front, na Polônia.» Kátia e sua irmã, Ielena (apelido: Lolia), trabalhavam lá como «irmãs de caridade». Konstantin era enfermeiro e, junto com Lolia, foi mais de uma vez assistente na amputação de braços e pernas. Sua tarefa era depositar os membros amputados numa caixa de zinco e enterrá-los na parada seguinte. A julgar por uma foto daquela época, apesar de todos os horrores, ele parecia «ingênuo»: não se via nenhum vestígio de cinismo em seu olhar. Tinha um rosto sem rugas, uma penugem de bigode e costeletas raspadas. Sob o impacto de bombas de estilhaços e em meio a epidemias fatais, Paustóvski — como todos os outros soldados do trem hospitalar número 226 — estava perdidamente apaixonado pela inacessível e provocante Lolia, «uma garota teimosa com a voz um tanto arrastada e o rosto sempre pálido, como que por emoções contidas». Embora ela também o amasse apaixonadamente, ele não conseguia exercer nenhum domínio sobre ela — Lolia era volúvel demais para isso. Na tentativa de bani-la de seus sonhos, Paustóvski fez com que ela morresse de tifo como Natasha (em *Os românticos*) e, mais tarde mais uma vez, de varíola, como Lolia mesmo (em *A história de uma vida*). Como recordação, tirou um anel de prata simples do dedo dela e o enfiou em sua bolsa a tiracolo.

Nas palavras de Dima: «Meu pai aplicou aqui o método da concentração: tudo que havia passado com uma pessoa querida, ele concentrava num curto espaço de tempo, depois do qual esse personagem devia desaparecer da história, às vezes morrendo». Segundo seu filho, Paustóvski copiou esse «procedimento literário» de Ivan Búnin, que em *A vida de Arseniev* fez morrer sua heroína, Lika, enquanto a mulher que serviu de modelo para esse personagem ainda viveu muitos anos.

Ao contrário das irmãs Kátia e Lolia, os dois irmãos de Konstantin não sobreviveriam à guerra. Num jornal velho, que tinha sido usado para embrulhar um pedaço de queijo, Paustóvski topou acidentalmente com a rubrica «Mortos em batalha». Nela, segundo seu relato autobiográfico, ele leu a notícia devastadora de que seus dois irmãos mais velhos tinham morrido no mesmo dia em batalhas diferentes, um perto de Riga e o outro na encosta dos Cárpatos. («Quase no mesmo dia», especificou Dima.)

O pai de Konstantin morreu de câncer na garganta antes da guerra; seu funeral na propriedade do rio Ros é a cena inicial de *A história de uma vida*. Assuntos familiares aparecem extensivamente na obra de Paustóvski, mas algo sobre o que ele não diz nenhuma palavra é seu próprio casamento, em 1916, com a irmã mais nova de Lolia, Kátia — na igreja do vilarejo natal dela. Os recém-casados voltaram ilesos do fronte e foram morar com a mãe de Paustóvski e uma irmã meio cega, Gália, que tinham se refugiado em Moscou.

E depois? Fiquei curioso para saber como Paustóvski tinha vivido a revolução. Em suas memórias, ele faz uma distinção nítida entre a queda do czar, em fevereiro de 1917, e a tomada do poder pelos bolcheviques em outubro daquele mesmo ano. «Pessoalmente, saudei a Revolução de Fevereiro com entusiasmo juvenil, embora eu já tivesse 25 anos», escreveu Paustóvski. Ele ficou satisfeito com o fato de o regime autoritário estar «se esfarrapando como um pedaço de linho mofado» e de a Rússia «em poucos meses ter falado tudo que havia calado durante séculos».

Em relação ao que veio dali em diante, ele é mais reservado. Paustóvski admite que a palavra «proletariado» raramente ou nunca foi usada em seu ambiente, o que significava que, até a abdicação dos Romanov, ele «não tinha nada de sensato a dizer sobre o movimento revolucionário dos trabalhadores». Como descendente de cossacos, tinha pouca afinidade com líderes grevistas dos subúrbios de Petrogrado ou Nijni Novgorod. Não consta em sua biografia como ele conheceu essa gente exaltada.

Felizmente, uma das edições para bibliófilos de Ilia Ilitch, que incluía cartas e artigos do escritor de 1917, forneceu uma solução para isso.

Ali ele demonstra um ceticismo indisfarçável: como é que esse bando de tagarelas toscos, agitando bandeiras e exibindo armas, pensou que poderia governar um império? As «reservas» de Paustóvski, para usar um eufemismo, se transformam bruscamente em horror quando ele vê um grupo de bolcheviques colando cartazes hectografados *na estátua de Púchkin*. Assim como Górki em Petrogrado, ele teme a queda da Rússia se os analfabetos assumirem o comando. «A civilização vai acabar!», ele alerta algumas semanas antes da Revolução de Outubro. Como ilustração, ele cita uma cena ocorrida perto do muro do Kremlin, onde um guarda vermelho quebrava sementes de girassol entre os dentes e tentava repetidamente cuspir a casquinha no cano de um antigo canhão. E ninguém fazia nada para impedir!

Como escritor soviético, Paustóvski não podia fazer condenações tão severas. Em suas reflexões posteriores, ele escreve: «Faltou-nos ânimo e tempo para dar o sentido apropriado ao voo veloz que a história tomou» — o que, sem dúvida, era verdade.

Assim como sua esposa Kátia, Paustóvski escrevia para inúmeras publicações que surgiam e logo desapareciam. Como repórter, ele ouviu os discursos de Lênin, ora entre soldados desmobilizados num quartel de Moscou, ora no luxuoso Hotel Metropol ou no fosso da orquestra do Teatro Bolshoi. «Não havia nada rígido e monumental nele, nenhuma presunção ou grandiloquência, nem o desejo de proclamar verdades sagradas», apontou em sua autobiografia. «A palavra 'pão', que para outros oradores soava como um conceito abstrato, puramente econômico e estatístico, ganhava com ele, através de uma entonação quase imperceptível, algo de visual, se tornava pão preto de centeio, o pão de cada dia que a Rússia tanto ansiava naquele tempo.»

Era sua própria voz que soava ali? Em casa, o pai chamava Lênin de «um fanático perturbado», afirmou Dima, e considerava sua revolução «de caráter duvidoso». Aos olhos de Paustóvski, a tomada do poder pelos bolcheviques tinha «acontecido segundo as clássicas leis da selva».

No entanto, opiniões assim já não eram publicáveis a partir de 1918; os jornais independentes para os quais ele e Kátia trabalhavam foram fechados no verão daquele ano. O café preferido deles, onde se reuniam jornalistas, também fechou. Paustóvski escreve que, durante os primeiros anos, observou o novo governo de fora, mas que em 1920 decidiu «passar de espectador a participante». Sua explicação é sumária: «Entendi que não havia outro caminho senão aquele que meu povo havia escolhido».

Como escritor sob a constelação soviética, Paustóvski se conformou com as exigências de seu tempo: deveria elogiar a construção do socialismo. Nunca como membro do Partido Comunista, mas sim com o tom e o empenho que se esperavam dele. A hesitação de Paustóvski durou dez anos menos que a de Górki. Eu me perguntava se ele teve de engolir alguma coisa antes de pôr seus talentos a serviço da ditadura do proletariado. Ou será que de fato passou a acreditar com sinceridade nas promessas de um futuro melhor?

Em pelo menos uma área, Paustóvski não estava disposto a fazer nenhuma concessão: no domínio da língua russa. Ele concordava com Górki que a literatura só podia existir pela graça da inteligibilidade: «A literatura que é incompreensível, obscura ou intencionalmente críptica não tem utilidade para ninguém, exceto para o próprio autor». Paustóvski se distanciou de colegas que com a revolução se deixaram inspirar por todo tipo de experimentos formais; «futuristas» e «formalistas» que desde o regresso de Górki tinham sido condenados por sua preocupação com a «arte pela arte». Sua afinidade com as ideias de Górki poupou Paustóvski das dificuldades e da extrema pressão sofridas por esses inovadores. No entanto, ele não concordava com a simplificação da linguagem que os soviéticos buscavam. É claro que ninguém se opunha à alfabetização, nem mesmo Paustóvski. Ele apenas tinha objeções quanto à maneira como o instrumento da linguagem era difundido entre o povo. Em russo, essa campanha foi chamada de *likvidatsia bezgramotnosti* (literalmente: liquidação do analfabetismo). Como se tratava de um trava-língua com o qual justamente os analfabetos tinham dificuldade, foi abreviado para «LikBez». Surgiram escolas «LikBez» e professores «LikBez». Ao mesmo tempo, o ProletKult (cultura proletária) e o AgitProp (propaganda de agitação) entraram em voga em apoio ao KomPartia (Partido Comunista). Paustóvski tinha horror a essas «abreviaturas ridículas» que em poucos anos assumiram «a proporção de um desastre». Elas transformaram a língua russa numa gaguez gutural. O instituto soviético responsável pela engenharia hidráulica na Ásia Central se chamava SredAzHidroProjekt, e a instituição irmã que se dedicava ao cultivo de algodão: SredAzHidroVodChlopok. Dentro das margens que a instituição de censura GlavLit lhe permitia, Paustóvski se opôs com toda a sua força lírica a esses disparates burocráticos. Ele chamava as contrações desses inventores de palavras de «vulgaridades que estão degenerando nossa língua».

Não foi por culpa de Paustóvski. Ele não cogitou chamar seu filho de Vladilen (abreviação de Vladimir Ilitch Lênin) ou Rem (Revolução-Engels-Marx) — como fizeram os verdadeiros adeptos e carreiristas.

Vadim recebeu o nome do irmão mais velho de Paustóvski, que morreu como alferes na batalha de Riga.

Quando liguei para o professor Ilia Ilitch, algumas semanas depois de nos conhecermos, para perguntar se poderia levar a nova tradução holandesa de *Kara Bogaz*, como prometido, senti uma ligeira hesitação em sua voz. Ele pediu um instante para pensar. A julgar pelo chiado da linha, ele pressionou o fone contra a palma da mão para consultar Monika.

«O senhor não poderia vir na próxima quarta-feira?», foi sua sugestão.

Anotei o compromisso em minha agenda, desatento à data: 30 de maio, entre duas e três da tarde.

No dia e horário mencionados, uma van da TV-Centrum estava estacionada em frente à casa do jardineiro no parque Kuzminki. Cabos se estendiam pelo caminho de cascalho subindo as escadas até o sótão. Um Ilia Ilitch de aparência ilustre, enxugando a testa com um lenço, dava uma entrevista sob a luz de uma câmera. Tratava-se do 108º aniversário de nascimento de Paustóvski. Antes que eu me desse conta, fui convidado a entregar a edição holandesa de *Kara Bogaz* ao diretor do Instituto Paustóvski diante da tela prateada usada pelos iluminadores.

«Paustóvski é famoso até na Holanda», anunciou a repórter em sua matéria para o canal local.

Depois das gravações, a equipe de TV e a dezena de especialistas em Paustóvski que tinham sido mobilizados se aproximaram. Monika cortou um queijo fresco em fatias, enquanto Ilia abria uma garrafa de «vinho armênio». Parecia uma aguardente. Fez-se um brinde ao sucesso internacional de Paustóvski e à amizade dos povos. Nesse meio-tempo, o exemplar holandês de *Kara Bogaz* foi passado de mão em mão, mas não obteve aprovação unânime dos membros do fã-clube.

«Bastante exuberante essa capa», disse um tipo com jeito de inspetor sanitário, com óculos na ponta do nariz.

Mostrei a ele o fragmento de uma pintura de Kazimir Malêvitch que o designer tinha utilizado — algo que eu não deveria ter feito, porque deflagrou uma discussão sobre essa tentativa não intencional de pôr Paustóvski na sombra do vanguardista Malêvitch.

Ilia Ilitch, que continuava servindo aos convidados o vinho armênio, olhou para mim com os cantos da boca repuxados para baixo, numa expressão que dizia: «Não posso fazer nada».

Os exegetas continuaram olhando bem e descobriram na capa a palavra romance. «Mas o senhor sabe que *Kara Bogaz* não é um romance, não é?»

Senti que — em nome do povo holandês — tinha de inventar uma desculpa válida para essa forma de sacrilégio e comecei a falar sobre o caráter «romanesco» do livro. «Afinal, a história se apoia na capacidade de empatia e na imaginação do escritor», tentei.

«O senhor não entende», objetaram os puristas. «A questão é que o próprio Paustóvski chamava isso de 'narrativa'.»

Um dos especialistas pegou as *Obras completas* que estavam na estante em nove volumes encadernados. Ele farfalhou as páginas com ar de censura e pôs um dedo na palavra *povest*. «Ou o senhor acha que isso é a mesma coisa que um romance?»

Capitulei; eu não tinha resposta a isso. Por sorte, a câmera e o microfone já estavam guardados; a equipe de filmagem se preparava para partir. Ilia Ilitch os acompanhou até a saída e, assim que voltou, me chamou em seu escritório. Fechou a porta, se desculpou pela «visão literária ortodoxa» dos fãs russos de Paustóvski e disse: «O senhor está interessado na gênese de *Kara Bogaz*, não é? Então tenho uma coisa para lhe dar».

Recebi em mãos uma pilha de cópias de cartas e documentos do arquivo pessoal de Paustóvski.

«E acho que ainda tem mais», disse Ilia Ilitch. Agora que o período de luto por Vadim Paustóvski tinha terminado, ele passaria o resto do verão esvaziando o apartamento dele, explicou. «O mobiliário foi deixado para o instituto. Então vou ver se consigo encontrar algo para o senhor.»

Até Paustóvski descobrir o sal milagroso do Turcomenistão, em 1930, e com ele o tema de um livro «tirado da vida nua e crua», ele estava constantemente descontente com sua escrita. Considerava suas primeiras histórias, tanto as experimentações quanto as que foram publicadas, «pregos tortos». Não fazia sentido bater até ficarem retos: isso nunca funcionaria.

Quanto mais começava a duvidar de sua própria capacidade, mais ele admirava Maiakóvski (com quem jogou uma partida de xadrez) e outros grandes, como Babel (em quem viu um mestre) e Búnin (que encontrou uma vez, mas não ousou abordar).

Ele se tornou amigo de Isaac Babel em Odessa, em 1921. «O primeiro verdadeiro escritor soviético», como Paustóvski o denomina em suas memórias. «Todos vivemos um pouco no reflexo do seu talento.»

Babel apareceu na redação do *Moriak*, o jornal portuário de Odessa onde Paustóvski tinha encontrado emprego durante a guerra civil. Ele foi até lá para entregar manuscritos sobre o mafioso Benia Krik, conhecido como «O Rei», ou sobre «Liubka, o Cossaco» — histórias que mais tarde se tornariam mundialmente famosas. «Arqueado por causa da asma hereditária, com um nariz de pato e a testa enrugada», o consagrado autor inicialmente causou uma impressão desagradável em Paustóvski, mas, assim que abriu a boca, Babel se revelou «um desmistificador nato» e «um narrador genial».

Chegando a esse ponto, Vadim complementou as memórias do pai. Em *A história de uma vida*, Kátia não aparece, embora, aos olhos de Dima, tivesse desempenhado um papel essencial. Sua mãe também trabalhou no *Moriak*, por exemplo, como editora-chefe de reportagens estrangeiras. Assim como Babel, ela falava francês fluente (estudou na Sorbonne antes da Primeira Guerra Mundial) e aprendeu em Paris a arte da quiromancia. Dima costumava ouvir em casa a história de que sua mãe previu com grande precisão o sucesso literário de Babel. Mais tarde, quando, durante uma estada em Paris, Babel recebeu dos Paustóvski um cartão anunciando o nascimento do filho, ele enviou de presente uma caixa de roupinhas de bebê.

Três quartos de século depois, Dima ainda soava extasiado: «Até meus três anos, andei por aí me exibindo com roupas das melhores marcas francesas».

Paustóvski se limita às suas experiências literárias com Babel. Eles passam metade das noites de verão numa mureta junto à costa fazendo os seixos ricochetearem sobre as águas do mar Negro. Babel fala sobre língua e estilo. Sobre destrinchar um texto, eliminar frases inúteis, escolher metáforas. O resultado é que Paustóvski de repente passa a ver sua própria prosa, a começar pelo manuscrito de *Os românticos*, como artificial.

«O que é isso, afinal?», ele se pergunta. «Por que não tenho coragem de riscar tudo e jogar no lixo?»

Paustóvski está à procura de «autenticidade», de um tema concreto. Tem esperança de que «a musa errante» faça com que se depare com um veio de ouro, mas, não importa quão longe ele viaje, acaba apenas pegando malária tropical em Batumi, perto da fronteira com a Turquia, e sofrendo dores de amores em Tbilisi. Não é a cansativa viagem pela Transcaucásia, mas o encontro inesperado com a artista Valéria Vladimirovna que desperta sua inspiração. Numa carta de 1923 a Kátia, citada por seu filho Dima, Paustóvski afirma que seu romance de curta duração com essa Valéria foi «puramente literário» e que pôs fim a qualquer sentimento em relação a ela numa história intitulada «A poeira do Farsistão».

Quando ele mais tarde deixa que Babel leia esse texto, este, com seu buril, retira três redundâncias da primeira frase. «Uma história deve ter a precisão concisa de um cheque bancário», enuncia o mestre.

Depois de sua estada em Odessa, Paustóvski e a esposa se estabelecem de novo em Moscou em meados da década de 1920. Além de seu trabalho jornalístico e de tradução, Kátia está ocupada com a educação de Dima, enquanto Konstantin trabalha como repórter da agência de notícias Rosta, a precursora da Tass. Além dos manuscritos originais para essa agência de notícias, ele datilografa longas reportagens para as revistas *Trinta Dias* e *Nossas Conquistas*, mas continua insatisfeito. O próprio Paustóvski se considera indeciso, alguém que não gosta de zombarias e, para seu grande desgosto, ainda é educado com todos, até com os batedores de carteira no bonde. Ele procura quase desesperadamente por um tema de livro adequado e acredita tê-lo encontrado no verão de 1930. A ideia veio de um geólogo soviético que viajou pela costa leste do mar Cáspio e enlouqueceu. Paustóvski o conheceu por acaso numa cidadezinha no curso superior do Don, onde o geólogo mostrou a ele fotos de Ustiurt, um platô que, segundo Paustóvski, se eleva no deserto «como uma lápide com um perímetro de várias centenas de quilômetros». Em palavras incoerentes, delirando com visões angustiantes, o geólogo lhe contou sobre a mineração de sulfato numa laguna próxima: a baía de Kara Bogaz.

Por sua importância estratégica (naquela época a União Soviética ainda não tinha indústria química), esse empreendimento foi elevado a uma das prioridades do Primeiro Plano Quinquenal. O nome «Kara Bogaz» tinha ganhado fama nacional havia pouco tempo e era frequentemente mencionado no mesmo contexto que Belomor (o canal), Zaporozhe (a barragem no Dnieper) ou Magnitogorsk (a nova «cidade siderúrgica» nos Urais).

Paustóvski logo se convence de que há um livro emocionante no heroísmo da extração remota de sal, mas peleja com a viabilidade de seu plano: a baía de Kara Bogaz fica a 2 mil quilômetros de Moscou. «A única maneira de conseguir dinheiro era oferecer o livro ainda não escrito a uma editora em algum lugar e pedir um adiantamento.» Em suas memórias, ele conta sobre as tentativas frustradas junto a editoras e também sobre sua recusa categórica de trabalhar numa brigada de escritores. «Eu estava convencido (e ainda estou) de que existem áreas da atividade humana em que o trabalho coletivo é impensável [...]. Assim como duas ou três pessoas não podem tocar um violino ao mesmo tempo, também não podem escrever um mesmo livro juntas.»

Essa foi uma afirmação ousada, que deixava claro que Paustóvski não fazia irrefletidamente o que se esperava dele como escritor soviético, mas, quando examinei os papéis que Ilia Ilitch me deu, me deparei de novo com «uma pequena incongruência». Havia ali uma cópia do pedido de subsídio de viagem para a baía de Kara Bogaz. «Uma história sobre sal», diz a introdução. A proposta, dirigida à União Pan-Russa de Escritores Soviéticos, foi assinada por três solicitantes: Paustóvski e dois de seus colegas. Eles se apresentam enfaticamente como uma «brigada de escritores» que se propõe a produzir um trabalho coletivo em prosa. O tom é profissional e concreto. Até o volume estimado (270 páginas) e a data de entrega (15 de outubro de 1931) estão indicados.

Liguei a Ilia Ilitch para perguntar o que de fato aconteceu.

Ele disse para não levar muito a sério aquela «carta de mendicância». «Se o pedido tivesse sido atendido, eles teriam dividido o dinheiro, mas não foi. Na verdade, Paustóvski nunca gostou dessas brigadas de escritores e também nunca participou delas.»

Então como ele conseguiu subsídio para viajar?

«Maksim Górki o ajudou», disse o professor. Ele explicou que naquela época Górki estava envolvido na direção editorial das revistas *Trinta Dias* e *Nossas Conquistas* e que reconhecia Paustóvski como um colaborador competente. Em troca de algumas reportagens, Górki deu a ele um documento oficial de viagem (um *propusk*) e um adiantamento.

Eu tinha visto aquele passe de viagem, estava no meio da pilha de documentos. Foi emitido um dia depois do Primeiro de Maio de 1931. O «camarada Paustóvski» foi recomendado com carimbos e assinaturas às autoridades ao longo do Volga e da costa do mar Cáspio. Ilia Ilitch me contou que, durante o trajeto, Paustóvski tinha escrito artigos sobre os pescadores de esturjão em Astracã e a extração de petróleo na bacia do rio Emba, onde engenheiros soviéticos foram vítimas de escorpiões mortais.

Em *A história de uma vida*, Paustóvski descreve sua viagem ao mar Cáspio como uma «provação», uma batalha de exaustão mental e física. Desde os primeiros camelos que vê no sul da Rússia (animais emaciados, perdendo pelos) até o mapa do Turcomenistão (de onde surgiria a seca), ele descreve a viagem em termos sinistros e alarmantes. Para alguém que praticamente vê um poema em qualquer redemoinho e folha de outono, chama a atenção que Paustóvski não fique extasiado por nenhum elemento da paisagem. O mar cheira a «peixe podre» e as costas por onde passa são tão monótonas que ele involuntariamente desvia o olhar. Que diabos estava acontecendo com ele? Paustóvski, o amante da natureza, não vê flamingos, nem lagostas, nem caranguejos, nem focas. E isso quando nenhum guia de viagem deixa de mencionar que as focas-aneladas do mar Cáspio costumam aparecer dando cambalhotas no porto de Krasnovodsk.

Paustóvski associa a região que visita ao «inferno clássico», ao «medo e à desolação». Uma vez em Krasnovodsk, ele fica sentado na sombra, com os olhos ardendo e a garganta irritada.

«Uma saudade terrível, às vezes insuportável» da Rússia Central o leva até a estação, onde ele vê os trilhos do trem como uma última ligação com as florestas de sua juventude. «O delicioso frescor do ar depois de uma chuva, que no Norte facilita o pensamento, deu lugar a uma dor incômoda.» E de repente Paustóvski pensa ter compreendido: ele tinha de descrever a costa leste do mar Cáspio como uma paisagem marciana, a baía de Kara Bogaz como um pântano da morte. Do contrário, não teria coragem de apresentar a industrialização dessa área intocada como uma bênção. Paustóvski, que considera o «vínculo real com a natureza» como condição essencial para sua escrita, transformou em pensamento a baía de Kara Bogaz num derradeiro pedaço de «não natureza». Recorreu a todo o seu considerável potencial imaginativo para poder acreditar no que escreveria para iludir seus leitores. Ou talvez tenha se lançado sobre a poeira do deserto e a água sulfurosa com força tão poética que de fato começou a vê-las como inimigas da natureza. Só quando esse *tour de force* interior tivesse terminado é que ele poderia simpatizar com os engenheiros, os *fiziki* e suas fábricas químicas em construção.

Kara Bogaz foi muito mais que apenas um sucesso literário para Paustóvski; foi um exemplo da arte da adaptação. O autor tinha passado no rito de iniciação que o introduziu na União dos Escritores Soviéticos.

Encontrei críticas elogiosas entre os papéis de Ilia Ilitch. Uma delas de Maksim Górki, que considerou o livro exemplar: «*Kara Bogaz* oferece uma perspectiva bem-sucedida dos nossos projetos de construção socialistas».

Uma opinião semelhante veio da viúva de Lênin: «Precisamos de livros assim!».

No fim do verão, o professor Ilia Ilitch me convidou novamente à casa do jardineiro. Suas bochechas brilhavam e até sua voz soava radiante, de maneira que logo pude adivinhar o que estava acontecendo: o especialista em Paustóvski tinha encontrado textos até então desconhecidos.

«Exatamente!», disse Ilia Ilitch, e me levou até um armário de metal que eu não tinha visto ali antes. Pastas cheias de recortes do espólio de Paustóvski estendiam-se nas prateleiras galvanizadas.

«O tesouro de Ali Babá», disse o diretor do instituto. Havia um bloco de rascunhos com setenta poemas juvenis que Dima nunca havia mencionado. «E mais», acrescentou com um dedo levantado, «um romance do qual pensávamos que só existia o enredo.»

O título era: *O colecionador*. Ilia Ilitch já tinha lido o manuscrito rapidamente. Era sobre um francês com um hábito curioso: coleciona impressões e expressões faciais, que anota num caderno, mas também nuvens, arbustos densos ou o brilho da neve que acabou de cair, e transforma tudo isso em joias poéticas. «O próprio Paustóvski também fazia isso», esclareceu o professor. «Anotações desse tipo eram sua matéria-prima, o elemento básico para suas histórias, mas não sabíamos que ele tinha transformado sua coleção de observações num romance completo com base num personagem assim.»

Pude segurar por um instante as folhas soltas, que estavam num invólucro de papelão. Ilia Ilitch ajudou a abrir a pasta e informou que ela continha uma correspondência que me interessaria.

Logo em seguida, estávamos folheando a correspondência de Paustóvski com seu editor, Genrich Eichler, da editora A Jovem Guarda. Numa carta de 1932, Paustóvski lhe oferece dois manuscritos ao mesmo tempo: o primeiro é *O colecionador* e o outro, *Kara Bogaz*.

Algumas semanas mais tarde, Eichler responde que *Kara Bogaz* foi aceito, mas que não se atreveria a fazer *O colecionador*.

«Não era sobre produção», disse Ilia Ilitch, consternado. «Então não era necessário! Não é de cortar o coração?»

Uma segunda carta revela que, pouco depois, Paustóvski reenviou o manuscrito rejeitado a uma editora com o então característico nome Zemlia i Fabrika (Terra e Fábrica).

A última carta na pasta era uma rejeição seca da Zemlia i Fabrika. Depois disso, Paustóvski claramente perdeu as esperanças e guardou o manuscrito no fundo da gaveta.

Ilia Ilitch jurou preparar o texto para impressão e publicá-lo em capítulos em *O Mundo de Paustóvski,* fazendo assim justiça, com um atraso de setenta anos, a um escritor que com certeza preferia escrever sobre um francês colecionador de caretas a escrever sobre audaciosos engenheiros soviéticos que em pouco tempo constroem um complexo industrial.

Despotismo oriental

Na Feira Mundial de Nova York de 1939, os camaradas soviéticos se apresentaram como campeões da engenharia hidráulica. O tema «Construindo o mundo de amanhã» era exatamente o que eles idealizavam: durante dois planos quinquenais consecutivos (de 1928 a 1937), eles mal se preocuparam com outras coisas. Os bolcheviques vão para o parque de exposições, em Flushing Meadows, ávidos por competição. Bem em frente ao obelisco de três faces dos americanos, chamado Trylon, e ao casulo de ferro que o acompanhava, contendo a cidade-modelo «Democra-city», eles erigiram um trabalhador gigante, um proletário de pescoço e pulsos grossos, levando uma estrela vermelha como um atleta ergue a chama olímpica.

Quem entrava no pavilhão soviético, descia aos subterrâneos do metrô de Moscou. Uma estação de metrô foi recriada com lustres, colunas de mármore e mosaicos de azulejos. Na plataforma, bailarinos apresentavam seu repertório, enquanto os nichos bem iluminados estavam decorados como vitrines do Estado utópico em construção. Num deles havia um modelo em escala da impressionante barragem em arco no Dnieper, que, embora não seja tão alta quanto a represa Hoover, no rio Colorado, é mais larga e de construção mais engenhosa.

Texto do prospecto: «A central hidrelétrica de DnieproGes, com sua capacidade de 558 mil quilowatts, produz mais energia que todas as fontes de eletricidade da Rússia czarista juntas».

Tendo sempre em mente a trindade «navegação-eletrificação-irrigação», os físicos soviéticos se dispuseram a manipular massas de água cada vez maiores. Stálin queria transformar Moscou num porto marítimo; um coração de veias azuis diretamente conectado aos oceanos. Ele ordenou que a frota da marinha mercante de Moscou fosse capaz de navegar para todas as direções: para o mar Báltico, o mar Branco, o mar Negro e o mar Cáspio. Num painel intitulado «Vias navegáveis da União Soviética», os visitantes da exposição de Nova York eram apresentados a uma visão aérea dessa rede de navegação construída por mãos humanas. Tanto o canal de Belomor quanto o canal Moscou-Volga já eram operacionais em 1939; o elo que faltava era a passagem entre o Volga e o Don, um canal navegável de 101 quilômetros, cujo percurso já tinha sido traçado.

A bandeira da foice e do martelo, segundo prevê o folheto da exposição, em breve estaria se agitando «em todos os oceanos e em todos os portos do mundo».

Engana-se quem pensa que os engenheiros hidráulicos soviéticos puseram todas as cartas na mesa em Nova York. O plano hidráulico de Gleb Krzizhanovski fica de fora da apresentação. O camarada Krzizhanovski, um físico matemático apaixonado pela engenharia hidromecânica, goza de grande fama como «o eletrificador» do paraíso dos trabalhadores.

Lênin tinha lançado pessoalmente essa «campanha de luz» em 1921, citando uma equação matemática: Comunismo = poder soviético + eletrificação de todo o país. Murais e cartazes pregados por toda parte (com trabalhadores esticando fios elétricos de poste em poste) repetiam essa fórmula algébrica *ad infinitum* — ainda que seu significado fosse tão enigmático quanto o funcionamento da própria lâmpada elétrica.

Como chefe da empresa estatal de energia Goelro, Krzizhanovski conseguiu em apenas alguns anos eletrificar o maior país do mundo, mas isso ainda não o satisfez: desde o fim da década de 1920, esse bolchevique-de-primeira-hora ruminava um projeto ainda mais intrépido. Ele teve uma ideia revolucionária, que expôs numa reunião da Academia de Ciências em novembro de 1933. O Norte da Rússia era úmido e desagradável, o Sul era seco e quente, refletiu o especialista em hidráulica. A ciência bolchevique deveria ser capaz de corrigir essa «falha da natureza». Como? Simplesmente invertendo o curso dos rios na Rússia ártica. Seu plano foi chamado de *Perebroska*. Literalmente: erguer e lançar (corpos d'água) em outro lugar. Em termos concretos, significava, por exemplo, que a água de Belomor, que fluía para o golfo da Finlândia pelo rio Neva, seria no futuro bombeada para o Volga por meio de um «salto hidráulico». Portanto, dali em diante, moléculas de H_2O do canal de Belomor acabariam no mar Cáspio e eventualmente evaporariam na baía de Kara Bogaz. A «água do Norte», uma vez transferida para a bacia do Volga, alimentaria as turbinas de oito centrais elétricas e por fim irrigaria uma área de estepe de 3 milhões de hectares em ambos os lados do delta do Volga.

O camarada Krzizhanovski recebeu plenos poderes de Stálin para reverter o curso de três rios. Um pequeno verso imediatamente entrou em voga: «Os rios soviéticos correm / para onde os bolcheviques querem».

Universidade de Wageningen, setembro de 1984. Como estudante do segundo ano de agronomia tropical, escolhi o programa de mestrado «Engenharia hidráulica para sistemas de irrigação». Sob neblina, ao longo do Reno, atrás de um edifício chamado Nieuwlanden, tirávamos perfis de saturação de «solos desérticos» coletados que foram protegidos do clima úmido holandês com um telhado curvo de plástico. Ou medíamos a capacidade de drenagem de calhas de concreto e terra que iam do nada para lugar nenhum. Dentro de cinco anos (ao menos essa era a intenção), nós nos dispersaríamos pelos continentes como engenheiros.

A maioria de nós nutria ideias neomarxistas sobre a causa da pobreza nas ex-colônias, pensamentos que aguçávamos com professores de esquerda na vizinha Leeuwenborch, sede das ciências humanas e sociais. Ali, como «recém-chegados» tecnicamente instruídos, nós nos misturávamos com sociólogos e antropólogos não ocidentais e nos vangloriávamos de pelo menos saber fazer alguma coisa. Fizemos cursos de extensão, estudos femininos, análise de pequenas cidades, filosofia da ciência, mas nenhuma dessas matérias podia competir com as aulas de antropologia do dr. Den Ouden, um professor de Leeuwenborch que, a título de exceção, usava terno e gravata e se apresentava como liberal de direita.

O dr. Den Ouden não tinha prenome, apenas iniciais (J.H.B.). Ele gostava de polemizar e provocar, e invariavelmente um de nós, por mais tímido que fosse, aceitava o desafio.

Numa aula dupla, Den Ouden delineou os estágios de desenvolvimento da sociedade humana. Depois de rabiscar no quadro sua visão geral com círculos sucessivos e parcialmente sobrepostos, ele traçou embaixo uma barra com uma escala que ia de «primitivo» a «complexo».

Houve protesto contra o predicado «primitivo». «O senhor não acha arrogante chamar outros povos de primitivos?»

O doutor em antropologia bateu as nuvens de giz das mãos e pegou um dicionário que estava perto. «Primitivo», leu, articulando bem em voz alta, «significa, de acordo com os lexicógrafos da língua holandesa... 'simples; pertencente ao primeiro estágio de desenvolvimento, especialmente da sociedade'.»

Ele omitiu o segundo significado («rude; inábil»), para fins de efeito retórico.

Imperturbável, Den Ouden substituiu os círculos no quadro pelos contornos da Europa e do Oriente Próximo. A partir da «teoria de Spengler», mostrou como o centro de gravidade da civilização mundial se moveu lentamente pelo globo como o olho de um furacão. A civilização mais antiga criou raízes entre 5 mil e 6 mil anos atrás, entre o Eufrates e o Tigre. Ali, na paradisíaca Mesopotâmia, a agricultura produziu pela primeira vez, com a ajuda da irrigação, colheitas tão abundantes que uma parte da população, desobrigada da produção primária de alimentos, pôde se dedicar a tarefas administrativas e cerimoniais. «Esse acontecimento marcou o nascimento do Estado», disse Den Ouden. «Para ser mais preciso: do Estado forte.»

Dois milênios mais tarde, com a ajuda da agricultura irrigada no vale do Nilo, os faraós do Egito conseguiram liberar uma legião de trabalhadores ainda maior para a construção das esfinges e pirâmides. Depois, ele pôs uma seta enorme saindo de Alexandria, com seus rolos de papiro devastados pelo fogo, até Creta e de lá para Atenas e Roma; o vetor ao longo do qual o centro da civilização tinha se movido. De Roma, foi um pequeno passo até Madri, Lisboa, Paris, Bruxelas, Amsterdã e Londres, onde as potências coloniais acumularam sua riqueza a partir da agricultura latifundiária. A sociedade industrial surgiu apenas no século XIX, e depois disso os desenvolvimentos tecnológicos foram tão rápidos que, atravessando o oceano num salto, a forma de sociedade mais desenvolvida se instalou nos Estados Unidos da América.

«E a União Soviética?», um de nós se arriscou a perguntar. No ano orwelliano de 1984, ainda reinava a Guerra Fria.

«Ah, a União Soviética.» Como se estivesse esperando por essa pergunta, Den Ouden desenhou um caminho lateral para o leste que parecia um beco sem saída. Ele não tinha nenhuma dificuldade em classificar a União Soviética na categoria «altamente industrializada». «Contudo», apressou-se a acrescentar, «a estrutura da sociedade soviética sempre permaneceu subdesenvolvida.»

«Como assim, subdesenvolvida?»

«Existem apenas duas classes na União Soviética», respondeu Den Ouden. «Os governantes e os governados.»

Uma rebelião eclodiu na sala de aula em Leeuwenborch; ouviam-se assobios e vaias. Nosso professor deixou o tumulto tomar conta do ambiente, apagando as setas de Spengler do quadro, aparentemente impassível.

Só quando o barulho diminuiu, ele se virou. «Há algum futuro engenheiro de irrigação entre os senhores?»

Fui o único que levantou uma mão hesitante, e em seguida Den Ouden aconselhou a sala e a mim, em particular, a nos aprofundarmos nos escritos de Karl Marx. «Consulte o que ele tem a dizer sobre a forma de sociedade asiática ou oriental», sugeriu, inclinando-se para a frente como um pastor. Eu me lembro de que os nós de seus dedos ficaram brancos de tanta força com que ele segurou as bordas da mesa. «E, se os senhores ficarem interessados, leiam também *Despotismo oriental*, de Karl Wittfogel.»

Naquela obra, como garantiu nosso professor de antropologia, é fundamentada a tese de que a irrigação leva à tirania. «Essa é uma visão de Marx», disse Den Ouden. «Quanto mais colossais forem as construções hidráulicas que um poder estatal empreende, mais despóticos serão seus governantes.»

Deve ter sido nessa mesma época que conheci as histórias de Andrei Platônov. Não foi coincidência: nascido em 1899 numa cidadezinha à margem do Don, Platônov já tinha trabalhado como engenheiro de irrigação. Em *As eclusas de Epifan* e outras histórias, ele incorporou sua experiência profissional, e de maneira tão reconhecível que nós, estudantes de irrigação, nos dávamos de aniversário coletâneas de contos de Platônov com a dedicatória: «Seu futuro. Leia, estremeça e aproveite».

Também experimentaríamos algo parecido com o que o narrador vivencia em «A pátria da eletricidade». Nesse conto, Platônov fala de si mesmo como um «trabalhador da prática» que, no verão escaldante de 1921, vai ajudar um lugarejo com vinte cabanas de camponeses. Nos campos, brotam apenas alguns miseráveis pés de sorgo; as hortaliças infelizmente estão murchas. Um sacerdote passa balançando seu incensário em direção às plantas silenciosas, seguido por mulheres vestidas de preto que cantam monotonamente uma reza pedindo água dos céus. O jovem engenheiro de irrigação, de apenas 22 anos, encontra no vilarejo uma «motocicleta de dois cilindros da marca Indian» quebrada, e um alambique de vodca funcionando. Ignorando as lamúrias, ele transforma o motor num pequeno moinho de irrigação improvisado à base de vodca. Sacolejando e rugindo, o monstrengo aciona uma roda de pás um tanto malfeita por meio de uma correia, de modo que a água do riacho flui sobre «os terrenos das viúvas e do Exército Vermelho»: uma «horta proletária» lavrada com cavalos comunitários.

Por mais modesto que tenha sido esse ato, Platônov assinala que com ele «cumpriu uma das suas missões de vida»

— exatamente aquela pela qual nossos corações idealistas também ansiavam. A frase final dizia: «Caminhei sozinho pelo campo escuro — jovem, pobre e em paz».

Pelo posfácio do tradutor, entendi que Andrei Platônov acreditava na razão e na tecnologia. Desde criança, ele amava máquinas (aos treze anos, chegou até a pensar que tinha descoberto o moto contínuo). Seu pai era maquinista de locomotiva a vapor em Vorônej, uma cidade provincial no entroncamento de três ferrovias na Rússia Central. Durante a guerra civil, ele serviu ao surgente poder soviético como ajudante do pai num trem blindado encarregado de manter as linhas de abastecimento do Exército Vermelho livres de neve.

Assim que teve oportunidade, Andrei fez um curso de eletrotécnica. Ao mesmo tempo, começou a publicar no jornal regional de Vorônej ensaios sobre o homem racional que subjugaria a natureza com pequenas invenções técnicas. Platônov alimentava ambições literárias, mas decidiu que elas poderiam esperar enquanto reinassem a fome e a escassez. «Palavras grandiosas não tocam os famintos», escreveu em 1921, pouco antes de ir ao interior do país para se tornar útil como irrigador e trabalhar na recuperação de solos. Como racionalista supremo, ele inclusive propagou que se deveriam reprimir as sensações de prazer e impulsos sexuais — que correspondiam a um gasto inútil de energia.

Só agora, relendo a obra de Platônov, é que também percebo a melancolia e a amargura. Na época, mal me dei conta do quanto ele escrevia com desdém sobre o funcionalismo soviético. Em «A cidade de Gradov», por exemplo, apresenta o burocrata Shmakov, chefe de uma subdivisão da Gestão Provincial de Terras que à noite escreve uma obra filosófica clássica sobre a essência da burocracia. «Funcionários públicos e outros servidores são os dormentes vivos sob os trilhos do socialismo», aponta esse filósofo. «Como ideal, vejo emergir diante dos meus olhos cansados uma sociedade onde as pessoas são tão tolhidas e controladas por documentos oficiais do governo que, embora corrompidas em essência, se tornam virtuosas.»

Platônov mistura sarcasmo e autoironia: na verdade, ele desempenhou o trabalho de Shmakov. Um certificado de 1926 da Gestão Provincial de Terras mostra que seu departamento cavou 331 poços na região do Don, construiu 763 reservatórios de irrigação e drenou 970 hectares de terrenos pantanosos. «Posso fazer bastante coisa», conclui insatisfeito o especialista em recuperação de solos. «No entanto, o que mais faço e por mais tempo é escrever e refletir, e isso é uma parte essencial de mim.»

Como escritor-engenheiro (a um só tempo lírico e físico), Platônov está sempre dividido entre o trabalho mental e o manual. Ele vê com desgosto como o profissional que efetivamente sabe fazer as coisas é suplantado por tipos como Shmakov. O entusiasmo de Platônov esbarra num muro de incompreensão e ignorância. Obstinados chefões do Partido tomam o lugar dos titãs. «O proletário lutou, o funcionário público venceu. Vocês, cidadãos, percebem isso?» — ele faz o burocrata modelo Shmakov exclamar em triunfo.

O dilema de «pensar *vs.* fazer» lhe causa fortes dores de cabeça; não consegue dormir à noite. Às vezes, tudo parece pesado e sem sentido, e no verão de 1926 escreve à esposa em Moscou sobre uma visão assustadora: completamente acordado, deitado na cama, ele se viu sentado na escrivaninha. Seu segundo «eu» sorriu de leve e escreveu apressado. Platônov quis gritar com seu «eu escritor», mas seu corpo não obedecia. «Isso é mais que pavor, Masha. Um pressentimento terrível não sai mais de mim.»

Naquele mesmo ano, Platônov tem um acesso e pede demissão. Ele se debruça sobre sua escrita e, em 1927, publica pela editora A Jovem Guarda uma coletânea de contos intitulada *As eclusas de Epifan*. O livro chama a atenção de ninguém menos que Maksim Górki, que está prestes a regressar para Moscou de seu exílio italiano. Sem reservas, Górki dá as boas-vindas ao «talento promissor do novo autor soviético Andrei Platônov».

Em 1984, durante a leitura de *As eclusas de Epifan,* tive um estalo. Tinha a ver com o livro em si, mas com certeza também com o momento em que o li: pouco depois de ter me aprofundado na hipótese causal hidráulica de Wittfogel.

Como estudante de engenharia de irrigação de vinte e poucos anos, em busca de algo relevante para fazer na vida, *Despotismo oriental* me deixou confuso. Antes de pegar essa obra volumosa emprestada da biblioteca de Leeuwenborch, eu não acreditava que pudesse haver algum mal em levar água para áreas secas. Era uma atividade objetivamente útil (sobre a qual, no máximo, os sociólogos tinham algo a dizer), mas Wittfogel me fez ver, ao longo de 556 páginas, que os sistemas de irrigação produzem regimes ditatoriais. E agora, o que eu faria com essa informação? Absorvi as ideias desse livro com um misto de relutância e encanto.

Karl August Wittfogel, um sinólogo que fugiu da Alemanha nazista na década de 1930, apresentou sua *magnum opus* em Nova York, em 1957, como «um estudo comparativo de regimes totalitários». O título, *Despotismo oriental*, foi tirado de um artigo de Marx no *The New York Tribune* de 25 de junho de 1853. Nele, Marx sinalizava que regimes tirânicos geralmente surgem em áreas onde o clima e o solo convidam à construção de obras grandiosas de irrigação.

«A irrigação artificial por meio de canais e outros sistemas de abastecimento de água é a base da agricultura oriental», escreveu Marx. Apenas a manutenção operacional dos sistemas de irrigação já exigia, em sua opinião, «a intervenção de um poder estatal central». Os governantes dessas sociedades «orientais» ou «asiáticas» precisavam ter o trabalho (forçado) necessário num estalar de dedos, razão pela qual se comportavam como déspotas. Marx não disse muito mais que isso, mas Wittfogel pegou essa ideia e a desenvolveu.

Como estudante de irrigação, fiquei admirado com essa visão sobre as civilizações hidráulicas. Eu me deixei levar pela ideia de Wittfogel de que a água de rio (devido à sua mobilidade e manipulabilidade) é diferente de todos os outros recursos naturais. A utilização de grandes concentrações de água exigia um aparato administrativo capaz de gerir enormes «equipes de obra». O arquétipo da civilização hidráulica apresentado por Wittfogel tinha uma hierarquia inabalável, com um povo de escravos na base e um potentado solitário no topo. Esse faraó ou imperador ou deus do Sol se cercava de bajuladores, uma corte petrificada de medo (às vezes com um eunuco como seu único confidente) e residia, de preferência, em cidades proibidas. O soberano tinha um exército, um serviço de informações e um aparato bizantino de inspetores e controladores, carcereiros e carrascos, oficiais de diligências e recenseadores. Em suma, apenas a antiga Mesopotâmia e o Egito dos faraós pareciam satisfazer seus rigorosos «critérios de engenharia hidráulica», mas isso não arruinava sua teoria, argumentou Wittfogel, uma vez que a maioria dos autocratas tinha reproduzido a arte de governar desses modelos ditatoriais. Sua pesquisa comparativa demonstrou que eles simplesmente copiavam o padrão do faraó, seja de forma aprimorada ou adaptada, ou não.

Despotismo oriental era um estudo por vezes grotesco. Onde quer que surgissem tiranos, o estudioso alemão pesquisava sistemas de irrigação e, se não existissem, acabava encontrando uma Grande Muralha da China ou um templo maia que havia sido erguido à força por legiões de súditos explorados. Eu me perguntava por qual motivo canais de irrigação ou outras grandes obras (hidráulicas) não podiam ser construídos sem mão de ferro ou chicote. Que mecanismo propiciava que a irrigação dos campos produzisse automaticamente um Estado totalitário? Não seria antes o contrário: apenas regimes autoritários podiam construir sistemas de abastecimento de água colossais?

Wittfogel evitou essas perguntas, falava de uma interação. Ele se importava com fatos empíricos: a história mostrava que a irrigação provocava coerção e controle. Como exemplo, ele aponta os Estados comunistas de partido único. A tese de Wittfogel explicava que o povo russo tinha perdido uma oportunidade única de «se libertar do jugo asiático». Isso foi em 1917, quando o regime do czar foi derrubado, mas o que fizeram Lênin e seus bolcheviques? Começaram a reconstruir a variante asiática de sociedade num novo formato. Stálin aperfeiçoou esse processo instituindo um alicerce clássico de construção hidráulica, o que fez com que a União Soviética adotasse o arquétipo do despotismo oriental.

No epílogo, Wittfogel se mostra chocado com sua própria descoberta: «Será que meus leitores têm consciência do tipo de responsabilidade depositada sobre os ombros do homem livre?».

Fiquei irritado com esse final tendencioso. Quer indispor a opinião geral, pensei em 1984. Retórica da Guerra Fria.

No entanto, depois li *As eclusas de Epifan*. A relação com a hipótese causal hidráulica de Wittfogel me atingiu como uma revelação. Platônov me deu aquele empurrão extra que me fez questionar minha escolha de carreira. Por meio de sua história, eu tinha em mãos uma parábola literária daquilo que um teórico alemão expressaria num tratado de mais de quinhentas páginas trinta anos depois.

As eclusas de Epifan é sobre um projeto insano de engenharia hidráulica que resulta em decapitação no Kremlin. O artífice da construção é Pedro, o Grande, e a ação começa «na primavera de 1709, na abertura da navegação», quando um certo engenheiro Bertrand Perry, de Newcastle, ingressa no Instituto de Canais e Construções Hidráulicas de São Petersburgo. O czar Pedro deseja fazer com que o Volga e o Don «se comuniquem» através de uma conexão navegável permanente: «É Nossa intenção conectar para sempre os principais rios do Nosso reino num sistema hídrico fechado». A promessa era que a era das Grandes Construções tinha chegado. «No lugar do guerreiro manchado de sangue e do explorador cansado, entrava agora o engenheiro inteligente.» Bertrand foi trazido da Grã-Bretanha para essa ofensiva de progresso e civilização (em termos mais concretos: para a construção e o traçado do sistema de canais).

O engenheiro estrangeiro recebe poderes de general; ele pode reunir todo um exército de trabalhadores para a escavação. Porém, no coração da Rússia, Bertrand se depara com «um arsenal de adversidades». Seus melhores operários morrem de febre do pântano. Homens de confiança o abandonam. Os avanços do primeiro verão correm o risco de ser levados pelas chuvas da primavera, mas, assim que a água do degelo é drenada, o nível do Don cai de forma assustadora. Devido à primavera seca, o nível fica muito baixo para encher o canal de ligação. Para piorar a situação, Bertrand recebe uma carta de sua amada de Newcastle: ela está grávida de outro. Na tentativa de dissipar suas preocupações pessoais, ele se entrega com todas as forças aos seus encargos. Espera aumentar o abastecimento do Don escavando um manancial sob o lago Ivan, mas, enquanto os homens de Bertrand estão numa balsa perfurando, a água do manancial baixa para camadas mais profundas e inacessíveis da terra.

Durante a inspeção da construção hidráulica encomendada, verifica-se que nem mesmo um barco a remo poderia navegar do Don ao Volga. O engenheiro britânico é levado algemado para Moscou, onde ouve a sentença do czar: morte por decapitação.

Um guarda o entrega a «um sujeito grosseiro, de constituição enorme», no cárcere da torre do Kremlin.

«Onde está seu machado?», pergunta Bertrand.

«Machado?», diz o carrasco. «Eu também consigo acabar com você sem machado!»

Com *As eclusas de Epifan*, Platônov parecia ter publicado um texto profético em 1927. Não apenas no sentido figurado, mas também literalmente: sete anos depois de sua publicação, o Kremlin começou de novo a recrutar engenheiros estrangeiros para a construção do canal Volga-Don.

Stálin quer rivalizar com Pedro, o Grande, em termos de arrojo. O czar que tinha dado à Rússia sua frota pôde apenas sonhar com uma ligação entre a nova capital e o mar Branco, enquanto Stálin construiu o canal de Belomor em vinte meses. Da mesma forma, também quer ter êxito onde o empreendimento de Pedro no Volga-Don falhou, perto da aldeia de Petrov Val, em 1711 (o fracasso histórico no qual Platônov baseou sua história).

Além da Inglaterra e dos Estados Unidos, dessa vez o recrutamento também ocorre na Holanda. Em 12 de janeiro de 1934, a revista *De Ingenieur*, de Delft, publica um anúncio: Procuram-se engenheiros hidráulicos para a canalização do Volga-Don na União Soviética. «Ninguém precisa de se bolchevizar», é a explicação de um adido comercial holandês que sondou as opções de contrato *in loco*.

Catorze engenheiros se candidataram, dos quais quatro foram considerados adequados, mas a ida deles é adiada repetidas vezes e, por fim, pela chegada da Segunda Guerra Mundial, cancelada.

A decisão de Platônov de abandonar o trabalho de campo e se dedicar por inteiro à escrita não significa que seu entusiasmo pelo social tenha desaparecido. Pelo contrário, ele põe seu «eu literário» a postos justamente para proteger o socialismo de um descarrilamento fatal. Com textos repletos de sátira e humor trivial, importunava o *apparatchik* que avançava.

Em 1928, ele põe a nova repartição administrativa em sua cidade natal, Vorônej, sob sua mira. A cidadezinha no entroncamento ferroviário tinha sido recentemente proclamada como centro administrativo de uma superprovíncia: a Região Central da Terra Negra, abreviada foneticamente para Tse-Che-O.

Platônov, que até pouco tempo antes também era um funcionário soviético, foi até lá para avaliar pessoalmente a situação, na companhia do amigo escritor Boris Pilniák. Como filho de um veterinário, esse alemão do Volga (seu nome verdadeiro é Vogau) era tão familiarizado com a Rússia rural quanto Platônov. Pilniák já tinha estabelecido sua fama literária em 1920 com um romance insubmisso sobre a Revolução (*O ano nu*), no qual atribui à violência dos bolcheviques («figuras de couro em jaquetas de couro») um efeito catártico. Pilniák via esse ano nu como um clímax orgástico (a revolução «cheirava a órgãos sexuais») com o qual a Rússia espiritual, «asiática», afastava de si os costumes impostos pelo Ocidente. Com base na teoria de Spengler sobre o deslocamento do centro da civilização global, ele previu que a humanidade não alcançaria seu maior desenvolvimento social nem nos Estados Unidos nem no Japão, mas na Rússia soviética.

Em termos de caráter, os dois escritores são polos opostos: o corpulento Pilniák é uma celebridade extrovertida que se move com grande facilidade nos círculos mais elevados do poder soviético; Platônov — com seus olhos amistosos e encovados — é modesto a ponto de ser taciturno, um «pensador» reservado que evita recepções e banquetes oficiais. Essas diferenças exteriores e interiores não alteram o fato de os dois autores estimarem muito o trabalho um do outro e terem uma aversão igualmente profunda à burocracia.

Depois da triste viagem a Vorônej, eles escrevem em conjunto um panfleto contra a fusão de quatro províncias existentes na super-região Tse-Che-O. «Já na plataforma era possível sentir uma tensão de força mais que provinciana», assinala a dupla com ironia. «Onde antes cresciam duas espigas de trigo, agora não cresciam três, mas as pessoas consumiam sua energia como um adiantamento, na esperança de aumentar a colheita por meio da fusão de quatro províncias.» Platônov e Pilniak denunciam os dirigentes do Partido que estão lascivamente empenhados na «aplicação de violência administrativa».

Quando o conto «Tse-Che-O» recebe resenhas desfavoráveis, Platônov rebate as críticas com uma série muito oportuna de citações de Lênin. O fundador da União Soviética não tinha rotulado a burocratização latente como «a maior ameaça à revolução»? Os autores de «Tse-Che-O» escapam às reprimendas dos furiosos *apparatchiki*, mas ganham uma marca, invisível para o mundo exterior, depois de seus nomes.

Platônov é sensato o bastante para não submeter seu romance *A escavação* a publicação. As autoridades com certeza não saberiam apreciar essa paródia sobre os rígidos planos estatais. Além disso, que editor se atreveria a publicar um livro em que os personagens não fazem nada além de cavar um fosso fundo em meio à cacofonia do discurso soviético?

Platônov encontrou pela primeira vez uma oposição de verdade em 1929, quando a publicação de seu romance *Tchevengur* foi impedida pela censura no último minuto — o texto já estava composto. Um editor mais observador da GlavLit acha que os personagens principais de *Tchevengur* se parecem com dom Quixote e Sancho Pança. O destemido Kopekin monta um cavalo chamado «Força Proletária»; junto com seu escudeiro Dvanov, um órfão ingênuo, ele vagueia pelas estepes russas em busca do «verdadeiro socialismo».

Platônov jura a Maksim Górki que seu romance não é contrarrevolucionário, mas o descobridor de seu talento não pode lhe dar razão. Elogia o estilo de Platônov, porém chama seus protagonistas de «tipos estranhos e meio patetas» — indignos da literatura soviética.

Tchevengur não é publicado. Para Platônov, isso é um balde de água fria, mas os confrontos mais sérios com o poder soviético ainda estão por vir; começam em 1931, quando a revista *Terra Nova Vermelha* publica um conto de Platônov sobre o delicado tema da coletivização agrícola.

O futuro do campo é uma causa importante para Platônov. Ele gostaria de libertar o pequeno agricultor que se mata de trabalhar, tão típico da Rússia, de sua condição de semiescravidão. A servidão pode ter sido oficialmente abolida em 1861, mas na prática os camponeses não foram libertados. Lênin garantiu que eles continuassem tributários do Estado. Suas reformas, sob o lema «terra para quem cultiva», não aumentaram a produtividade da terra, razão pela qual Stálin optou por uma solução mais radical: a expropriação do campesinato. Para quebrar a resistência a isso, ele dividiu a população rural em pobre (*bedniak*), de renda média (*seredniak*) e «rica» (*kulak*). Essa última categoria em particular, que com grande esforço acumulou algumas posses, se opõe à diminuição de bens e propriedades; preferem abater seu gado a entregá-lo aos colcozes. Insatisfeito com o ritmo da coletivização, Stálin prescreve a «liquidação dos cúlaques como classe» em 27 de dezembro de 1929.

Andrei Platônov visita meia dúzia de fazendas coletivas na região do Alto Don. Seu conto «Em benefício» fica mais de meio ano nas repartições da GlavLit, mas finalmente é publicado inalterado na *Terra Nova Vermelha*.

Não há um narrador em primeira pessoa, e sim um inspetor especialmente selecionado para essa viagem porque tem uma qualidade especial: «Ele podia se enganar, mas não podia mentir».

E o que ele encontra na terra dos colcozes?

Uma garagem de tratores em bom funcionamento na fazenda coletiva «A granja independente». Trabalhadores esforçados, mas também moradores superfanáticos de um assentamento que querem instalar um «sol elétrico» para poderem trabalhar inclusive à noite.

O que Platônov é forçado a silenciar são as execuções e prisões que atingem centenas de milhares de pessoas, mas ele consegue tornar palpável a arbitrariedade dos representantes da autoridade. Como sempre, os personagens de Platônov deturpam diretrizes pretensamente sérias numa confusão de conceitos. Assim, durante a «desculaquização», um *bedniak* (agricultor pobre) ou um *seredniak* (agricultor de renda média) por vezes é confundido com um subcúlaque, com todas as consequências que isso implica.

«Em benefício» é tão confuso quanto a zona rural, que está de pernas para o ar. O autor vira do avesso o adjetivo da moda, «planificado», e o aplica ao mundo, à natureza, ao cérebro humano como «improvisado». Seu relato contrasta em todos os aspectos com o editorial do *Pravda* de 2 de março de 1930, no qual Stálin, sob o título «A vertigem do sucesso», felicita a si mesmo pela destruição do culaquismo. É exatamente com esse jornal, enrolado como um tubo e com a matéria «A vertigem do sucesso» visível na primeira página, que o dirigente de um colcoz dá um sopapo num oponente na história de Platônov. Talvez fosse melhor o autor ter riscado essa passagem.

Stálin, a suprema instância do gosto, depois de ler «Em benefício», chama o escritor Aleksander Fadeiev. O convocado é instruído a se dirigir a Platônov «de tal forma que compreenda o que significa 'em benefício'». Na contracapa do número reprovado da *Terra Nova Vermelha* ele teria escrito, segundo a tradição, a palavra *svoloch* («canalha»).

Fadeiev obedece chamando Platônov de «cúlaque» no *Pravda* — o estigma mais implacável. Aquele é o sinal para que um bando de críticos ataque a obra de Platônov. Os resenhistas também condenam retroativamente *As eclusas de Epifan*, no qual entreveem uma tentativa velada de «ridicularizar» a construção do socialismo.

Nenhum jornal ou revista ainda se atreve a publicar uma carta de Platônov, de maneira que ele não consegue mais se defender em público. A redação da *Terra Nova Vermelha* expressa seu arrependimento por obras desse «agente do inimigo» publicadas anteriormente.

Platônov se volta de novo para Górki, dessa vez com uma súplica angustiada, mas seu patrono literário se recusa a tomar seu partido. Ele continua afirmando que Platônov tem talento, mas acha que sua mente é «depravada». Em correspondência privada, ele culpa a influência de Pilniák por isso: «A colaboração de Platônov com Pilniák o arruinou».

No ano anterior, Pilniák tinha sido tratado pela imprensa de forma ainda mais bruta e implacável do que Platônov. O caso Pilniák também foi relatado com mais exagero porque ele tinha um público maior. Seus inimigos (sobretudo escritores invejosos) encontraram o cassetete ideal para espancá-lo publicamente. Pilniák teve sua novela *Mogno* publicada por uma editora emigrante russa em Berlim no início de 1929, sem que a GlavLit tivesse liberado o texto.

«Alta traição literária», foi a acusação.

Os exegetas se debruçaram sobre seus escritos anteriores e encontraram uma infinidade de deficiências ideológicas. Desde sua estreia até «Tse-Che-O» e sua colaboração com Platônov, em toda parte havia o que criticar.

Em 1929, a posição de Pilniák como escritor parecia sem perspectiva. Durante todo o verão, fervilhava na imprensa soviética o termo «pilniakismo», um xingamento que entrou em voga para qualquer forma de traição ao socialismo. No auge dessa campanha difamatória, Pilniák é acusado de ser um agente de Trótski, que tinha sido banido por Stálin. Ele perde seu cargo administrativo na Associação Russa de Escritores Proletários e é cada vez mais empurrado contra a parede. Até que Górki anuncia inesperadamente no *Izvestia* que já basta. Continuar a pisoteá-lo é «um desperdício de energia», argumenta o árbitro, a nação é jovem e é necessário fazer um trabalho construtivo, inclusive por parte dos escritores.

«Que o caso Pilniák seja uma boa lição para todos os escritores soviéticos», é assim que um jornal vespertino de Moscou põe fim à campanha de difamação.

Ao contrário de Platônov, em seis meses Pilniák tem a chance de limpar seu nome. Ele faz isso mostrando seu lado mais humilde. Escrevendo apressadamente, começa um romance realista socialista: *O Volga desemboca no mar Cáspio*. O livro é uma longa penitência de Canossa. Pilniák não se desvia nenhum milímetro da linha do Partido nessa epopeia de produção, e, com respeito à temática, aposta no que é seguro: construção de barragens, navegação, irrigação, a luta titânica de um engenheiro soviético contra um sabotador — está tudo ali.

O desespero de Pilniák (segundo o editor-chefe do *Izvestia*, ele pensava em suicídio) vira euforia quando o escritor concebe o enredo de *O Volga desemboca no mar Cáspio*: irá inserir seu romance no plano hidráulico do camarada Krzizhanovski, o eletrificador do país que alimentava a ideia de reverter os cursos dos rios. Pilniák cria um bolchevique persistente chamado Polêtika, um professor que, como Krzizhanovski, está trabalhando num projeto hidráulico de redirecionamento. Em *O Volga desemboca no mar Cáspio*, esse cientista-modelo se estabelece perto da cidadezinha de Kolomna, com milhares de topógrafos, profissionais de terraplanagem e pedreiros em sua esteira. O professor Polêtika tinha em mente uma construção «que irá transformar a história e a geologia»: no local onde os rios Oka e Moscou se encontram, ele constrói um «monolito», uma barragem que elevará o nível da água em 25 metros, de forma que o curso natural do Moscou (para leste) será invertido (para oeste). Afinal: «Os rios soviéticos correm / pra onde os bolcheviques querem».

Para ser novamente aceito como escritor, Pilniák deixa de lado suas próprias convicções. Ele faz com que os aldeões que vivem junto ao Oka reajam com alegria quando recebem a notícia de que suas casas serão inundadas pela água do rio. Afinal, eles receberão novas habitações «conforme o modelo europeu».

Do nada, um dos personagens de Pilniak grita em alemão: «*Weisst du, ich denke dass Leo Trotski unrecht hat*». O engenheiro sabotador que quer explodir o monolito é desmascarado a tempo e no fim todos os malvados se afogam numa câmara de eclusa atrás da barragem.

Na inauguração da obra, o professor Polêtika olha mais uma vez para além do horizonte. Num futuro próximo, ele quer desviar o Volga em direção às planícies arenosas da Ásia Central.

«Essas são as possibilidades do socialismo», prega o professor. «Vamos transformar o deserto numa antiga Mesopotâmia.»

Com *O Volga desemboca no mar Cáspio*, Pilniák atinge seu objetivo: pode voltar à elite literária. Górki acha que com essa prova de lealdade o escritor mais do que compensou seus erros anteriores e permite que, em 1933, ele participe da excursão ao canal de Belomor.

Em poucos anos, o decano da literatura soviética conseguiu fazer com que os escritores andassem na linha; graças à sua interferência, acabaram-se as rixas mútuas e o comportamento dissidente dos escritores. Em termos político-literários, pode-se dizer que 1934 foi o ano de sucesso de Górki. Seu triunfo começa em janeiro daquele ano, com a publicação do livro coletivo *Belomor*. A edição festiva de 4 mil exemplares para brinde é publicada bem a tempo para o Sétimo Congresso do Partido Comunista. Pouco depois, vieram duas edições públicas de 80 mil e 30 mil exemplares, que se esgotaram rapidamente. Valendo-se do sucesso de *Belomor*, Górki consegue recuperar o interesse da literatura pelos canais de Stálin.

«Maksim Górki passou a acreditar na Rússia faraônica, onde as pessoas constroem suas pirâmides cantando», constata seu amigo francês, Romain Rolland, depois de uma visita a Moscou.

No entanto, Górki não se importa. Como «geo-otimista» (um dos apelidos que carrega com orgulho), acredita que a remodelação da superfície terrestre será positiva. Ele dá à União Soviética uma literatura adequada a isso, que põe fim à experimentação da década de 1920. A forma é substituída pelo conteúdo, os livros que vêm à luz sob sua supervisão têm temas concretos («têm os dois pés na realidade materialista»). Falam de uma sociedade em transição e se caracterizam por sua linguagem direta. Basta olhar para os muitos pontos de exclamação. O ponto de exclamação ganha terreno de modo irrefreável. Sob o comando de Górki, a língua russa sofreu uma chicotada, ficou mais urgente, menos atemporal. E a estética? Não vai ser pisoteada ou esquecida nesse afã? Não, acredita Górki, a estética proletária é a estética da construção e da produção. Os processos de construção e de produção têm uma beleza intrínseca. Uma barragem em arco de quarenta metros de altura num rio não é por acaso de uma beleza de tirar o fôlego?

Inspirados por Górki, os escritores criam uma «biblioteca hidráulica» característica da literatura soviética.

Fiódor Gladkov, que já havia causado furor em 1925 com seu romance de produção *Cimento*, dedica um grande épico à usina de energia no Dnieper. Essa obra, *Energia*, foi publicada em duas partes. As quase mil páginas são tão cheias de detalhes técnicos que *Energia* também pode ser lido como um manual para construção de barragens.

O escritor polonês Bruno Jasienski, que por amor à União Soviética quer escrever apenas «na língua de Lênin», viaja à Ásia Central para registrar a construção de um sistema de irrigação ao longo do Oxus/Amu Dária: *O homem troca de pele*.

Marietta Shaginian, conhecida por seus thrillers sobre infiltrados americanos em Leningrado, viaja a seu país natal, a República Soviética da Armênia, para documentar a construção de uma barragem no livro *A usina hidrelétrica*.

O escritor e crítico Leopold Averbakh, que considerou hipócrita a «expiação» de Pilniák, entende que tem de se adaptar às diretrizes de Stálin e Górki. Depois de participar de *Belomor*, ele se dedica a uma «historiografia instantânea» semelhante sobre a construção do canal Moscou-Volga, iniciada em 1933. O resultado foi intitulado *Do crime ao trabalho*.

Sergei Budantsev, também um «veterano» do projeto *Belomor* de Górki, prepara uma retrospectiva intitulada *A terra dos grandes canais*. Para esse livro, que pretendia ser uma homenagem ao vigésimo aniversário da Revolução Russa, em 1937, ele abordou vários colaboradores. Escritores renomados pegariam cada um dos canais do império soviético como tema de um conto. Entre os convidados, estão Boris Pilniák e Konstantin Paustóvski.

Baseado no sucesso de *Kara Bogaz*, Paustóvski descobre um novo rincão soviético. Não muito longe da fronteira com a Turquia, um bosque pantanoso subtropical está sendo drenado para o cultivo de cítricos. Em *Cólquida, a terra dos novos argonautas* (1934), ele relata «a alegria jubilosa dos engenheiros, trabalhadores e botânicos» que drenam e represam uma fértil área costeira.

Quem não está mais entre eles é Andrei Platônov. Ao longo de 1933, ele escreve cartas cada vez mais desesperadas a Górki. «Para mim, como 'inimigo da classe', não é só psicologicamente impossível continuar a viver, mas também na prática. Ninguém mais confia em mim. Eu gostaria que o senhor acreditasse em mim.»

Em maio daquele ano, ele implora a Górki que lhe permita escrever sobre o canal Moscou-Volga. Procura um tema que tenha a bênção do patriarca literário. É a única maneira de voltar a ser publicado e, mais importante, de ganhar os rublos imprescindíveis para poder sustentar a esposa Masha e o filhinho Platon. Para sobreviver com a família, o escritor-técnico aceita um emprego no Instituto de Pesos e Medidas de Moscou. Ali ele consegue, com algum esforço, ganhar um oportuno prêmio pela invenção da balança elétrica, mas não é suficiente.

Em novembro de 1933, ele escreve: «Meu trabalho já não é publicado há dois anos e meio. Por favor, se o senhor não julga necessário me alistar como escritor, conceda então sua assistência».

Górki não responde. Ele acha que as histórias de Platônov «beiram a loucura», mas então decide dar uma última chance a ele e o inclui numa brigada literária que irá para a Ásia Central.

Platônov volta do Turcomenistão soviético na primavera de 1934 com a novela *Djan*, sobre o povo nômade do Caracum, mas o livro não passa pela censura. Outro fruto dessa viagem em grupo é o texto semicientífico «Regiões polares quentes», no qual Platônov filosofa sobre o florescimento que o deserto poderia alcançar se fosse possível aproveitar o excedente da água do degelo das regiões polares da Ásia Central. Embora esse texto, assim como *O Volga desemboca no mar Cáspio*, de Pilniák, se refira claramente ao plano de Stálin de reversão dos rios, Platônov não consegue publicá-lo em lugar nenhum. Talvez por causa do estilo ligeiramente absurdo, que deve ter levado a censura a suspeitar de que Platônov estava zombando da *perebroska*, em lugar de exaltá-la.

No almanaque em homenagem ao décimo aniversário da República Socialista do Turcomenistão, Platônov é representado com apenas uma contribuição: um conto sobre uma jovem escrava persa que é libertada pelos soviéticos.

A ilusão

O arquivo cinematográfico de Moscou é um pedaço da União Soviética em conserva. A fachada de vidro sugere transparência; só que não há nada para mostrar, além de um salão azulejado, com pilares aqui e ali. Poderia muito bem sediar um centro de reabilitação ou um serviço de inspeção de mercadorias, mas uma placa tranquilizadora na entrada tira todas as dúvidas: GOSFILMFOND, Fundação Estatal de Cinema.

No dia em que entrei ali, o guarda uniformizado logo me fez passar pelo portão do detector de metais.

«*Dokumenti*», ordenou, e, depois de olhar com ar hesitante para meus papéis, perguntou: «O que o senhor está procurando?»

Tive vontade de dizer: «*Kara Bogaz*, o filme», mas isso teria soado despropositadamente teatral.

«Tenho um encontro marcado com o conservador Igor Vasíliev.» Durante os minutos ociosos que passei dando voltas pelo chão de ladrilhos, pensei no contraste entre este e o outro lado da parede de vidro. Lá fora, borbulhava a Moscou mundana. O arquivo cinematográfico ficava a meio quarteirão da famosa rua comercial Tverskaia, que até o fim da década de 1980 se chamava rua Górki. Assim que a redoma soviética foi retirada, em 1991, a vida noturna ressurgiu ao longo dessa avenida de oito faixas. Antigos estabelecimentos estatais de leite, vodca e salsichão foram convertidos em clubes e cassinos, enquanto enxames de mariposas cobriam as calçadas sob o brilho dos anúncios da Lancôme e da L'Oréal. Durante o dia, as joalharias e casas de câmbio, com seus guichês blindados, chamavam especialmente a atenção.

Por trás das janelas do arquivo, não havia nenhum sinal de inovação. Não por acaso, a profissão de Igor Vasíliev era chamada «conservador». De súbito, ele estava na minha frente: um homem magro de guarda-pó. Pediu desculpas por não poder apertar minha mão: estava arrastando latas de filmes. «Está tudo pronto. O senhor vem comigo?»

Saímos da luz do sol, entramos num corredor e descemos uma escada. No alto, numa divisória com bordas de borracha, estava escrito «Cinema 1». Se a luz vermelha do corredor estivesse acesa, lá dentro havia uma projeção em andamento. A sala era de tamanho intimista, quatro fileiras de poltronas confortáveis, vinte lugares no total.

«Exatamente», disse o conservador quando perguntei se a censura dos filmes na época soviética acontecia ali.

Igor Vasíliev preencheu um recibo e me entregou. Devo ter olhado para o pedaço de papel em choque, porque ele comentou: «Seus colegas da televisão acham uma pechincha». Tive de desembolsar 130 dólares por uma única exibição de *A garganta negra* («um filme sonoro artístico baseado no roteiro do camarada K. Paustóvski»). Eu tinha me enganado. Os novos tempos haviam penetrado esse arquivo até seu cerne.

Como eu não estava com vontade de regatear, e nunca tinha alugado um cinema só para mim, paguei fingindo indiferença. Depois disso, Igor Vasíliev apagou as luzes e o projetor começou a zunir.

Letras trêmulas, dançando nervosamente, apareceram na tela: «A Fábrica de Filmes Ialta apresenta...», e depois de alguns segundos surgiu: *Kara Bogaz — A garganta negra*. Ao som de uma música solene, começou a girar aos solavancos a lista do elenco, na qual havia um número impressionante de nomes não russos. Mechmedov no papel do curandeiro Ali-Bek; Bekarova como a viúva Natchar.

«Essa foi a estreia cinematográfica do povo turcomano», sussurrou Igor Vasíliev. «Até onde sabemos, são as imagens mais antigas de turcomanos atuando.»

Antes que eu pudesse perguntar de que ano era a versão cinematográfica de *Kara Bogaz*, apareceu na tela: «1935».

Fiquei curioso sobre a baía e sobre o trabalho nas salinas nos anos 1930. Como era? As filmagens foram feitas no local de mineração, e, já depois de uns cinco minutos, a colônia de «Porto Kara Bogaz» — vista do mar — passou diante de meus olhos. Galpões de alvenaria num cais pavimentado. Desembarcadouros vazios. Um moinho de vento para geração de energia. Barracões humildes entre montes de areia. A lente da câmera parou sobre um palanque com dois barris de madeira: reservatórios de água potável. Esses tonéis tinham de ser enchidos com água de fontes do Cáucaso, mas, assim como em 1931, quando Paustóvski esperou em vão por transporte na cidade portuária de Krasnovodsk, os navios-tanque *Frunze* e *Dzerzhinski* se recusavam novamente a cumprir suas escalas. A provisão de água se esgotou e começaram os atritos entre os engenheiros vermelhos e os operários turcomanos. O som agudo de violinos tornava palpável o calor do deserto, enquanto os tambores tocavam como trovões nos confrontos iminentes entre os bolcheviques e os nômades. Estes últimos tinham guardado suas *kibitkas* nos limites do assentamento para, em troca de água doce, quebrar o sulfato sedimentado em blocos e depois transportá-los por camelo.

No momento em que uma «caravana de sal» muito carregada balançava em lentidão desesperadora até sair do enquadramento, a baía de Kara Bogaz apareceu pela primeira vez ao fundo. A visão era deslumbrante; um brilho tão intenso emanava da tela que a salinha do cinema até se iluminou. Não dava para recuar, mas meus cotovelos se acomodaram mais fundo nos braços da poltrona. Contornos rarefeitos se delineavam no branco. A baía de Kara Bogaz era um espelho d'água com borda nervurada, não da rebentação (que não havia), mas de sal de Glauber solidificado. Na praia, rebordos de cristal brilhavam ao sol.

A adaptação cinematográfica de *Kara Bogaz* ficou entre uma reportagem e uma reconstrução dramatizada. De acordo com o cânone do realismo socialista, o artista soviético só podia se desviar do material factual se extrapolasse a dinâmica do presente para o futuro, para já antecipar a promessa do que estava por vir. Fiquei me perguntando se esse «filme artístico sonoro» acompanhava (ou antecipava) o passo dos acontecimentos reais. Será que ele me daria pistas sobre o futuro destino da baía? Ou eu estaria assistindo a uma propaganda fictícia do começo ao fim?

Paustóvski concentrou o roteiro na luta pela água potável. Seu herói no filme é o diretor vermelho do complexo químico, um veterano de guerra resoluto e com forte senso de justiça. Esse «Miller» se vê diante de contratempos inesperados, que ele enfrenta com decisões sensatas (ou, se não houver outra opção, com audácia).

Para resolver o problema da sede e, ao mesmo tempo, entusiasmar os turcomanos para a causa do socialismo, Miller opta por uma abordagem não convencional: faz com que seus engenheiros inventem ali mesmo uma máquina que pode dessalinizar a água do mar usando energia solar. Embora as possibilidades técnicas ainda estivessem muito longe daquilo, a capacidade racional dos bolcheviques já começava a rivalizar com a superstição dos turcomanos. Nas palavras do roteirista, «o homem soviético captará o sol num espelho assim como um morador de uma *kibitka* captura uma raposa num saco». Evidentemente, os nômades não acreditam que os recém-chegados do Norte sejam capazes de transformar a água salgada do mar Cáspio em água potável. O desafio empreendido corresponde a um teste de superioridade e, comparado às incursões predatórias anteriores dos exércitos czaristas, a um método muito civilizado de incorporar as planícies até a Pérsia.

«Quem dará aos senhores essa máquina de água potável? Nós, os bolcheviques. Os senhores e seus netos se lembrarão de nós para sempre com gratidão», Miller diz àquele povo de condutores de camelos, severo como um pedagogo.

Os nômades turcomanos tinham de compreender que Stálin, «o novo soberano do deserto, sediado em Moscou», não quer subjugá-los. Pelo contrário, o governante soviético prega a «amizade dos povos».

No entanto, como essa amizade funcionou na prática?

Amansoltan Saparova, a historiadora química que conheci em Moscou, me ajudou no caminho de minhas investigações. Numa carta enviada de Asgabade, ela me indicou o material original no qual Paustóvski se baseou: dois anos de coleções completas da revista *A Centelha Turcomana*. Como complemento à sua tese sobre a história da indústria de sulfatos do Turcomenistão, os exemplares amarelados e esfarelados dessa revista continham uma riqueza de dados que me permitiriam avaliar o teor de realidade do livro e do roteiro do filme de Paustóvski. Um número impressionante de detalhes de fato correspondia exatamente. Embora Paustóvski nunca tivesse chegado à baía, ele trabalhou como um pesquisador consciencioso, não como um romancista fantasioso. Diálogos e incidentes concretos foram tomados de empréstimo à realidade nua e crua, ao menos sobre a vida dos pioneiros, assim como lhe foi apresentada em *A Centelha Turcomana*.

O protagonista Miller foi inspirado em Iákov Rubinstein, diretor do Monopólio Químico de Kara Bogaz. Esse Rubinstein era um comunista polonês, um veterano de guerra que dispunha de enormes reservas de energia. Assim como Paustóvski, ele vagou incansavelmente pela Ucrânia e pelo resto da Europa Central durante a Primeira Guerra Mundial e os anos da revolução. Seus caminhos tinham se cruzado mais de uma vez (os dois estiveram em Kiev e Odessa ao mesmo tempo), mas não se encontraram nem lá nem cá, na costa do mar Cáspio. Paustóvski o caracterizou como um líder empresarial socialista do tipo prático. Seus subordinados o chamavam «o incansável», o que não era necessariamente lisonjeiro, levando em conta sua disciplina e exigência. Desde o «comunismo de guerra» de Lênin, o dinâmico Rubinstein se mostrara um pioneiro da economia popular soviética, e foi escolhido para a missão Kara Bogaz com base em sua motivação.

«Se Rubinstein não conseguir extrair nada no deserto do Turcomenistão, ninguém conseguirá», era o que diziam em Moscou.

Paustóvski tentou imaginar da melhor forma possível a vida que ele levava na remota baía. Leu em *A Centelha Turcomana* sobre as inúmeras barreiras que Rubinstein encontrou. Uso de ópio, superstição, subdesenvolvimento. A profunda desigualdade entre mulheres e homens. Para que fosse abolida, o uso da *pirandzja*, o véu mais pesado e que mais encobre, foi declarado proibido pela seção feminina do comitê regional do Partido. A esposa de Lênin não tinha chamado pela primeira vez uma garota muçulmana (uzbeque) ao palco de um congresso do Komsomol, em 1919, e retirado seu véu de modo ostensivo com um mastro de bandeira?

Paustóvski retratou a «viúva Natchar», uma pária em quem as crianças nômades atiram cocô de camelo, tendo como pano de fundo as «queimas públicas de véus» que os soviéticos organizaram nas cidades-oásis da Ásia Central. Valentes mulheres russas ficam com pena dela e a enviam para Baku — trajando um «vestido europeu» — como trabalhadora têxtil.

Obviamente, as normas soviéticas impostas por ordem superior despertam a resistência dos *tabibs*: os curandeiros que zelam pelas tradições. Em *Kara Bogaz*, Paustóvski os retrata como «praticantes de terapêuticas bárbaras», que aplicam sangrias quase fatais e tratam queimaduras com «compressa de urina». Seu papel maligno não se limita a mutilar seus companheiros de clã, não: os *tabibs* põem os trabalhadores das salinas contra os dirigentes russos.

Uma tentativa de abordar metodicamente a extração de sulfato corre o risco de fracassar devido a uma intriga semelhante. Os engenheiros criaram um método para cristalizar a salmoura da baía em bacias de decantação, para facilitar a extração do sulfato, mas no Lago número 6 os turcomanos se rebelam: eles se recusam a escavar um canal de abastecimento num rochedo de marga. Os inspetores se veem diante de um mistério, até descobrirem que os *tabibs* estão por trás daquilo. Eles advertem que «Alá cobrirá a terra com uma crosta negra» assim que uma única picareta tocar a rocha de marga.

No filme, o dispositivo de dessalinização de água do mar é esfacelado quando se espalha o boato de que o equipamento tem poderes diabólicos.

De acordo com *A Centelha Turcomana*, explosões semelhantes de violência ocorriam regularmente, mas, assim como Miller no filme, que no fim consegue impor respeito ao vencer uma corrida de cavalos, Rubinstein também não se deixou intimidar por essas efusões de vandalismo. Apenas com base em seu carisma, ele conseguiu atrair e motivar um grande número de operários. No verão de 1931, seu Monopólio Químico já tinha 4,9 mil trabalhadores sob contrato (sobretudo turcomanos e cazaques). Isso foi excepcional, uma vez que os soviéticos em pouco tempo tinham se tornado muito odiados com a queima de véus e a coletivização agrícola. Os moradores de *kibitkas* que não quiseram se submeter à autoridade vermelha, o que significava entregar o gado e a liberdade, derrubaram suas tendas e emigraram em longas caravanas para a Pérsia e o Afeganistão. Era um segredo público o fato de que a República Socialista do Turcomenistão, com exceção da costa e dos oásis, ficou despovoada.

Figuras como Rubinstein, até certo ponto, conseguiram limitar o êxodo. Ajudou, é claro, o fato de ele ter centenas de voluntários do Komsomol à sua disposição, jovens idealistas de todas as partes da União Soviética. Durante a extração dos cristais de sal, eles introduziam competições internas, com recompensas pela superprodução e a «Ordem do Camelo» para a brigada mais lenta. O resultado foi que a extração de sulfato nos primeiros anos superou todas as expectativas. Rubinstein conseguiu cumprir a cota de produção imposta para o Primeiro Plano Quinquenal (1928--32) em quatro anos, uma façanha pela qual o Monopólio Químico de Kara Bogaz foi condecorado com o «Estandarte Vermelho». Naquele evento festivo de 17 de outubro de 1932, lembrado pelos jornais nacionais, o homem mais celebrado foi o camarada Rubinstein.

«Hoje em dia, as margens de Kara Bogaz já não são um centro de superstição para os nômades», ele concluiu em seu discurso. «Transformamos o deserto num empreendimento socialista comparável a outros grandes projetos de construção da União Soviética.»

Li pela primeira vez sobre o destino pessoal desse administrador vermelho numa nota de rodapé da tese de doutoramento de Amansoltan: «Iákov G. Rubinstein (1895-1938). Preso em maio de 1937. Condenado à 'morte por execução' em outubro de 1938, nos termos do artigo 58 ('atividades contrarrevolucionárias') pelo Supremo Tribunal Militar de Moscou. Reabilitado em junho de 1956 'por ausência de provas e falsificação dos documentos do processo'.».

O que houve de errado? Eu me dei conta de que Rubinstein deve ter sido uma das inúmeras vítimas do «grande expurgo» de 1937-39, mas como pode um administrador soviético cair em desgraça e ao mesmo tempo servir de modelo para o herói de um filme realista socialista?

Enviei um cartão a Amansoltan em Asgabade perguntando o que ela sabia sobre esse desafortunado polonês. Ela respondeu dizendo que na época só lhe deixaram ver o «comprovante de reabilitação», mas que existia um dossiê sobre ele. Talvez atualmente isso estivesse liberado.

Não para estrangeiros, mas, quando pedi a uma linguista russa da Universidade Estatal de Moscou que perguntasse, ela teve acesso à pasta 140527 do Arquivo de História Sociopolítica sem nenhuma objeção.

O primeiro dos doze documentos relativos ao caso Rubinstein era um questionário («pesquisa de enquadramento») que o administrador do Monopólio Químico teve de preencher em setembro de 1933.

Nacionalidade: *judeu*
Origem (cargo ou classe): *filho de burgueses*
Filiado ao Partido desde: *1917*
Número de filiação: *0616978*
Funções partidárias: *Membro do Comitê Central da República Socialista do Turcomenistão, presidente do Comitê Regional Kara Bogaz*
Línguas estrangeiras: *polonês, alemão (inglês, com ajuda de dicionário)*
Atividades revolucionárias antes de 1917: *participação no «lewica», Partido Socialista ilegal da Polônia, 1910-14*
Repressões sofridas antes de 1917 (em conexão com as atividades mencionadas): *penas de prisão em Varsóvia, Praga, Lublin, Siedlce, Wolinski, Odessa*

Um certificado separado, com carimbos e rubricas, provou ser um «resumo psicológico» de Iákov Rubinstein. Os autores observam dois pontos positivos e um ponto negativo em seu caráter.

O camarada Rubinstein se caracteriza por sua grande disciplina e excepcional atividade. Possui lealdade incondicional, o que o torna ideal como dirigente executivo. Com exceção dessas qualidades positivas, sua consciência política (o conhecimento que dispõe do marxismo-leninismo) deixa claramente muito a desejar.

Devido a essa fragilidade, ele deve atuar de preferência sob a supervisão de um diretor-geral.

Até 1934, não existiam registros incriminatórios no dossiê, mas isso não significava que Rubinstein tivesse uma vida tranquila em seu quartel-general na baía de Kara Bogaz. A partir dos resultados de 1932, os gráficos de produção apresentavam tendência de queda e, embora isso não fosse culpa do diretor, Moscou exigia sulfato de sódio de alta qualidade. Sem desculpas.

Inicialmente, devido às duras condições de vida, ele ainda recebeu demonstrações de compaixão, o que fica evidente nos relatórios de um congresso salineiro em Leningrado, que Amansoltan cita em profusão. Um agrônomo que conduziu experimentos em nome da Academia de Ciências, cultivando hortaliças e uvas no local, deu uma conferência desanimadora lá em dezembro de 1933.

Até uma brisinha inocente levanta poeira e cobre o assentamento. Esse pó de sal penetra nos barracões e é prejudicial a todos os tipos de máquinas. A ausência de árvores — não foi possível cultivá-las — tem um efeito deprimente sobre os colonos. Por falta de vegetais e ervas, os russos (não os turcomanos e os cazaques) são acometidos por todo tipo de doença, como o escorbuto. Some-se a isso a escassez de água potável, que tem de ser transportada por navio de Baku, e os senhores terão uma ideia dos tormentos a que nossos pioneiros estão expostos.

O mais alto comissário do povo do Turcomenistão, o camarada Atabaiev, proferiu um discurso inflamado numa Leningrado gelada e escurecida pela noite polar, no qual anunciava a construção de onze fábricas de produtos químicos. «Um dia os naturalistas pensaram que a baía de Kara Bogaz era um lago morto, mas eu lhes digo: é uma tabela de Mendeléiev viva.»

Um em cada três elementos da tabela periódica do químico Dmitri Mendeléiev, mais conhecido na Rússia como inspetor estatal da vodca, ocorria em quantidades com potencial de extração no lago salgado. Enxofre, fósforo, cloro e bromo, mas também metais como magnésio e tungstênio, e os elementos radioativos estrôncio e rádio. O comissário do povo turcomano via surgir em Kara Bogaz um cinturão de indústrias químicas que deveria beneficiar não só o cultivo do algodão na Ásia Central (pela produção de fertilizantes e desfolhantes), mas também as necessidades de defesa de toda a União.

Pena que o ritmo de exploração tenha atrasado. Em dezembro de 1933, a primeira unidade de processamento ainda não estava concluída. Faltava de tudo a Iákov Rubinstein: cimento, combustível, ferramentas, alimentos — contudo, o problema mais urgente era o da água potável.

No filme, a sede entre o proletariado do deserto assume proporções bíblicas. Num dos locais de extração, um supervisor russo desmaia devido à desidratação. Ele perde a consciência. Quando se descobre que todos os reservatórios de água estão praticamente secos, começa uma briga entre os turcomanos. Há empurrões e gritos, perto da torneira mulheres se puxam pelas tranças e dão pancadas coléricas com vasilhas de madeira. Um bebê enrolado num pano é espremido sob uma axila.

A cena é realista e, como espectador desavisado, por um instante me passou pela cabeça que os atores tinham sido submetidos a uma dieta de desidratação e que só comiam biscoitos de água e sal, a fim de que sua luta pela água parecesse tão odiosa quanto possível.

A água, água doce, na verdade era racionada. Como demonstração de força de vontade, Iákov Rubinstein mandou construir uma fonte na pracinha Lênin de Porto Kara Bogaz, mas o troço esguichava salmoura, de forma que as gotas que caíam nas mãos e no rosto em pouco tempo se transformavam em manchas brancas.

Era possível viver numa cidadezinha de indústria química onde no verão a temperatura ultrapassava facilmente os 50°C?

O fato é que *se vivia* lá. Contando os acampamentos nos locais de extração e também o posto avançado no Lago número 6, 17 mil almas moravam na baía de Kara Bogaz em 1933. Cada trabalhador tinha direito a quatro metros quadrados de área habitacional, mas devia se contentar com dois. Faltavam latrinas e esgotos, não havia higiene. Faltavam escolas, cantinas, creches, armazéns. Como Rubinstein achava inútil olhar de braços cruzados para o horizonte esperando água doce de Baku, ele ordenou que o concreto fosse preparado com água do mar. Era a única maneira de continuar a obra, ainda que prejudicasse a qualidade da construção. Quando o diretor visitava um canteiro de obras para vistoria, naturalmente não lhe passava despercebido quão frágeis e quebradiças eram as edificações de «concreto salgado».

Mais adiante, em seu dossiê, isso foi chamado de «cumplicidade na sabotagem trotskista» — no entanto, isso foi mais à frente.

Ao longo dos anos, cresceu em Moscou a insatisfação em relação aos relatórios de progresso de Rubinstein, nos quais o equilíbrio entre sucessos e reveses começou a pender para o lado negativo. As desculpas com as quais o diretor aparecia soavam cada vez mais inacreditáveis para seus superiores. Volta e meia ele falava da «redução do nível do mar Cáspio», um fenômeno que também preocupava os estudiosos soviéticos. Variações de alguns centímetros por ano eram consideradas normais, mas, depois de 1932, o nível do mar caiu decímetros e em alguns anos chegou a baixar quase meio metro de uma vez. Cada hidrólogo tinha sua própria teoria sobre isso. Um a buscava na análise de dados de precipitação na bacia do Volga, outro afirmava que as obras de irrigação na região da Terra Negra estavam começando a cobrar seu preço. Havia hipóteses de sobra (o fundo do mar estava desabando devido à extração de petróleo perto de Baku!), mas ninguém trazia uma explicação conclusiva.

Da sala de diretoria do Monopólio Químico, era possível ver as consequências a olho nu: o estuário do mar Cáspio até a baía, geralmente de águas em redemoinho, ameaçava assorear. Bancos de areia superficiais apareceram de repente no ancoradouro de Porto Kara Bogaz, o posto industrial avançado construído naquele estreito. Quem observava do cais os navios atracando, às vezes conseguia ouvir perfeitamente os palavrões dos timoneiros.

Até então, a extrema evaporação na laguna sempre garantira um afluxo voraz e insaciável. Ao longo de uma distância de cinco ou seis quilômetros, a água se precipitava pelo sinuoso Adji Dária (que significa «Rio Amargo» em turcomano). Ela arrastava junto todos os peixes, que em poucas horas subiam salgados à superfície na bacia de evaporação. Só as focas conseguiam resistir à força de sucção e pareciam ter tanto prazer nessa «cachoeira marinha» quanto na rebentação em outras partes da costa.

No entanto, devido à baixa do nível do mar Cáspio, o fluxo tempestuoso se acalmou e os navios de carga não podiam mais atracar. No cais havia sacos de sulfato desidratado, o primeiro semiproduto do Monopólio Químico, mas como colocá-los no porão de um navio?

«Somos forçados a sair correndo atrás do mar que desaparece», relatou o capitão do porto, e depois disso Rubinstein estendeu os desembarcadouros cada vez mais em direção ao mar aberto.

Hidroquímicos da Academia de Ciências chegaram equipados com uma lancha cinza-marinho, trajes de mergulho, medidores de pH e uma caixa cheia de tubinhos de ensaio lacráveis para as amostras de água. Segundo seus cálculos, se o influxo continuasse a diminuir, o equilíbrio iônico de Kara Bogaz seria rompido, de modo que a cristalização não produziria mais o precioso sulfato de sódio (Na_2SO_4), mas sim cloreto de sódio (NaCl). Dizendo de maneira mais prosaica: sal de cozinha. Para se antepor a essa mudança brusca no regime do sal, a Academia apelou para a dragagem urgente do estreito. Se apesar dessa medida a baía ainda perdesse sua função de produtora de sulfato, seria preciso construir uma estação de bombeamento para bombear água extra do mar Cáspio para a laguna.

Moscou tirou essas propostas da mesa porque eram muito dispendiosas. Além do mais, não era inconcebível que o nível do mar Cáspio voltasse a subir por si só. Quem sabe a baixa no nível da água não fosse parte de uma oscilação ou ciclo natural e, portanto, de caráter temporário.

Dentro da Comissão Central de Controle, um órgão de vigilância do Partido Comunista, não havia interesse em tais detalhes técnicos. Contudo os membros observaram que, sob a liderança de Iákov Rubinstein, o desempenho do Monopólio Químico tinha diminuído muito. Em 1933, a produção de sulfato estagnou em 60% do estabelecido pelas normas vindas de Moscou, e para 1934 os números ameaçavam ser ainda piores.

Em preparação para uma possível investigação criminal, a Comissão de Controle ordenou ao diretor que elaborasse uma «autobiografia» concisa. O resultado — um relatório em três páginas A4 datado de 1934 — foi adicionado sem comentários ao seu dossiê.

Rubinstein pôs uma folha de papel na máquina de escrever e começou sua biografia da seguinte forma:

Nasci em Varsóvia, em 1895. Meu pai era corretor de seguros e ganhava dinheiro extra vendendo bilhetes de loteria. Minha mãe era dona de casa. Sou o filho mais velho. Depois de mim, vieram mais um filho e uma filha. Dos seis aos nove anos, fui para a *chadera* (escola talmúdica); dos nove aos quinze anos, para a escola de ensino técnico (uma instituição privada), que não consegui terminar por falta de dinheiro. Por isso, recebi aulas particulares de um estudante, chamado Pzibishevski, para fazer o exame como aluno externo. Pzibishevski era membro do Partido Socialista Polonês («*lewica*»). Ele me achou útil e me pediu para distribuir os materiais impressos. Envolvi-me ativamente no trabalho do *lewica* e levei leituras para Siedlce, onde fui preso pela primeira vez em 1911 (nesse meio-tempo, tinha sido aprovado no exame da escola de ensino técnico). Depois de dois meses de prisão, fui libertado como menor de idade sob fiança do meu pai.

O jovem Iákov não se deixou intimidar: até ao início da Primeira Guerra Mundial, ele conheceu o interior de muitas prisões e campos de trabalhos forçados. Bem a tempo, sua mãe, seu irmão e sua irmã emigraram para os Estados Unidos, onde arrumaram emprego numa fábrica de chapéus de palha. Rubinstein pai, que ficara para trás, foi exilado de Varsóvia porque seu filho mais velho era um militante socialista e morreu em 1919 numa cidadezinha polonesa de província. Na época, Iákov já estava na Ucrânia, onde permaneceu ativo na clandestinidade até a chegada dos bolcheviques. Durante quase um ano, lutou como oficial da Cavalaria Vermelha, imortalizada por Isaac Babel, o Primeiro Exército de Cavalaria Bolchevique sob o comando do general Budionni, e depois do fim da Guerra Civil ele ocupou vários cargos administrativos, de inspetor-chefe da indústria de conserva de carne até presidente das relações comerciais russo-canadenses.

Intuindo os tempos, Rubinstein concluiu sua «autobiografia» mencionando dois erros anteriores. Ao fazer isso, obedeceu à regra não escrita que o obrigava à autocrítica.

Em 1929, durante uma reunião da célula do Partido, defendi posições trotskistas incorretas sobre a questão camponesa. Alguns dias depois, percebi meu erro e o admiti publicamente.
    Em 1930, fui repreendido pela Comissão Central de Controle por falta de autoridade e de tato (não tinha percebido a tempo atividades de sabotagem na indústria de conserva). A reprimenda era associada à proibição de exercer cargos de direção por dois anos, uma decisão que foi revista e revogada pelo Comitê Central do Partido Comunista depois da minha nomeação como chefe do Monopólio Químico de Kara Bogaz.

Conforme previsto pelos hidroquímicos, os rebordos de sal da praia mudaram de composição em meados da década de 1930. O menor influxo fez com que a solução de salmoura se condensasse, resultando na precipitação de sal de cozinha em vez de sulfato de sódio.

O primeiro a se deparar com esse fenômeno foi o capitão do rebocador *Sérvia*, que estava a caminho de Porto Kara Bogaz com uma embarcação cheia de blocos de sulfato de um dos locais de extração. Amansoltan reproduziu esse relato, palavra por palavra, em sua tese.

«Não havia vento», reportou o capitão a Rubinstein. «Atravessamos a baía a três quartos de potência e, embora as caldeiras dessem pressão suficiente, percebi que estávamos perdendo velocidade.» O capitão deu a ordem «a toda a velocidade!», e depois o rebocador começou a vibrar e tremer, mas não acelerou nem um nó. Pelo contrário: o *Sérvia* parou arfando. Com isso, o capitão designou um marinheiro para inspecionar a hélice. O rapaz pulou no mar relutante, respirou fundo e depois de um minuto emergiu dizendo que não tinha conseguido encontrar a hélice. «Tem um torrão de sal no lugar da hélice», ele gritou, provocando o riso do restante da tripulação.

Como o capitão achou que o marinheiro dizia disparates, ele próprio mergulhou sob a popa — para fazer exatamente a mesma descoberta.

Sal de cozinha. Foi mais uma calamidade a atingir Rubinstein. Primeiro seu porto assoreou, e agora havia sal sem nenhum valor sedimentado por toda parte. Não demorou muito para que o diretor começasse a receber relatórios alarmantes dos controladores de qualidade de Astracã, que rejeitaram lotes de sulfato de sódio devido à contaminação de «até 20%» com cloreto de sódio. Não se dizia com tantas palavras, mas a suspeita praticamente escorria do papel: o camarada Rubinstein estaria tentando encobrir suas quantias decepcionantes de produção com técnicas ordinárias de fraude. Além disso, o fato de ser judeu não era uma vantagem — os documentos seguintes revelaram que a rede em torno de Rubinstein começava a se fechar.

ESTRITAMENTE CONFIDENCIAL, estava escrito numa carta datada de 1º de abril de 1937 para Nikolai Iejov, o recém-nomeado chefe do serviço secreto do NKVD. Nela, o secretário Titov, do Partido Comunista do Turcomenistão, relata o «trabalho amador» de dois agentes do NKVD turcomano, que não conseguiram recolher material suficiente que incriminasse o camarada Iákov Rubinstein.

«Me parece que o departamento do NKVD no Turcomenistão é incapaz de lidar com esse caso. Não seria melhor conduzir a investigação contra o chefe do Monopólio Químico diretamente de Moscou?»

Como complemento, Titov envia uma cópia carbono da «reprimenda» que o suspeito — porque é isso que Rubinstein é agora — recebeu em 1930. Aparentemente não era importante o fato de que a punição imposta pelo Partido tenha sido «revista e revogada» quase de imediato, porque o secretário não menciona esse detalhe.

O documento a seguir tem um tom pesado. É uma «decisão» secreta da presidência do Partido Comunista do Turcomenistão de 10 de maio de 1937.

Tendo ouvido:
O relatório do camarada Gotlober sobre as atividades trotskistas contrarrevolucionárias dentro do Monopólio Químico de Kara Bogaz, incluindo sabotagem e espionagem, conforme corroborado com provas pelo gabinete federal do NKVD.

Tendo verificado:
Que os depósitos de sulfato da baía de Kara Bogaz, devido à má gestão durante pelo menos cinco anos, chegaram a um estado de declínio.
Que apesar de um investimento de 17 milhões de rublos, a produção de sulfato caiu de 78 mil toneladas em 1932 para 70 mil toneladas em 1936.
Que a fábrica experimental de sulfato foi construída por Rubinstein e seus cúmplices como um tipo de sabotagem (as edificações são feitas de concreto de qualidade inferior).
A presidência do Partido decidiu:
1) Aceitar o relatório do camarada Gotlober inalterado e em sua totalidade.
2) Ordenar a prisão de Rubinstein pelos órgãos competentes.

Além disso, tudo o que se sabe sobre o diretor judeu-polonês são duas datas do seu certificado póstumo de reabilitação: em 28 de maio de 1937, foi preso por agentes do NKVD (e excluído como membro do Partido no mesmo dia), e em 29 de agosto de 1938, o Colégio Militar do Supremo Tribunal da União Soviética o condenou «irrevogavelmente e com cumprimento imediato» à «pena de morte por execução».

Eu me perguntei se Paustóvski algum dia soube do destino de Rubinstein. E, em caso afirmativo, o que exatamente ficou sabendo e quando?

Como roteirista da adaptação cinematográfica de *Kara Bogaz*, ele tinha trabalhado com atenção para um final glorioso. No entanto, qualquer um que tivesse alguma noção do drama nos bastidores ficaria dolorosamente convencido de que a propaganda soviética estava começando a perder todo contato com a realidade. O realismo socialista e a realidade tinham chegado a um afastamento inconcebível.

Na primavera de 1935, ainda durante as filmagens, os físicos ficam convencidos de que o assentamento Porto Kara Bogaz tinha sido construído às margens de um estreito que estava secando e que, portanto, infelizmente estava no lugar errado, mas, por medo da ira de Stálin, nenhum deles ousou admitir isso em voz alta. Amansoltan Saparova menciona em sua tese que um local de extração após o outro foi inutilizado. O sulfato simplesmente não sedimentava mais. A única fonte ainda ativa era o Lago artificial número 6; no mais, a exploração da baía de Kara Bogaz podia ser considerada um fracasso. No fim de 1938, dez anos depois de sua fundação, Porto Kara Bogaz tinha se transformado numa ruína industrial deserta.

O contraste com o que vi naquela salinha de cinema não poderia ser maior. O lírico Paustóvski tinha prolongado a linha de antes de 1932 num *crescendo* em direção ao futuro. No filme, ele faz surgir naquela costa árida uma caldeira de dessalinização futurista movida a energia solar. É uma instalação com tubulações engenhosas e painéis de controle elétrico. Durante as festividades de inauguração, vê-se que os nômades se aproximam com medo. Os homens usam turbante, as mulheres cobrem o rosto com as pontas do véu. Agachados ou sentados no chão de pernas cruzadas, com uma tigelinha de cerâmica na mão, eles olham para os ilusionistas soviéticos que afirmam poder tornar potável a água do mar Cáspio.

Alguém prova e cospe, «eca, é salgada». Todos riem. A água não potável está indo para os canos, mas então uma russa robusta abre uma torneira com as mãos, soam sibilos e gorgolejos, e depois de um rufar de tambores que dura ao menos um minuto, a água escorre num balde de zinco. Um *tabib* incrédulo enche sua tigela, e, de fato, a água é doce.

Logo em seguida, ouve-se um canto operístico. Das caixas de som sai a voz de um famoso «artista do povo». Ele cantava sobre os «enviados de Stálin», que foram para «essa terra distante» com um espírito generoso. Na tela, apareciam agora os mesmos homens e mulheres que tinham acabado de participar da demonstração. Eles vestiam só blusas brancas e jalecos; seus cabelos pretos estavam lavados e cortados curtos. Eram vistos atrás do painel de controle, debruçados sobre um manômetro ou com um alicate, ocupados com uma válvula.

A última imagem antes de as luzes se acenderem foi um close de romãs e melões partidos, frutas cultivadas no deserto graças à água dessalinizada.

«Turcomenistão: terra de leite e mel», eu disse, correndo o risco de que Igor Vasíliev não gostasse de meu cinismo.

O conservador já estava retirando o filme da bobina e me pediu para pegar as duas metades planas da lata.

«Posso imaginar», tentei suavizar minha crítica, «que naquela época o público tenha voltado para casa com um sentimento de orgulho.»

«O público?» Igor Vasíliev limpou as mãos nas abas do guarda-pó e me olhou com ar examinador. «Nunca houve uma plateia.»

«O que o senhor quer dizer?»

«Esse filme nunca foi lançado. Por isso o senhor pagou a tarifa de 'material inédito'. Isso também está indicado no seu recibo.»

Tirei o recibo do bolso, mas o que me interessava não era a tarifa; eu precisava de algo tátil para ajudar a me concentrar. «Material inédito.» Demorei um pouco para entender o que estava acontecendo: o filme não tinha passado pela censura! Mas por quê? Certamente não porque a situação na baía aparece mais embelezada do que a realidade.

Perguntei a Igor Vasíliev se tinha a ver com Iákov Rubinstein.

Ele me olhou sem compreender. «Não conheço nenhum Rubinstein. Sinceramente, não sei do que o senhor está falando.» No entanto, se eu quisesse saber mais, bastava acompanhá-lo.

«O senhor tem de considerar que, em 1935, a atmosfera entre os confidentes de Stálin era tensa em toda parte», retomou o conservador na metade do corredor. Desde o atentado ao chefe do Partido em Leningrado, Sergei Kirov, em 1º de dezembro de 1934, o establishment político tremeu de medo, uma vez que Stálin usou o assassinato para ajustar as contas com seus colaboradores mais próximos. «Naquele período, havia uma sensação indefinível de perigo no ar», explicou Vasíliev.

Uma vez em seu escritório, o funcionário do arquivo cinematográfico pendurou o guarda-pó no cabide. Puxou uma cadeira e se debruçou sobre uma gaveta da escrivaninha. Enquanto seus dedos percorriam as pastas, fez a observação de que Stálin sempre gostava de usar a palavra «ilusão» quando se referia a «filme» e que considerava o cinema «a arma mais pesada na batalha de propaganda». A literatura era artilharia de menor calibre, enquanto o circo, a música e o teatro deveriam ser vistos mais como armas de porte. «Na década de 1930, o SovKino, o serviço cinematográfico, era uma instituição poderosa que recebia muito dinheiro», contou Vasíliev. «O diretor do SovKino tinha status de ministro.»

De uma pasta intitulada «A Garganta Negra», ele tirou um invólucro de plástico com um artigo de jornal do *Izvestia* de 27 de agosto de 1935. Era uma matéria curta da seção «teatro e cinema», escrita pelo escritor comunista francês Henri Barbusse.

Barbusse estava em Moscou na época para apresentar sua biografia de Stálin em francês, explicou o conservador. Como amigo de Górki, ele foi recebido com grande consideração, e, para apresentá-lo à safra recente da cultura soviética, exibiram *A garganta negra*, um filme que estava praticamente pronto, faltando apenas a montagem final. Ele expressou sua opinião em poucas frases sob o título «Kara Bogaz», e foi imediatamente publicado pelo *Izvestia*.

Sinto-me honrado por ter visto um novo filme soviético antes mesmo da sua première. O filme (*Kara Bogaz*) descreve a tentativa heroica do povo soviético de levar a indústria e o progresso à costa oriental do mar Cáspio. Pondo em prática o conhecimento científico, ele consegue converter a água do mar em água potável. Assim, a técnica bolchevique conduz à vitória. Nesse belíssimo filme, baseado no famoso livro de Konstantin Paustóvski, são imortalizados muitos momentos verdadeiramente socialistas.

Não havia nada de errado com isso, certo?

«Não, não com o que foi escrito, mas sim com o fato de *monsieur* Barbusse ter visto o filme antes de Stálin.» Igor Vasíliev disse que durante muito tempo ele e seus colegas não conseguiam explicar por que a adaptação cinematográfica de Kara Bogaz não foi posta em circulação. Acabaram fazendo um projeto para descobrir o motivo, e foi assim que chegaram ao filho do diretor, na época já muito idoso. «Ele nos contou que a história em torno do filme era um segredo que seu pai queria levar para o túmulo.»

O que aconteceu foi que Stálin ouviu falar do artigo do *Izvestia*, ficou irritado por ter sido preterido como primeiro crítico e exigiu esclarecimentos do diretor do serviço cinematográfico, o camarada Boris Shumiatski. Assim que esse ministro de Assuntos Cinematográficos soube que tinha sido convocado pelo chefe do Kremlin, e por qual motivo, ficou paralisado de terror.

«Ele pensou que tinha chegado sua hora», disse Vasíliev, «que, na esteira do caso Kirov, seria rotulado como inimigo do povo.»

Shumiatski achou que o ataque seria sua melhor defesa. Ele mentiria para Stálin. E então afirmou categoricamente que Henri Barbusse tinha confundido as coisas: o francês de fato assistira a um filme, mas não *A garganta negra*, cuja montagem, afinal, ainda não estava finalizada! Talvez cineastas invejosos tivessem espalhado o boato, insinuou Shumiatski. Obviamente, ainda havia sectarismo dentro desse grupo, mas o ministro prometeu investigar a questão a fundo e punir os culpados.

«De volta ao seu Ministério, Shumiatski resolveu apagar todos os vestígios de *A garganta negra*», disse Igor Vasíliev.

«É um milagre que os rolos tenham sobrevivido», comentei.

«Não, não», disse o conservador. «Ele os manteve em mãos de propósito. Se Stálin perguntasse a respeito, poderia trazê-los à tona num piscar de olhos.»

O ministro mandou chamar Konstantin Paustóvski e, é claro, também o diretor. Os três discutiram o plano para abafar todo o projeto o mais discretamente possível. Para não levantar suspeitas, a montagem final devia continuar normalmente, embora em fogo brando. Shumiatski nunca submeteu a obra finalizada, com seus «muitos momentos verdadeiramente socialistas», à censura cinematográfica, muito menos aos canais de distribuição. A estratégia escolhida (varrer para baixo do tapete na esperança de que se Stálin esquecesse da produção) era arriscada, mas a alternativa (apenas lançar o filme) parecia ainda mais perigosa.

«Imagine só», disse Igor Vasíliev. «Bastava que um crítico se lembrasse do artigo de Barbusse no *Izvestia* e cabeças iriam rolar.»

«Mentir para Stálin não era uma contravenção leve», observei.

«... se enquadrava diretamente no artigo 58, atividades contrarrevolucionárias, a mesma categoria que 'dilapidação do erário público', 'sabotagem trotskista', 'divulgação de propaganda antissoviética'.»

Essa terminologia já soava familiar. Concordei com a cabeça e fiquei em silêncio. O que mais havia a dizer?

Na despedida, contei a Igor Vasíliev sobre Iákov Rubinstein, quem ele tinha sido e como encontrou seu fim. O conservador escutou com polidez — para ele, essa deve ser uma história como milhares de outras.

Quando estava de novo do lado de fora, me dei conta de que foi por pouco que Paustóvski não teve o mesmo destino de seu herói cinematográfico. Apressei-me pela Tverskaia até a estação de metrô mais próxima sem prestar atenção nas vitrines caras e nas fachadas brilhantes. Assim que cheguei em casa, consultei a autobiografia de Paustóvski. Folheei todos os seis volumes, mais de mil páginas, e, só para confirmar, também suas outras obras. Horas mais tarde, tive certeza: Paustóvski nunca havia escrito uma palavra em sua obra sobre a adaptação cinematográfica de *Kara Bogaz*.

O jardim das cerejeiras de Stálin

Moscou, 2 de janeiro de 1936. Memorando. Estritamente confidencial.
Assunto: GlavLit.
Para: OrgBuro (KomPartia-União Soviética)
De: camarada Tal (Imprensa e Propaganda)

Quando da inspeção dos resultados anuais da GlavLit, descobrimos que a eficácia desse órgão central de censura é totalmente insatisfatória.
Como se sabe, a GlavLit verifica os manuscritos submetidos duas vezes. A primeira vez pelos agentes destacados nas editoras e depois de novo na Direção Central.
O Departamento de Literatura está extremamente carente de pessoal. Apenas o diretor tem as qualificações adequadas (ele se formou no Instituto para Professores Vermelhos). Seus subordinados não têm condições de avaliar ficção literária.
Como resultado dessas deficiências, no ano passado, 69 obras liberadas pela GlavLit tiveram de ser retiradas das bibliotecas e livrarias e transformadas em polpa. O dano para o Estado, em relação a isso, chega a 413.510 rublos.

Em minha imaginação, a Direção-Geral de Assuntos Literários era um serviço bem azeitado, com uma equipe infalível. O Ministério da Verdade. A única instância que sempre tinha razão — porque era a primeira a saber qual a opinião correta — e que exercia implacavelmente esse monopólio para com o ignorante súdito soviético, em particular o escritor soviético.
Quando me aprofundei nas maquinações da GlavLit, essa imagem orwelliana se revelou correta em termos gerais.

O censor não tinha rosto nem nome. Sua identidade consistia num código numérico combinado com uma letra. Não havia nenhum encontro entre o censor e o censurado. Pegue como exemplo os agentes da GlavLit no Correio Central de Moscou. Eles entravam nesse prédio pelos fundos e nunca passavam pelo saguão público; recebiam seus materiais (pacotes, cartas, telegramas) passados por uma escotilha. Em caso de dúvida, bastava pegar o receptor de um aparelho sem discagem, e depois um mensageiro levava a correspondência reprovada para outras «estruturas competentes».

Só depois que a cortina de ferro caiu é que alguns censores saíram do anonimato. Assim como os antigos agentes da KGB, eles eram, à primeira vista, pessoas comuns. Se alguém se sentasse ao lado deles no metrô, não os distinguiria dos outros moscovitas. Faziam palavras cruzadas e abriam caminho empurrando na escada rolante, mas, por dentro, os censores se viam como orgulhosos alicerces de uma sociedade ilusória que eles, com perícia e dedicação, mantiveram em pé por setenta anos.

Numa conferência em 1993, Vladimir Solodin, subchefe do Departamento de Literatura nas décadas de 1970 e 1980, relembrou sua carreira na GlavLit: «Qual era a ocupação da GlavLit? A GlavLit exercia controle, tanto antes quanto depois da publicação, sobre cada palavra e imagem impressa na União Soviética».

Sem a GlavLit, o totalitarismo na União Soviética seria impensável. A instituição de censura sempre interferia no design de carteiras de motorista, nas letras usadas nos diplomas de natação, nas estampas de lenços de papel e nos manuais de moedores de café. Ela controlava todos os suprimentos de papel da União Soviética. Lênin criou a *Glavnoie Upravlenie po delam Literaturi i Izdatelstv* em junho de 1922 como parte do Ministério da Educação, com a tarefa de «unificar todas as formas de censura».

No início, os 326 funcionários quase não se envolviam com as belas-letras, simplesmente porque as obras que saíam das impressoras soviéticas logo depois da Guerra Civil podiam ser contadas nos dedos de uma mão. O aparato da GlavLit se dedicava a moldar e tornar apresentáveis as estatísticas governamentais. Graças à censura, os números sobre a prostituição, o crime e a vagabundagem começaram a parecer mais favoráveis ao longo dos anos, enquanto o suicídio entre o proletariado deixou completamente de ocorrer. A GlavLit combatia sentimentos de insatisfação e insegurança. Se um trem descarrilasse em algum lugar na vastidão da Sibéria, ou se um poço de uma mina ucraniana desabasse, a censura garantia que ninguém ficasse sabendo. Em caso de terremotos e inundações, o número de mortos era mantido em segredo, e, se aparecessem reclamações sobre falta de medicamentos nas farmácias, a GlavLit evitava que fossem divulgadas na imprensa.

O censor gerenciava uma lista de verificação de tabus, que era regularmente atualizada por uma circular. Para consternação de Maksim Górki, então ainda exilado no sopé do Vesúvio, em 1926, a viúva de Lênin acrescentou a essa lista cerca de cem livros «que despertariam sentimentos animalescos ou antissociais» — incluindo o Alcorão, a Bíblia e a inebriante obra de Dostoiévski. Coube de fato à GlavLit retirar esses livros das bibliotecas e deixá-los prontos para reutilização como papel velho.

Em 1993, o ex-censor Solodin ainda não tinha modificado sua opinião de que a GlavLit cumprira uma tarefa nobre. Ele citou o primeiro Comissário do Povo para a Cultura:

Censura! Que palavra terrível! Para nós as palavras arma, baioneta, prisão ou Estado não são menos hediondas. É o arsenal da burguesia, mas nós usamos a arma, a baioneta, a prisão e o Estado como recursos genuínos para destruir a velha ordem. Isso também vale para a censura. Não, não temos medo de meter a faca na literatura mais pura. Afinal, sob sua bandeira e maneira refinada de se apresentar, um veneno pode ser injetado nas almas ingênuas e ainda obscurecidas das grandes massas.

Babel foi um dos primeiros a ter de lidar com isso: cenas de pilhagem em *A cavalaria vermelha*, cometidas pelos bolcheviques, foram atribuídas ao inimigo na publicação do livro, em 1926.

Com *Kara Bogaz*, Konstantin Paustóvski não precisou temer nenhuma interferência vinda de cima: era um livro que contava com a bênção de Górki. A GlavLit deixa o texto inalterado a cada reimpressão, mas controla as ilustrações. Os desenhos a bico de pena (de flamingos e camelos carregados em traços vagos), como publicados nas três primeiras edições, depois de uma inspeção mais detalhada, foram considerados «impressionistas demais». A partir da quarta edição, foram substituídos por imagens mais explícitas, que correspondiam mais ao gosto e à compreensão das massas.

Com o vento em popa por sua popularidade, Paustóvski recebe permissão para publicar também seu «diário lírico», ou o caderno com a versão infinitamente revisada de *Os românticos*. Nas revelações que Dima Paustóvski pôs no papel pouco antes de sua morte, constata-se que a publicação de *Os românticos*, em 1935, coincidiu com a separação de seus pais. O escritor deixou a tarefa de preparar essa prosa sensível para publicação nas mãos da esposa Kátia, que aparece no livro com o nome Chatidze.

«A edição e preparação de *Os românticos* foi o último contato entre meus pais», escreveu Dima, que na época da separação tinha dez anos. Dava para sentir nas entrelinhas que o drama familiar afetou muito o menino. «Meu pai manteve distância de questões emocionais durante toda a vida. Na minha juventude, nunca pude recorrer a ele pra fazer as perguntas com as quais eu me debatia.»

Kátia descobriu que o romance de curta duração entre seu marido e a artista Valéria Vladimirovna, na Geórgia, em 1923, que ele jurava ter «vivenciado em sentido puramente literário», se inflamou de novo depois de dez anos. E não apenas em termos literários. Quando Paustóvski reencontrou sua antiga amante no inverno de 1933, ela era uma mãe solteira que tinha trocado Tbilísi por Moscou, onde gozou de alguma fama como atriz. O filhinho de Valéria, Sergei, estudava na mesma classe de Dima, e seu reencontro casual com o escritor ocorreu durante algum evento escolar. Assim como o protagonista de *Os românticos*, Paustóvski hesitava novamente entre a «filha da natureza» Chatidze (sua esposa) e a atriz citadina Natasha (nesse caso Valéria). Ele se refugiou num novo projeto de escrita sobre a drenagem e construção de diques num delta pantanoso no mar Negro. *Cólquida, a terra dos novos argonautas* era sobre engenheiros soviéticos que desbravaram as terras costeiras em que o mitológico Jasão e seus ajudantes um dia procuraram o Velocino de Ouro.

Cólquida foi publicado em 1934 num almanaque editado por Maksim Górki, que leu o manuscrito e — ao menos na memória de Paustóvski — acrescentou apenas uma anotação: «Os gerânios não são pequeno-burgueses ou triviais; são as flores favoritas dos pobres das cidades».

No mesmo período em que Górki se debruçava sobre a história de drenagem de Paustóvski, Kátia trabalhava na última versão de *Os românticos*. No texto, ela se deparou com frases como: «Chatidze começou a rir e me beijou impetuosamente, não mais como uma menina, mas como uma moça». Dima afirmava que, ao riscar partes supérfluas, sua mãe não deixou que as mágoas pessoais tivessem peso. Ela estava exausta dos muitos anos que passou encorajando e ajudando o marido. Embora ainda não tivesse passado dos quarenta, seus cabelos lisos, quase sempre presos num coque de bailarina, começaram a ter mechas grisalhas. A tristeza acumulada de Kátia transbordou quando *Os românticos* foi para a gráfica: ela reuniu forças e expulsou o marido de casa. Dima ficou com ela, enquanto Konstantin foi morar com Valéria e seu filhinho.

Os novos sucessos de Paustóvski e a turbulência em sua vida privada coincidiram com a introdução de uma castidade vitoriana na literatura soviética. Numa instrução de 26 de novembro de 1934, dá-se a entender ao censor que «descrições explícitas de órgãos sexuais, comportamento indecente ou situações anti-higiênicas» não podiam mais ser toleradas. Desejos e pulsões devem dar lugar à ascese e à razão, e, embora o personagem do funcionário do Partido não precise necessariamente levar uma vida celibatária, deve estar num nível moral mais elevado que o das massas.

As implicações desse novo regulamento eram praticamente incalculáveis. Ele não significava apenas que as obscenidades dali em diante seriam um tabu: elas também deveriam ser eliminadas de todas as publicações soviéticas anteriores. Um sucesso retumbante como *Cimento*, de Fiódor Gladkov, por exemplo, publicado em 1925 e reimpresso muitas vezes desde então, teria de ser mais uma vez totalmente revisado. Os tipos rudes que voltaram do front para reconstruir uma fábrica de cimento destruída se dirigem uns aos outros como pessoas bem-educadas nas edições posteriores a 1934. Nem pensar em dizer: «Ei, seu porco, você pensa com a cabeça ou com o pau?».

Na primeira metade da década de 1930, uma incerteza desagradável predominava entre os funcionários da GlavLit. Por mais enérgica que a censura soviética pareça ser, ela própria dependia de orientações variáveis, por vezes contraditórias. A confusão não diminui quando o realismo socialista («a forma de arte mais progressista») reivindica o lugar da vanguarda. Ao contrário do que o nome sugere, não se podia mais atribuir à vanguarda um papel de dianteira. Em lugar do *Quadrado preto* de Kazimir Malêvitch, *Belomor*, o livro coletivo de Górki, é apontado como a nova referência nas belas-artes, mas *Belomor* é antes um testemunho (uma ode a Stálin) do que um manual para o futuro.

Tanto escritores como censores se perguntam o que deveriam entender por realismo socialista.

«Trata-se de Rembrandt, Rubens e Repin a serviço das massas trabalhadoras», diz o editor-chefe do *Izvestia*. Há descrições ainda mais vagas em circulação. O realismo socialista, por exemplo, seria «acima de tudo a arte de retratar o ser humano de maneira justa; como ele é e, ao mesmo tempo, como deveria ser».

Para esclarecer as coisas de uma vez por todas, no fim do verão de 1934, Górki convoca todos os escritores e poetas soviéticos reconhecidos em Moscou para a reunião de fundação da União dos Escritores Soviéticos. O congresso, que dura dezesseis dias de plenários, é realizado no barroco Salão das Colunas, salão de baile próximo ao Teatro Bolshoi no qual a nobreza costumava rodopiar sobre o assoalho até 1917.

Da tribuna de honra, camaradas franceses, dinamarqueses, americanos e japoneses testemunham como os participantes do congresso se levantam toda vez, como uma máquina de aplausos, e cantam «De pé, ó vítimas da fome / De pé, famélicos da terra...».

«Nossos convidados estrangeiros nesse momento estão fazendo uma viagem numa máquina do tempo», é como eles são recepcionados. «Estão vendo o país do futuro, a base de um novo mundo.»

Naqueles anos, Moscou era um canteiro de obras barulhento, onde símbolos antigos eram substituídos por novos. A Catedral do Cristo Salvador tinha sido implodida pouco tempo antes para dar lugar ao Palácio dos Sovietes; o mármore da demolição encontrou um novo destino no metrô em construção. As famosas ruas comerciais que chegam até a praça Vermelha como raios de uma roda são alargadas e transformadas em bulevares. Desfiles de carros alegóricos ou tanques de guerra têm de conseguir passar, por isso as bolas de demolição colocam edifícios no chão ao longo de muitos quilômetros.

Nessa metrópole desmoronada, cheirando a argamassa, os escritores soviéticos decidem seguir um modelo radicalmente novo na literatura. Os escrivães registram mais de duzentos discursos em setecentas páginas de atas. Sob os lustres do Salão das Colunas reina uma atmosfera vibrante. «Nós, escritores soviéticos, nos sentimos privilegiados por viver na época mais heroica da história mundial», foi como um dos seiscentos participantes resumiu o clima.

De todos os cantos do país chegam telegramas de felicitações que, quando lidos um por um em voz alta, provocam o clamor da plateia.

Os pequenos pioneiros de Moscou fazem uma saudação pessoal: marcham pelo palco cantando e tocando tambores. Uma delegação de camponeses dos colcozes espalha flores, enquanto reservistas navais do Exército Vermelho proclamam os escritores «irmãos de armas na luta pela classe trabalhadora». Até os construtores do metrô, que estavam escavando a estação Ochotny Riad, logo abaixo do Salão das Colunas, foram apresentar seus cumprimentos. Durante a pausa para o almoço, eles saem do túnel de terra e desfilam pelo salão da conferência carregando brocas e marretas.

O presidente Maksim Górki é elogiado tantas vezes e tão efusivamente que se sente obrigado a intervir mais de uma vez. «Basta, basta!», diz com sua voz rouca.

Górki cultiva um sentimento de «nós-contra-o-resto--do-mundo». Num de seus discursos, ele critica a literatura ocidental; James Joyce, Marcel Proust, Luigi Pirandello; nenhum deles presta porque não monta barricadas. «A burguesia da Europa Ocidental está empenhada em erradicar todos os pensamentos dissidentes», adverte Górki no Salão das Colunas. «Nós, por outro lado, não temos burguesia. Nossos líderes são nossos professores e amigos, camaradas no sentido mais amplo da palavra.»

Um desses camaradas, Andrei Jdanov, membro do Politburo, foi destacado pessoalmente por Stálin para participar do congresso. Era um ideólogo do Partido, com sobrancelhas finas e bigodinho aparado, um devoto do Kremlin designado para explicar a nova doutrina literária da União Soviética.

«O camarada Stálin chamou os senhores de 'engenheiros da alma'», lembra Jdanov aos participantes da conferência. «O que isso significa? Que responsabilidades isso deposita sobre seus ombros?»

O mensageiro de Stálin incentiva os escritores soviéticos a romperem com «o romantismo de heróis fictícios que fazem com que o leitor deixe temporariamente sua existência atribulada para um mundo irreal». Essa é a função da arte no moribundo mundo burguês: a manutenção do *status quo*, calando a consciência do povo. O artista soviético, pelo contrário, mexe no espírito humano para que ele desperte e se alinhe com o socialismo.

Jdanov cita como esse «realismo socialista», o princípio orientador das artes soviéticas, deveria ser definido de acordo com o projeto de estatutos: «É a verdadeira representação da realidade, tendo como pano de fundo o desenvolvimento revolucionário da União Soviética». Aquilo soa razoável para os presentes, ninguém se opõe sequer ao acréscimo de que os romances e versos devem, dali em diante, contribuir para «a formação ideológica e a educação do povo no espírito do socialismo». Alguns poucos se perguntam o que isso significará para a criatividade. «A vocação mais elevada do engenheiro não é a invenção de algo novo?» E o que acontece com o talento de um escritor que se mistura de má vontade a camponeses ou operários da construção civil para descrever a «vida heroica» dessas pessoas?

«Eu poderia até tentar algo assim», diz Iuri Olesha, de Odessa. «Contudo, não é meu tema. Não está no meu sangue.»

Górki não se escandaliza com a postura individual de Olesha; ele jura que o Partido não vai dizer aos escritores o que devem fazer, mas apenas lhes oferece a oportunidade de ensinarem uns aos outros. «Ensinar no sentido de compartilhar experiências. Só isso. Nada mais, nada menos.»

Sob «ovação» (de acordo com a ata), Górki anuncia que o Politburo depositou 1 milhão de rublos nos cofres do recém-criado fundo literário (LitFond). O dinheiro será destinado à construção de um «laboratório de escrita»: um vilarejo de datchas numa floresta acidentada a oeste da capital, não muito longe do sinuoso rio Moscou. Vinte e quatro casinhas de madeira com andar superior estão sendo construídas ao longo de caminhos arenosos em ziguezague. A colônia Peredelkino (que ganhou esse nome em homenagem a um mosteiro do século xv que ficava próximo) é apresentada como a primeira colônia de escritores do mundo mantida por um governo.

«O jardim das cerejeiras de Stálin», dizem os escritores, com um aceno para Tchekhov.

Pasternak, Babel, Pilniák e o escritor polonês Bruno Jasienski estão na linha de frente dos beneficiários. O lugar ainda cheira a resina e a troncos recém-serrados quando eles se instalam em suas novas datchas. Babel escreve à mãe em Bruxelas sobre os prazeres da vida rural: acender pontualmente a lareira para não congelar à noite, buscar água num poço, a ausência de telefone. Nas noites de verão, os escritores se reúnem com suas mulheres e filhos nos jardins rústicos; jogam uma partida de vôlei ou fazem um *shashlik* de porco na brasa. Quem não quiser passar uma tarde escrevendo, planta árvores frutíferas ou se senta na varanda para ler. Ou empurra bem devagar um carrinho de mão cheio de estrume, parando para conversar a cada portão ao longo do caminho. A datcha é a ideia russa de liberdade. Já era assim desde Púchkin e até muito antes, e continua sendo na era pós-comunista.

Embora quase todas as datchas de governantes e generais estejam desde sempre localizadas no vale do rio Moscou, a poucos quilômetros de Peredelkino, o astuto político Lev Kamenev recebe uma casa de campo na nova colônia de escritores. Por outro lado, a datcha de Górki está localizada junto às dos chefões do partido. Com esse entrelaçamento e agrupamento, a elite do Kremlin pode ficar de olho nos *liriki* e também entre si. Kamenev é amigo de grande número de escritores, enquanto Górki, por sua vez, conhece os decanos da cúpula do partido desde antes da revolução.

A liberdade da vida na datcha em Peredelkino se revela enganosa. Já no primeiro verão, o de 1935, algo está sendo tramado no horizonte político. Os escritores nunca conseguem ver Lev Kamenev e a esposa Olga (uma irmã de Trótski); sua casa de troncos empilhados fica vazia. Kamenev tinha sido preso durante as prisões em massa relacionadas com o assassinato do chefe do partido em Leningrado, Sergei Kirov, em dezembro de 1934. Os jornais logo o apontaram como o cérebro por trás do atentado. Ele teria armado um «golpe de estado trotskista» junto com outro bolchevique de primeira hora — o tiro fatal em Kirov era o sinal de partida.

No *Pravda*, Górki exige que os perpetradores sejam executados («sem dar atenção aos aahs e oohs dos humanistas profissionais»), mas está convencido de que Lev Kamenev é inocente. Os dois se conhecem bem, Kamenev é o suplente de Górki na presidência da Academia, a editora que publica livros científicos com tendência socialista.

Isaac Babel, que com sua amante, Antonina, recebeu a datcha ao lado da dos Kamenev, pergunta a Górki sobre o destino de seus vizinhos ausentes. Górki suspeita de que haja um engano, que Stálin esteja incomodado por conta de sua «desconfiança caucasiana». Ele se dirige pessoalmente ao líder do Kremlin: por que uma onda tão extensa de prisões entre veteranos? Górki percebe que há resistência nos mais altos escalões do poder contra a industrialização forçada e descontentamento com a situação de fome, mas daí a afirmar — como diz a acusação — que Kamenev seria um agente de Trótski ou mesmo de Hitler era ir longe demais.

Górki incentiva Stálin a ser comedido: «Pense no que seus futuros biógrafos escreverão!».

Pela primeira vez, a intromissão de Górki dá errado. Certamente, ele cruzou uma fronteira invisível. Melindrado, o georgiano no Kremlin deixa de atender telefonemas dele durante meses. Num comentário desdenhoso no *Pravda*, Górki de repente recebe o rótulo de «liberal frouxo», em lugar do tradicional «Pai da Literatura Soviética». Uma alfinetada ou o lance inicial de uma campanha de difamação na imprensa? O escritor do povo, no auge de sua fama, se considera poderoso o bastante para não ter de se conformar com esse tratamento. Decide regressar à Itália para refletir sobre sua reconciliação com o poder soviético, mas Stálin não solta mais sua presa: nega a Górki o visto de saída.

O poderoso presidente da União dos Escritores Soviéticos se torna no mesmo instante prisioneiro em seu próprio país e em sua própria casa, mas resta saber se ele percebeu isso: Piotr, seu secretário particular, foi recrutado pelo serviço secreto; ele devia garantir que certas cartas não chegassem mais a seu patrão. Dessa forma, ele o estaria protegendo de «contatos prejudiciais» com intelectuais estrangeiros, que eram cada vez mais críticos à medida que os procedimentos judiciais contra Kamenev e suas «células terroristas trotskistas» assumiam formas grotescas.

Os processos acontecem no Salão das Colunas de Moscou, que foi convertido em tribunal para esse espetáculo. Um diplomata britânico, presente como observador, fica espantado com as «tiradas sanguinárias dos procuradores» e as «fantásticas confissões dos acusados». Ele repara que o «proletário abastado, o novo aristocrata, veio a este salão de baile para se divertir, assim como seu antecessor de sangue azul». A seu ver, os promotores confundem ilusão e realidade: «Eles se deixam levar por um orgulho criativo, por uma entusiasmada meticulosidade com que se corrigem mutuamente em detalhes que só existem na sua imaginação».

Em conversas com o escritor francês André Malraux, Babel chama a atenção para o fato de que os julgamentos--espetáculo causam uma profunda impressão nas pessoas comuns. As acusações brutais, encenadas de modo jocoso, seguidas da auto-humilhação dos réus (que fazem as mais absurdas «confissões», como se estivessem drogados), dão ao trabalhador um inimigo identificável, um bode expiatório que ele pode responsabilizar pela enlouquecedora escassez de leite e carne e outros artigos de primeira necessidade. Corre à boca pequena: «Stálin não pode dar o pão ao povo, por isso dá o circo».

No início de 1936, Babel visita um Górki fisicamente exausto em sua mansão na Crimeia, onde ele passa o inverno, como alternativa à mediterrânea Sorrento. Ambos estão pessimistas com a ameaçadora virada na política cultural, da qual Dmitri Shostakovich parece ter sido a primeira vítima. O compositor foi criticado pelo *Pravda* por produzir «dissonâncias nervosas, forçadas e histéricas»; «caos em vez de música». No artigo, Shostakovich foi até ameaçado de modo pessoal numa oração subordinada («esta brincadeira pode acabar mal»).

Górki não faz ideia de quem mandou que o músico fosse atacado e com qual propósito. Apesar de ser conselheiro e confidente de Stálin para questões culturais, ele nem sequer foi informado, muito menos consultado. O decano então entende que foi escanteado.

Quando Górki volta a Moscou, lhe dizem que foi poupado devido à sua saúde. É verdade que sua constituição estava tão afetada pela tuberculose que, em junho de 1936, ele só conseguia ficar deitado na cama, suando e respirando com dificuldade. Stálin faz uma visita como amigo, como se nada tivesse acontecido entre eles. Médicos de jaleco branco entram e saem, tiram preparados de suas maletas e administram pós e infusões, mas o paciente continua arquejando esbaforido.

Ele não consegue mais escrever, por isso dita suas últimas palavras: «Fim da história, fim do herói, fim do autor».

Quando também já não é possível falar, ele continua lendo o jornal com persistência, ainda que não mais que meia hora por dia. Para evitar que o escritor de 68 anos ainda se irritasse sem necessidade em seu leito de morte, a GlavLit recebe a tarefa de preparar edições especiais do *Pravda*, exemplares destinados apenas a Górki, nos quais são omitidas notícias potencialmente perturbadoras. Uma tarefa que não era nada fácil. Todo o conhecimento e competência da GlavLit eram direcionados a iludir as massas, e não apenas um indivíduo. Era como se a instituição da censura fosse posta à prova: ela também seria capaz de fornecer serviços sob medida?

O editor da GlavLit designado ao *Pravda* vive noites agitadas. Para começar, analisa todos os originais. Há relatos chocantes? Formulações veladas que o coração debilitado de Górki talvez não possa aguentar? Em caso afirmativo, existe material reserva disponível? Um tipógrafo é liberado para trabalhar nas páginas à parte, e à noite, depois da impressão da edição regular, ninguém pode ir para casa até que essas páginas também tenham saído da impressora e um exemplar apresentável tenha sido dobrado para Górki. Um desses exemplares manipulados foi preservado: um artigo sobre o fim iminente de Górki na primeira página da edição nacional acaba sendo substituído em seu *Pravda* pessoal por uma matéria do mesmo tamanho a respeito de prognósticos otimistas sobre a safra.

E assim Alexei Peshkov, o Amargo, morreu em 18 de junho de 1936 — com uma mentira embalada como «Verdade» nas mãos.

O verão da cremação estatal de Górki foi excepcionalmente quente. O sepultamento de sua urna na muralha do Kremlin — na presença de 800 mil moscovitas — coincidiu com o início da temporada das datchas. *Apparatchiki* que não veraneiam na costa do mar Negro procuram se refrescar ao longo do rio Moscou. Naquele ano, pela primeira vez, entrou em vigor a proibição da pesca e da navegação, mas todo mundo nadava. E a poucas dezenas de quilômetros dos piqueniques e diversões, em 19 de agosto, Lev Kamenev é levado a julgamento no Salão das Colunas e condenado à morte. Sua esposa Olga e os dois filhos recebem pena de trabalhos forçado em diferentes campos.

O LitFond se depara com a questão «O que fazer com a datcha livre em Peredelkino?» e decide converter a casa numa pousada para escritores e poetas visitantes.

Quando fui até lá para dar uma olhada, na primavera de 2001, descobri que a robusta cabana de troncos dos Kamenev estava à beira de um canteiro de obras. O caminho de areia ao longo da cerca pintada de verde estava pavimentado com lajes de concreto e terminava numa cancela vermelha e branca. Fiquei chocado com a visão: no coração de Peredelkino, afinal, monumento histórico-cultural, estavam sendo construídas cinco mansões num lote onde os pinheiros tinham sido cortados. Embora fosse domingo, o lugar estava cheio de uzbeques e outros carregadores que levavam nas costas sacos de cimento de cinquenta quilos tirados da carroceria de um caminhão.

«A OrgKomStroi está construindo aqui», li numa placa da empreiteira. Tive a impressão de ver um inspetor numa salinha cúbica de vidro espelhado.

«O que a OrgKomStroi está construindo aqui?», falei através de uma grade de ventilação, e devo ter soado indignado ou até zangado.

Da vidraça azul, onde eu via apenas a mim mesmo, veio uma voz masculina. «O senhor não está vendo? *Kottedzhi*.»

Olhei para as casas em construção. Claro: *cottages*! *Cottages* eram as casas de campo dos Novos Russos. Eles não tinham nada a ver com a vida nas datchas. Não porque eram feitos de alvenaria (e não com um madeiramento que range), ou porque as cerquinhas desconjuntadas dos jardins tinham sido substituídas por portas de garagem metálicas com painéis de controle eletrônico. Nem pela diferença de tamanho (cabem cinco datchas num *cottage*). Não, o que distinguia essas casas de campo das datchas era a mentalidade dos proprietários. Os novos-ricos deixavam seus filhos brincando no gramado bem aparado sob câmeras de vigilância, por medo de sequestros e das consequentes extorsões. Não tinham um cachorro que latisse quando pessoas desconhecidas se aventurassem na propriedade, mas caras parrudos com a visível saliência de uma pistola nas calças. Os *cottages* eram construídos à moda de *Dallas* e *Dynastia*, invariavelmente com apropriação ilegal de dinheiro (público); incluindo automóveis caros e mulheres ainda mais caras. Eram castelinhos disformes, com muros medonhos, às vezes providos de ameias medievais. Nos anos 1990, os *cottages* se multiplicaram surpreendentemente nos locais mais bonitos ao longo das estradas secundárias de Moscou. Quem prestava atenção, via que existiam muitas construções inacabadas. Nesses casos, o aspirante a proprietário tinha falido no meio do processo de construção ou, o que acontecia com mais frequência, tinha sido vítima de um acerto de contas no mundo dos proprietários de *cottages*.

Estudei o mapa de Peredelkino, uma folha de papel A4 que indicava onde cada escritor tinha morado. Esta era a alameda Vishnevski, não era? E o lote número 3 ficava bem em frente à guarita, certo? Agora havia ali um canteiro de obras nivelado e uma betoneira. «O que aconteceu com a datcha de Babel?», gritei pela grade de ventilação.

A figura invisível em seu cubículo de vigilância disse que não conhecia os antigos moradores, que só trabalhava ali havia um ano.

«Isaac Babel», insisti. «O escritor. A datcha dele devia ser aqui na frente.»

A guarita reagiu agitada: «Tem uma datcha ali, não tem?».

E caramba: cinquenta metros adiante, escondida atrás de uma cerca, havia uma casinha de madeira com varanda, mas essa claramente não era a datcha de Babel, que era mais alta, mais pontuda e tinha um pombal no topo. Não havia ninguém em «casa», mas em frente à porta tinha uma fileira de chinelos feitos de borracha de pneu; com certeza os trabalhadores uzbeques ficavam ali. Meu mapa se mostrou preciso: Babel tinha morado no meio do lote de construção aplainado; não sobrou nenhum fragmento ou prego de sua datcha. A ideia de que nem o vigilante nem os uzbeques tivessem demonstrado algum respeito pelo que tinha acontecido ali, simplesmente porque o nome Babel não significava nada para eles, me deu uma sensação de desalento.

O criador dos imortais contos de Odessa foi um dos últimos a ser detido em 1939, quando a onda de terror já tinha ultrapassado seu auge. Em 16 de maio daquele ano, um «*marussia* preto» com dois oficiais do NKVD saiu da Lubianka ao amanhecer. Para os trabalhos de detenção mais chiques, o serviço secreto não utilizava camburões, e sim um Tchaika estofado com tecido ou couro. Em Moscou, os dois agentes primeiro forçaram a namorada de Babel, Antonina Pirozhkova, uma engenheira geotécnica, a sair da cama. Eles a levaram para fora da cidade, pela rota contínua em direção a Minsk, e viraram à esquerda na altura de Peredelkino. Quando o grupo silencioso virou no caminho de terra depois da antiga datcha de Lev Kamenev, Babel ainda estava dormindo.

Antonina entrou pela cozinha, os dois oficiais a seguiram. «Fiquei indecisa diante da porta do quarto de Babel», ela escreveria mais tarde em suas *Memórias de Babel*. «Com um gesto, um dos homens indicou que eu deveria bater. Bati e ouvi a voz de Babel: 'Quem é?' — 'Eu.' Ele vestiu uma roupa e abriu. Os dois me empurraram para o lado e foram direto para Babel. 'Mãos ao alto!', comandaram, depois o revistaram. [...] tivemos de ir para o outro quarto, o meu; lá, nos sentamos lado a lado e demos as mãos.»
Apenas três semanas depois da prisão de Babel na Lubianka, e mais de meio ano antes de sua execução, o LitFond encaminhou um pedido ao NKVD: se «a datcha lacrada que tinha estado por algum tempo à disposição do escritor Babel» poderia ser liberada para moradia de um outro postulante.

Assim como Babel (um judeu com ligações na França e na Bélgica), Pilniák (um alemão do Volga) também previu sua prisão. O extravagante Pilniák nem mesmo fica surpreso com o fato de ser o primeiro da lista entre os escritores de Peredelkino, em outubro de 1937.

Se alguém atrai suspeitas, é ele: Boris Vogau «Pilniák» fez longas viagens ao exterior, esteve duas vezes no Japão e durante uma viagem à Califórnia (às custas do grupo editorial

Hearst) foi contratado como roteirista pelos estúdios Metro-
-Goldwyn-Mayer, em Hollywood. Era o único em Peredelkino
que tinha um Ford importado dos Estados Unidos. A GlavLit
e o serviço secreto já estavam de olho nele desde os anos 1920,
e embora Pilniák tenha compensado seus erros anteriores com
o romance hidráulico *O Volga desemboca no mar Cáspio*, continua atrelado à imagem de oportunista suspeito. Ele tem amigos
até no Kremlin, mas isso já não oferece nenhuma proteção.
Pelo contrário: aqueles que se aproximaram demais do centro
incandescente do poder caem às pencas com os expurgos e
levam outros consigo.

Ainda durante o verão abafadiço de 1936, Stálin ordenou por telegrama (do balneário de Sótchi, na Riviera
Soviética) a demissão do chefe do serviço secreto, Guenrikh
Iágoda, o diretor dos julgamentos-espetáculo de Kamenev
e seus associados. O motivo: Iágoda teria começado a de-
tectar e neutralizar as células terroristas antissoviéticas com
«quatro anos de atraso». Sua queda anuncia uma reorgani-
zação profunda do serviço secreto, dos escalões mais altos
aos mais baixos. A despeito das condecorações que carregam,
os agentes secretos vão desaparecendo um a um na máquina
devoradora de pessoas que eles mesmos construíram. Iágoda,
e também o secretário de Górki, Piotr, agora são interroga-
dos, torturados e acusados, em particular pelo *assassinato* de
Maksim Górki, cujo fim eles teriam acelerado com a ajuda
de médicos em jalecos imaculados.

Enquanto o Salão das Colunas se transforma de novo
numa arena jurídica, na gravadora Melódia, não muito longe
de Moscou, Stálin manda prensar um disco com seu discurso
sobre a nova constituição da União Soviética. Ele continua
encontrando discípulos dentro e fora do país que sustentam
que a União Soviética é o estado de direito supremo. Louis

Aragon, o poeta francês, se questiona se «a nova constituição stalinista não merece o primeiro lugar entre os preciosos tesouros da cultura humana, mais que as obras régias de Shakespeare, Rimbaud, Goethe e Púchkin». Ele fala de «páginas magníficas sobre o trabalho e a alegria de 160 milhões de pessoas». Junto com a introdução da nova constituição, Stálin declara que a União Soviética passou por todas as etapas prescritas por Marx, sendo o primeiro país do mundo a atingir, no memorável ano de 1936, a fase do socialismo. Isso precisa ser comemorado. Em frente ao túmulo de Lênin, na fachada da loja de departamento estatal GUM, o líder do Kremlin manda instalar cartazes de vários metros de altura, cada um com uma letra. Os proletários encarregados dessa tarefa trabalham até suar, e quando terminam está escrito: A VIDA FICOU MAIS ALEGRE.

A GlavLit passa por um pico de atividade. Não que estejam sendo submetidos mais manuscritos para avaliação, porém a instituição recebe uma tarefa extra: retirar de circulação obras que elogiam dirigentes e generais que, desde que foram desmascarados, são tratados no banco dos réus como «cachorros imundos», «répteis malditos» ou «bandidos desregrados». Iágoda, por exemplo. Numa pintura da abertura do canal de Belomor ele está — com seu bigode quadrado e a cabeça careca — no castelo de proa do navio a vapor *Aniochin*, e bem ao lado de Stálin. Para não ter de encomendar uma nova tela dessa cena, a GlavLit pediu ajuda a um restaurador que com muita habilidade cobriu o ex-camarada com uma camada de tinta a óleo, mas Iágoda, condenado e executado, não aceita facilmente ser riscado da história. Como flagelo da Lubianka, ele deixou uma marca quase indelével na vida soviética. Foi em parte devido aos seus esforços que Górki foi persuadido a voltar do exílio em 1928. Górki, por sua vez, apresentou Iágoda como um herói em *Belomor*. Tanto na edição de luxo para o 7º Congresso do Partido quanto na versão a granel para o público em geral, o chefe do serviço secreto aparece com nome e sobrenome. Afinal, ele tinha recebido a Ordem de Lênin pela supervisão dos trabalhos de escavação e reeducação. A GlavLit está diante da opção: riscar Iágoda e os seus «guardiões da revolução» ou proibir *Belomor* inteiro.

Decidem pela proibição. E assim, na primavera de 1937, a primeira pedra fundamental coletiva da nova literatura soviética, a base do realismo socialista, some das bibliotecas e livrarias. A volumosa encadernação, que desde seu lançamento, três anos antes, ficou em destaque numa prateleira cheia de literatura hidráulica, desaparece silenciosamente.

Boris Pilniák entende que sua participação na excursão a Belomor já não o favorece. Seu único consolo é saber que doze escritores da brigada ainda moram em Peredelkino. Seria sensato manter um exemplar desse livro em casa? A resposta é: não. Assim que a GlavLit põe um título na lista negra, sua posse é proibida no mesmo dia. É uma regra que é melhor não ignorar: um exemplar de *Belomor* que venha à tona durante uma busca domiciliar pode sugerir que o proprietário trabalhava secretamente para Iágoda e sua quinta coluna.

Pilniák vive acossado. «Qualquer um pode ser acusado de trotskismo a qualquer momento», diz ele a um amigo poeta. «Quem discorda do editorial do *Pravda* é um trotskista. Você e eu também somos trotskistas.»

Pilniák escreve seu último romance. Não para o grande público, mas «para a gaveta». Mais precisamente: para um bauzinho enterrado no jardim de sua datcha. Fala dos anos de revolução, de 1905 a 1917, e leva o título: *Celeiro de sal*. Sempre que termina algumas páginas, ele as esconde no baú. O local exato em que estava enterrado ele só revelou a Kira, sua esposa georgiana. Nem seus vizinhos, Boris e Zinaida Pasternak, sabiam desse segredo.

Ambas as datchas, a dos Pilniák e a dos Pasternak, estavam em ruínas em 2001. Da rua principal, agora asfaltada, dava para ver que elas não precisavam apenas de uma demão de tinta, mas de uma reforma completa. Os dois jardins estavam tomados pelo mato e, no ponto em que se encontravam, havia um caminho estreito, calcado com pó de turfa, que terminava num buraco da cerca.

Um ônibus parou roncando no asfalto, logo atrás de mim. Dele desceu uma mulher de boina alpina que deu alguns passos em minha direção. Quando fez um gesto para abrir o portão do jardim, eu me dirigi a ela. Tinha acertado: Svetlana Semionova morava com o marido e os filhos no térreo da casa de madeira do escritor Boris Pilniák. Ela era a hospitalidade em pessoa, eu podia entrar e ficar à vontade... só que a casa estava uma bagunça... por favor, que eu não reparasse nisso...

A casa de Svetlana Semionova estava um caos. Perguntei se ela era escritora, o que ela confirmou avidamente. «Meu marido e eu alugamos esta casa do LitFond.»

Então o LitFond ainda existia?

«Mais ou menos! Funciona como uma imobiliária cara que oferece as melhores localizações.»

Foi difícil, para mim, acompanhar Svetlana, que falava pelos cotovelos, e ao mesmo tempo prestar atenção no interior da casa. Reparei em alguns ornamentos (o teto de mogno; a espaçosa varanda em formato de U) que indicavam que esta devia ter sido uma datcha de elite, mas, segundo Svetlana, a melhor prova de que os escritores da União Soviética eram tidos em alta estima era o aquecedor a gás na sala de calefação. «É de 1935. Imagine: aquecimento central em 1935, enquanto o resto da Rússia ainda vivia na Idade Média.»

Perguntei se alguma coisa pessoal de Boris Pilniák tinha ficado na casa. Ela parou para pensar por um instante, depois ergueu um dedo e fez sinal para que eu saísse. Andamos por cima de uma tábua até um local pantanoso no jardim, coberto por petasites. Pelo menos, achei que fosse petasite, mas Svetlana fez que não com a cabeça, isso é outra coisa. As folhas fabulosas dessa planta eram ainda maiores, chegando a ter um metro de diâmetro. «Meu marido e eu chamamos de 'orelha de elefante', porque também não sabemos o nome. Pilniák trouxe de uma das suas viagens — é algo exótico, do Japão.»

De repente, pensei no baú com *Celeiro de sal*, que talvez tivesse sido escondido ali, sob a «orelha de elefante». Kira desenterrou o manuscrito datilografado e quase concluído depois de ser libertada de um campo para mulheres no Cazaquistão, na década de 1950. Ela foi condenada a dez anos de trabalhos forçados por ser «esposa de um inimigo do povo».

A vizinha dela, Zinaida Pasternaka, testemunhou a prisão. Ela contou em suas memórias que as duas famílias de escritores se visitavam com frequência. O que também aconteceu em 27 de outubro de 1937, dia em que Boris e Kira Pilniák comemoravam o terceiro aniversário do filho. No fim daquela tarde, os Pasternak foram dar os parabéns. Tinham acabado de se sentar à mesa quando um *marussia* preto chegou. «Um militar desceu», escreveu Zinaida. Aparentemente, um conhecido de Pilniák, pois eles se tratavam pelo primeiro nome. O nome do militar era Sergei, e ele pediu desculpa a Kira e aos convidados por ter de levar o dono da casa até a cidade para «certos assuntos», mas disse que sua ausência não duraria mais de duas horas.

Na manhã seguinte à festinha de aniversário interrompida, Kira vem correndo pelo caminho do jardim. Pálida de terror. «Ela balbuciou que Boris tinha sido preso e que houve uma busca na casa durante a noite inteira. Kira não conseguia superar o fato de que Sergei, que inclusive tratava seu marido de modo íntimo, não tivesse apresentado um mandado de prisão. Disse que aquele covarde tinha atraído seu marido com uma desculpa.»

Da janela do quarto, os Pasternak podem ver o galpão no qual o NKVD guarda os itens confiscados. Entre eles está a máquina de escrever de Pilniák, uma Corona, que mais tarde será apresentada como «material incriminador» durante o julgamento.

Imediatamente depois de ouvir as acusações (espionagem para o Japão, tramar ações terroristas), o prisioneiro pede que lhe deem papel. Ele então escreve: «Eu me perguntei se o NKVD estava certo em me prender e respondo: sim, estava certo».

Pilniák se recusa a acreditar num desfecho fatal. «Minha vida e minhas ações mostram que fui um contrarrevolucionário, um inimigo da ordem existente e do atual governo...» Ao se acusar, ele tira muito trabalho das mãos de seus interrogadores do NKVD. «Desde minha primeira ida ao Japão, deixei-me recrutar como agente japonês e comecei a desenvolver atividades de espionagem.»

Essa «confissão» data do primeiro dia de interrogatório, 2 de novembro de 1937, e foi guardada numa pasta azul com a inscrição: «Caso-14488. Pilniák-Vogau, Boris Andreievich». A sincronia da história quis que bem na mesma semana dois gulagui fossem fechados no Norte

(Belomor e Solovki). A população restante, 11 mil almas que não tiveram nenhum dossiê pessoal preservado — só sobrou uma lista de nomes —, desapareceu, despida e com uma bala na nuca, em covas rasas nas florestas da Carélia.

«Se essa prisão se tornar meramente uma lição para mim», Pilniák conclui sua defesa, «ou em outras palavras: se eu for mantido vivo, considerarei este um aprendizado maravilhoso do qual tirarei a lição de viver o resto da minha vida com honestidade.»

No entanto, o escritor não escapa com tanta facilidade. Durante as últimas sessões de interrogatório, ele é pressionado sobre a natureza de seu trabalho subversivo e o envolvimento de outros colegas escritores. No calor de sua confissão, Pilniák conta sobre suas «obras trotskistas». Como exemplo, ele cita o conto «Tse-Che-O», que escreveu com Andrei Platônov em 1928. Seu caráter subversivo, admite Pilniák, é a sugestão suscitada por eles «de que a locomotiva do socialismo não alcançará a estação final 'Socialismo' porque os freios da burocracia fundirão as rodas».

O caso 14.488 é julgado em 20 de abril de 1938. A sessão dura das 17h45 às 18h. «O senhor admite culpa?», pergunta o juiz Ullrikh.

«Sim, totalmente», responde Pilniak.

O acusado ainda tem necessidade de uma palavra final?

Ele tem. «Minha prisão fez com que eu me tornasse uma pessoa bastante diferente. Eu quero viver e trabalhar. Gostaria de ter papel à minha disposição para poder escrever algo útil em benefício do povo soviético.»

No entanto, o juiz Ulrikh não se deixa enternecer (nunca fez isso antes) e condena Boris Vogau Pilniák, escritor, à «suprema punição». Com alguns golpes firmes de martelo, ele declara o veredito «irrevogável» e ordena a «execução imediata».

Conforme um formulário de encargo que consta na pasta azul, o tenente Shevelev, do NKVD, realizou a execução na manhã seguinte.

Agora a GlavLit também entra em ação. Pilniák tem vários títulos sob seu nome: desde o romance revolucionário *O ano nu*, de 1920, até publicações recentes como *Ouça a marcha da história* e *O futuro pertence ao socialismo, o futuro pertence à União Soviética, o futuro pertence a nós!*. Eles devem ser retirados das bibliotecas e destruídos, de Vladivostok a Murmansk. Com *O Volga desemboca no mar Cáspio*, então já traduzido, a biblioteca hidráulica de Górki perde mais um título, mas não há nada que possa ser feito.

O LitFond regulariza as últimas questões: disponibiliza a datcha dos Pilniak em 1938 para talentos mais leais.

Ao contrário da GlavLit, que não lidava com bens ou serviços, o LitFond sobreviveu à União Soviética seguindo a tempo um rumo mais orientado para o mercado. Svetlana Semionova e seu marido alugaram o piso térreo em 1993, ainda por meio do sistema de concessão subsidiada.

«Se tivéssemos chegado dois anos depois, o LitFond teria cobrado as novas tarifas comerciais, que são proibitivas para os escritores russos», explicou Svetlana.

Perguntei se ela alguma vez tinha pensado, ao andar por seu jardim, onde o baú de Pilniák poderia ter sido escondido. Nunca sentiu vontade de simplesmente cavar em algum lugar na esperança de encontrar outros tesouros artísticos deixados ali?

«Ah, não!» Svetlana caiu na risada e arrumou sua boina alpina. «Eu não me atreveria.»

«Não se atreveria?», perguntei. Afinal, era o jardim dela, não?

Não era tão simples. A inquilina da datcha de Pilniák esclareceu que, embora todo o terreno pertencesse à casa, ela não tinha direito ao terreno. «Venha comigo, vou lhe mostrar uma coisa.» Passamos por uma cerca viva de fetos-reais, por uma árvore com um balanço e uma mesa de piquenique meio escondida.

«O senhor viu aqueles novos *kottedzhi,* ali, um pouco mais adiante?», ela perguntou discretamente.

«Sim», eu disse. «Eles me lembram navios de cruzeiro: grandes e feios.»

«E luxuosos», acrescentou Svetlana. «O senhor sabe quanto custa hoje um lote de cem metros quadrados de terreno para construção em Peredelkino? Catorze mil dólares!» Ela parou num canto de seu jardim carpido havia pouco tempo, onde o chão estava marcado por sulcos de pneus. Aqui e ali, serpenteavam restos marrom-cobre de folhagem pisoteada. A cerca já tinha sido demolida e os primeiros materiais de construção estavam sob uma lona de plástico.

«LitFond», disse Svetlana resignadamente. «Não fazemos a menor ideia do que está por vir, mas meu marido e eu decidimos não perguntar sobre isso, muito menos reclamar.»

Em minha ingenuidade, perguntei: «Por que não?».

Svetlana olhou para os rastros de lama. Como ela podia explicar? «Pilniák foi assassinado porque era um fardo para os líderes soviéticos», disse ela. «Contudo, hoje em dia eles atiram na gente por muito menos.»

Dos quarenta escritores com quem Stálin brindou na mansão de Górki, em outubro de 1932, onze não sobreviveriam aos expurgos. Entre eles Georgi Nikiforov, o escritor imprudente que sugerira não beber à saúde do camarada Stálin.

O idílio de Peredelkino foi interrompido sete vezes entre 1937 e 1939 pela chegada de uma equipe de detenção do NKVD. Também já não havia lugar na constelação soviética para o polonês Bruno Jasienski, que tinha sido recebido com entusiasmo quando foi expulso da França por sua agitação comunista. O fato de ter sido o único estrangeiro a ser recompensado com uma datcha na colônia dos escritores não impressionou o serviço secreto. Seu romance *O homem troca de pele* (sobre a construção dos canais de irrigação ao longo do Amu Dária) foi banido como livro subversivo após sua execução — menos de quatro anos depois de sua publicação.

E assim a biblioteca hidráulica de Górki continuava a diminuir cada vez mais. Até a contribuição mais recente, sobre a construção do canal Moscou-Volga (*Do crime ao trabalho*), também foi tirada de cena junto com o autor (Leopold Averbakh). O aviso de Andrei Platônov em *As eclusas de Epifan*, de que grandes construções hidráulicas convidam ao terror em grande escala, tornou-se realidade. O fato de Platônov não possuir uma datcha do LitFond (ele nem sequer era membro da União dos Escritores Soviéticos) não significava que o NKVD fosse deixá-lo em paz. Em maio de 1938, homens uniformizados deixaram seu apartamento de pernas para o ar. No entanto, eles não o levaram, e sim seu filho Platon, de quinze anos. O garoto foi acusado de ser um dos líderes de uma gangue terrorista juvenil (uma carabina de pressão foi encontrada durante a busca). Ele teve de comparecer a um tribunal e foi condenado a dez anos de trabalhos forçados nas minas de níquel de Norilsk. O pai, Andrei, ainda enviou uma carta desesperada ao NKVD («a carabina de pressão confiscada pertence a mim, e não ao meu filho»), mas ninguém dava nenhuma atenção para argumentos assim.

E Paustóvski?

Enquanto Górki estivesse ali, Paustóvski se imaginava seguro. Apesar do susto causado pela malograda versão cinematográfica de *Kara Bogaz*, ele ainda ousou protestar abertamente contra a censura em 1936: «Um escritor tem de escrever pra poder viver, assim como uma pessoa comum tem de comer, mas precisamos fazer uma escolha traiçoeira: ou você escreve o que esperam de você, ou escreve para a gaveta da escrivaninha». Essas frases ainda podiam aparecer inalteradas na revista *Nossas Conquistas*, de Górki, na primeira metade de 1936, mas não seriam reimpressas em antologias posteriores ou em edições comemorativas da obra de Paustóvski.

Um exemplo do repentino início desse resfriamento é o final de *A história de uma vida*. Paustóvski interrompe abruptamente suas memórias em seis volumes em 1935. Ainda acontece um último encontro com Górki, eles conversam sobre botânica e a diferença entre escrever e fazer poesia, e então, na despedida, segue-se uma cena quase religiosa: «Ele [Górki] pôs sua mão grande no meu ombro e apertou um pouco. Vá em frente! Continue vivendo como tem feito desde o começo». Paustóvski tinha então 43 anos e ainda teria outros 33 de vida. No entanto, nunca mais escreveu suas memórias de 1936 e do que veio depois. Nem mesmo num diário «para a gaveta da escrivaninha».

Depois da morte de Górki, Paustóvski se mantém quieto. Em correspondência privada com seu editor, o estoniano Genrich Eichler, da editora A Jovem Guarda, ele escreve no fim de 1937: «Embora meu trabalho vá muito bem, sinto-me abatido». O que o preocupa é a campanha de difamação contra Pasternak, cujos poemas dizem ser permeados de «formalismo» e «incompreensibilidade». «Os canalhas deste país certamente gozam de toda a confiança», é como Paustóvski termina sua carta.

Eichler não responde: alguém o denunciou como espião de Hitler, como um alemão que se fazia passar por estoniano, e por isso ele foi exilado num campo de prisioneiros na Estepe da Fome, no Cazaquistão.

Paustóvski deve ter ficado muito chocado. Algo semelhante já havia acontecido no início daquele ano. Seu colega Sergei Budantsev o abordou para uma contribuição num livro de hidráulica intitulado *A terra das grandes vias fluviais*. Paustóvski enviou uma carta a ele: participaria com prazer com o capítulo solicitado, mas está com dificuldades no planejamento. Poderia entregar seu texto em abril de 1937, ainda chegaria a tempo?

Essa carta também fica sem resposta: Budantsev foi exilado na península de Tchukotka, no estreito de Bering.

O que aproxima um pouco mais o terror de Paustóvski é a prisão de Boris Shumiatski, o ministro de Assuntos Cinematográficos que fez desaparecer os rolos de *Kara Bogaz/A garganta negra*.

Sob essas circunstâncias, ele não ousa recusar encomendas de órgãos oficiais. Por isso começa a escrever conscienciosamente um livro sobre o marechal Bliukher, com o qual o Exército Vermelho planeja homenagear um de seus maiores heróis vivos. Paustóvski mal tinha iniciado e Bliukher começa a aparecer nos jornais: o *Pravda* de 11 de junho de 1937 anuncia que ele assinou as sentenças de morte de sete colegas marechais e generais em julgamento num tribunal militar. Seria sensato que Paustóvski incluísse esse fato em seu resumo biográfico? Se sim, como o enésimo ato heroico de Bliukher ou só uma informação por alto?

Nesse caso é tranquilizador que a GlavLit revise o texto antes da publicação. Afinal, a editora, Polit-Izdat, é uma das mais rigorosas. Paustóvski passa com seu texto intacto por todos os obstáculos, e, na primavera de 1938, o marechal Bliukher pode ser homenageado com uma biografia séria escrita por um autor famoso, mas: meio ano depois, o *Pravda* dá a notícia de que Bliukher também foi desmascarado como espião. Amigos preocupados batem na porta de Paustóvski assim que ouvem a notícia: «Agora eles também virão pegar você!».

Junto com Valéria, com quem se casou em 1937, ele sai de Moscou o mais rápido possível para esperar a tempestade passar bem longe, na área florestal de Meshora. A GlavLit organiza uma caçada à biografia de Bliukher, que não pode se tornar em hipótese alguma um livro de culto em memória desse comandante do exército, mas ninguém teve a ideia de também prender o biógrafo.

Em 1939, a maré de terror vai baixando (as últimas vítimas são aqueles que, para o gosto de Stálin, foram muito diligentes e acabaram indo longe demais no expurgo).

No entanto, a GlavLit não solta as rédeas. Em 1939, a nova diretiva estabelece que a partir dali todos os pombos-correio (e seus proprietários) também devem ser monitorados.

Existe um relatório interno preservado sobre o desempenho da GlavLit nos anos de 1938-39. Ali está escrito que, naquele período, o órgão central de censura recolheu 7.806 obras «politicamente nocivas». Esses títulos eram escritos por 1.860 autores diferentes. Outras 4.512 obras foram recicladas por serem consideradas «de nenhum valor para o leitor soviético». Um total de 24.138.799 exemplares destruídos.

Rab-Rabochi

Amansoltan Saparova me reconheceu imediatamente. Ainda bem, porque quando nos reencontramos minha memória ameaçou me deixar na mão. Os cabelos dela eram mesmo tão compridos? Não usava óculos? Também senti falta do vestido anos 1950 que ela usava no Congresso do Sal em Moscou.

Amansoltan abriu o portão do jardim vestindo uma roupa que ia até os tornozelos. Seu cabelo preto-gralha não estava preso numa redinha nem estava simplesmente solto: tinha mechas sintéticas trançadas. Ela parecia mais jovem que um ano atrás e estava mais descontraída quando me cumprimentou ali, em seu próprio pátio em Asgabade, que naquela vez no Hotel Universidade.

Amansoltan morava numa «casa finlandesa», uma das moradias provisórias de madeira com modelo finlandês com as quais a capital turcomana foi reconstruída depois do terremoto de 1948. Por medo de novos choques, Asgabade era constituída principalmente por construções baixas; as casas finlandesas tinham apenas um andar, mas, em compensação, ficavam em terrenos espaçosos. O quintal de Amansoltan era um pequeno jardim do Éden: em volta da cisterna, crescia uma grande quantidade de árvores frutíferas. Reconheci uma figueira, uma pequena plantação de frutas cítricas e vinhas que subiam por uma antena parabólica. Mais adiante também havia um arbusto sem folhas com bolinhas alaranjadas.

«Caqui», disse Amansoltan, que na mesma hora colheu um punhado. Ela me convidou para entrar, colocou as bolinhas alaranjadas numa travessa e pediu licença: um *tabib* que ela havia chamado para tratar de algum problema de saúde estava esperando na sala dos fundos. A sessão duraria, no máximo, meia hora: eu podia esperar?

«Um *tabib*?», falei surpreso. «Achei que os soviéticos tinham acabado com os curandeiros.»

«Eles se mantiveram na clandestinidade todo esse tempo», disse Amansoltan num sussurro. «No entanto, agora estão de volta.»

Pude ver uma fração dele pela porta entreaberta; um mago ancião sentado de pernas cruzadas, com o turbante ao lado, no chão. No tapete à sua frente havia uma pele de cobra, um par de dados, um palito de incenso num cinzeiro e outros apetrechos. Quando Amansoltan fechou a porta atrás de si, percebi que, como química soviética, ela vivia em dois mundos paralelos — um tradicional-turcomano, o outro racional-russo.

Uma vez sozinho na sala vazia, quis me sentar em algum lugar, mas não vi nenhuma cadeira. Os turcomanos, tenham ou não doutorado, se sentam em tapetes no chão quando estão em casa, foi o que concluí. E têm uma televisão que está sempre ligada. Eu me acomodei em frente ao aparelho com a tigela de caquis. Estava passando uma dança folclórica, com crianças camponesas que, acocoradas no palco, tocavam um instrumento dedilhado. No canto superior direito da tela havia um logotipo, a cara do presidente Turkmenbaşi, como se estivesse constantemente olhando para seus súditos.

Durante os créditos finais do programa folclórico, o voto de fidelidade nacional apareceu na tela. «Que minha mão paralise na hora em que eu a levantar contra ti, ó Turcomenistão! Que minha língua enfraqueça na hora em que eu falar mal de ti, ó minha amada pátria! Que minha respiração seja cortada na hora em que eu te trair, ó Turkmenbaşi.»

Comecei minha viagem ao Turcomenistão quase em euforia. Depois de meses de sondagens e leituras, ia em direção ao cenário de *Kara Bogaz*, de Paustóvski, ao que sobrou do porto abandonado em 1939 e à «fonte de salmoura» no cais. O que ainda restava daquilo?

Queria fazer arqueologia para descobrir em que o experimento soviético, tanto literário como físico, tinha falhado. E, embora Asgabade ficasse a centenas de quilômetros da costa do mar Cáspio, me senti fortalecido com minha primeira vitória sobre as autoridades turcomanas: depois de meses de telefonemas, o consulado turcomano em Moscou me concedeu um visto.

O Turcomenistão desconfiava de correspondentes estrangeiros, de quem supunham, sem mais nem menos, que seu veículo de imprensa era só uma fachada para sua verdadeira missão: recolher informações estratégico-militares. Um velho reflexo soviético que o presidente Saparmurat «Turkmenbaşi» Niazov manteve bem vivo. «Turkmenbaşi» foi o título que esse paxá contemporâneo atribuiu a si mesmo. Significava «Chefe dos Turcomanos» e correspondia à metamorfose que o camarada Niazov tinha sofrido como antigo chefe do Partido no Turcomenistão: com o colapso do império soviético, ele se apropriou das terras desérticas como seu domínio privado. Substituiu as imagens de Lênin por esculturas de si mesmo, e Karl Marx teve de ceder espaço a Kemal Atatürk. O alfabeto cirílico, introduzido em 1940 (que os turcomanos de língua turca tiveram de se esforçar para aprender), foi abolido da noite para o dia. E, para seu espanto e fúria, Turkmenbaşi agora deixava até russos na fila de obtenção de vistos de viagem para Asgabade.

O consulado turcomano em Moscou era uma fortaleza burocrática; o cônsul tinha tanto medo da possibilidade de cometer um erro que preferia não emitir visto nenhum. Quando apresentei meu pedido de visto por escrito, num dia de setembro do ano 2000, tive de indicar onde eu estaria a cada período do dia no Turcomenistão, sob os cuidados de quem e como planejava me locomover.

Um funcionário me olhava através do vidro do guichê enquanto eu escrevia meu pedido. Quando incluí na lista de destinos o cabo Bekdash, a cidadezinha química na baía de Kara Bogaz, um alarme disparou em sua cabeça.

«Bekdash não vai ser possível», disse o funcionário.

Meu provocativo «por que não?» aumentou ainda mais suas suspeitas. Ele rebateu com um infantil «porque não!» e perguntou o que eu pretendia procurar no cabo Bekdash.

Decidi abrir as cartas e mencionei Konstantin Paustóvski. Disse que gostaria de viajar para os locais onde se passa o livro *Kara Bogaz*.

O funcionário não moveu sequer um músculo, mas mesmo assim pude vê-lo pensando: «Um espião! Tenho na minha frente um espião com uma história que não cola».

Semana após semana, eu ligava para saber se havia alguma novidade sobre o visto. O pedido revisado (sem as excursões propostas à costa do mar Cáspio) estava sob apreciação em Asgabade, me disseram repetidas vezes, mas Asgabade não deu resposta. No fim, o funcionário ativava seu aparelho de fax assim que reconhecia minha voz.

«Bom dia. Aqui quem fala é...»
Piiiiiip...

Lamentei ter mencionado o cabo Bekdash. Amansoltan Saparova era citada como referência em meu pedido (evidentemente, na qualidade de doutora em Ciências Químicas). Por carta, ela me garantiu sua hospitalidade e disponibilidade, mas será que foi sensato mencioná-la? Nas averiguações sobre seus antecedentes, surgiria automaticamente um segundo rastro de Kara Bogaz, a pesquisa que ela fez em seu doutorado sobre a história da extração de sulfato.

Será que eu estava desconfiado demais? Talvez sim, porque depois de cinco meses, num dia de fevereiro de 2001, recebi inesperadamente a notificação de que meu visto estava pronto. Munido de meu passaporte, três fotos 3x4 e noventa dólares, me apressei pelo frio glacial até o consulado.

Tump! O carimbo da República do Turcomenistão, expressamente sem os prefixos «Socialista» e «Soviética», me dava o direito de permanecer em Asgabade por um período de no máximo dez dias. Sob o título pré-impresso «Locais de destino fora da capital» estava escrito em letras maiúsculas: NENHUM.

Depois desse árduo início — que só aumentou minha determinação de chegar à baía de Kara Bogaz — fui surpreendido com o aspecto meigo de Turkmenbaşi. Seu retrato oficial decorava o Boeing da Turkmenistan Airways na rota Moscou-Asgabade. Ele tinha bochechas de trompetista, olhos vivos, sobrancelhas bem cuidadas — em arcos que expressavam surpresa. Pouco depois da decolagem, seu nome ressoava pelos alto-falantes. O comandante listou a velocidade de cruzeiro e a altitude de voo e num mesmo fôlego disse que todos os turcomanos, mais de 4 milhões no total, amam muitíssimo Turkmenbaşi.

No retrato, ele parecia extremamente amigável. Um tipo bonachão. Fiquei me perguntando se ele era mesmo o soberano vaidoso que diziam ser.

O confronto seguinte sugeriu que sim: a 10,5 quilômetros de altura, o carrinho com mercadorias *duty free* não trazia nada além de parafernália Turkmenbaşi. Garrafas de vinho e vodca Turkmenbaşi (da marca Serdar, soberano) chacoalharam. Para os entusiastas, havia abotoaduras e relógios Turkmenbaşi (com sua efígie no mostrador). E, como se fosse a coisa mais normal do mundo, as comissárias de bordo recomendavam frascos de perfume nas fragrâncias Turkmenbaşi (para homens) e Gurbansoltan (para mulheres).

«Gurbansoltan?»

«É o nome da mãe do nosso presidente. Ela morreu no grande terremoto de 1948.»

Examinei o rosto dessa mulher na embalagem. Gurbansoltan parecia casta e piedosa, como uma santa num folhetinho de oração, não exatamente alguém que a gente associe a uma frívola água-de-colônia. «*Eau de toilette*», li na etiqueta. «Fabricada especialmente por encomenda de Sua Excelência o presidente do Turcomenistão, Turkmenbaşi. *Produit de France*.»

Comprei duzentos mililitros de Gurbansoltan.

Assim que passamos o Volga, as florestas e campos cobertos de neve deram lugar a uma estepe de um amarelo fosco, às vezes com uma listra caramelo. A três horas de voo de Moscou, um disco metálico reluziu no Leste: uma ponta do mar de Aral. Bem abaixo de nós, desenredei o emaranhado de veias e capilares que juntos formam o Amu Dária. Logo à primeira vista, entendi de onde vinha a fama lendária de que esse rio era impossível de ser encontrado: café com leite corria por seu leito; a água tinha exatamente a mesma cor da areia ao redor e só podia ser reconhecida pelos vestígios na paisagem. Lembrei-me de um dos provérbios nômades que Amansoltan me falara em Moscou: «Ninguém sabe pra onde o Amu Dária fluirá amanhã». A água derretida dos glaciares dos montes Pamir carregava tanta lama a cada primavera que o rio, uma vez nas planícies do Caracum, sempre levantava novos bancos de areia dos quais tinha de se desviar, ora para a esquerda, ora para a direita — fora como Amansoltan explicara.

À medida que o Amu Dária sumia de vista, uma borda de rochas serrilhadas (a fronteira sul da antiga União Soviética) surgia à distância. O piloto iniciou a descida e só então apareceram pela primeira vez algumas construções cercadas pelas montanhas. Passávamos por muitos campos, pareciam enormes retalhos, nenhum deles verde. No entorno de cidadezinhas cor de barro vi pontos estranhos. Fardos quadrados de feno, era o que mais pareciam.

«*Bunti*», esclareceu a aeromoça, que veio verificar se eu tinha afivelado o cinto. «*Bunti* para armazenar algodão.»

Quanto mais descíamos, mais *bunti* eu via. A maioria estava coberta com lona, mas também havia caminhões parados sendo carregados com algodão prensado.

O Boeing começou a dançar nas térmicas, balançando cada vez mais. Quando olhei de novo para fora, de repente notei a névoa que cobria a terra. Os campos nervurados estavam salpicados com uma coisa branca. Fiapos de algodão? Uma camada de fertilizante químico que ficou na superfície por falta de água?

«Sal», disse Amansoltan quando perguntei a ela sobre isso. «Ali não cresce mais nem um tufinho de grama.»

Sentada num banco de ripas perto de sua cisterna, ela contou sobre o cultivo do algodão, que atingiu o Turcomenistão e outros países da Ásia Central «como uma praga». Não havia mais nenhum sinal das reservas e cautela que ela demonstrara aquela vez no Congresso do Sal em Moscou.

«O algodão sempre nos foi apresentado como uma bênção, mas na prática equivale a pura exploração.»

«Colonialismo», eu disse.

«Colonialismo algodoeiro», concordou Amansoltan. «No entanto, não podemos de jeito nenhum chamar assim. Se você usar as palavras 'colônia' ou 'colonato', corre o risco de ser demitido ou, na pior das hipóteses, condenado à prisão.»

Amansoltan disse que seus professores de marxismo-leninismo na Universidade Mendeleev não hesitavam em usar um conceito como «colonato»; mas o reservavam para territórios ultramarinos dos países usurpadores europeus, que esquadrinharam os oceanos do mundo porque estavam na «fase terminal do capitalismo».

O uso seletivo do vocabulário soviético foi me fascinando cada vez mais. É claro que não poderia haver «imperialismo» ou «expansionismo» sob a ditadura do proletariado; é por isso que se dizia que os povos de língua turca e persa da Ásia Central tinham sido «libertados» pelos Guardas Vermelhos; como nações irmãs, receberam assistência técnica para superar seu atraso. «Rumo à independência algodoeira!» foi um dos lemas do Primeiro Plano Quinquenal. A lógica por trás disso era clara: enquanto os soldados do Exército Vermelho andassem com uniformes feitos de algodão texano, a União Soviética não podia se considerar uma grande potência. Na Ásia Central, a única parte do território soviético em que essa cultura de fibras crescia, tudo e todos tinham de dar lugar ao algodão. E deu certo: a partir de 1937, a União como um todo se tornou autossuficiente em algodão natural, mas sobre o outro lado — a dependência total do algodão no Uzbequistão e no Turcomenistão — não se podia falar.

Dava-se muita importância à autarquia. Qualquer um que quisesse erguer do nada uma sociedade completamente nova, como os soviéticos, precisava limitar ao máximo as influências externas. E dentro do espaço experimental cercado de torres de vigilância não bastava construir palácios sindicais, centros comunitários ou barragens colossais. Os «engenheiros da alma» também tinham uma tarefa importante: davam forma à nova ordem renomeando o mundo. Tudo de novo, como Adão no paraíso. *Rab* (escravo) virou *rabochi* (trabalhador). *Gospodin* era senhor; *tovarish*, camarada; e o indivíduo que se desviava do coletivo era chamado de *vrag naroda* (inimigo do povo). O que as pessoas viam dependia de como aquilo era chamado — esse era o eixo do pensamento da semântica socialista.

Os escritores lideraram a revolução da palavra. Na imprensa e na literatura, a usurpação da propriedade privada passou a ser chamada de *kollektivizatsia*, e aqueles que se opunham a isso mereciam «uma reeducação na escola socialista do trabalho» (o campo de trabalhos forçados). Os *liriki* encontravam um eufemismo adequado para todo tipo de desgraça. *Chlopok* (algodão) se tornou *beloie zoloto* (ouro branco). Uma colhedora de algodão, cuja filha e neta também exerciam o ofício, tinha fundado uma «dinastia» de colhedores de algodão — o ideal mais elevado. E os colcozes que geravam 1 milhão de rublos por ano foram declarados *kolkhozmillioneri*. Os membros desses empreendimentos milionários recebiam um bônus em panelas e frigideiras.

De todos os jornais soviéticos, o *Pravda* detinha o monopólio da verdade incontestável, uma reivindicação já expressa no próprio nome. O lema de cada ano era impresso no cabeçalho desse órgão do partido. «Se nossos colcozes são ricos, todos são ricos!» A repetição, a reiteração martelada, servia como dispositivo estilístico capaz de hipnotizar. A condição era que as massas pudessem decifrar o bordão, daí as campanhas de alfabetização. A língua de Lênin permitia aos turcomanos, tajiques, quirguizes e uzbeques absorver e reproduzir os slogans.

Junto com o lançamento do plano algodoeiro de 1929, foi aberto um concurso entre os recém-alfabetizados: quem poderia escrever a melhor peça sobre «a campanha estatal para cultivar mais algodão». O roteiro vencedor era sobre o desmascaramento de uma gangue de engenheiros sabotadores e fazendeiros ricos, que desejavam arruinar a colheita com o desperdício de água.

A literatura (com títulos como *Primavera no colcoz da Vitória*) pretendia quebrar a resistência de agricultores que preferiam não ver seus lotes de terra transformados numa imensa plantação de algodão. Eles se recusavam a trocar os casebres de barro e palha por um apartamentinho apertado de concreto num dos «assentamentos rurais de modelo urbano», mas os *ukazes* do Kremlin foram implacáveis: a «produção técnica» do algodão tinha prioridade acima de tudo. As culturas alimentares como sorgo, girassol, romã e tomate tiveram de dar lugar à produção dessa fibra têxtil. Quem comentasse: «Contudo, não dá pra comer tufos de algodão!» era culpado de *antisovietskaia agitatsia* (incitamento à revolta).

Pomares de damasco e pêssego, que davam sombra e frescor, foram arrancados com violência. Não que ocupassem tanto espaço, mas apenas porque as árvores frutíferas competiam pela água, que era escassa.

O que mais doeu foi o corte das amoreiras. É só nas folhas verde-prata dessa árvore que as larvas do bicho-da--seda se desenvolvem. Os famosos produtores do vale de Fergana sabiam que seu ofício desapareceria junto com as amoreiras. As lojas estatais ao longo da parte soviética da Rota da Seda na verdade tinham cada vez mais vestidos e calças de algodão, e aos poucos não se via mais seda em lugar nenhum.

Durante os meses de colheita, setembro-outubro-novembro, um enxame de colhedoras de algodão ia para os campos. Elas cantavam:

> *Não precisamos de sol*
> *O Partido nos ilumina*
> *Não precisamos de pão*
> *Vamos lá, nos dê trabalho!*

Tinham de se abaixar de 10 mil a 12 mil vezes para estar dentro do padrão diário. Quanto mais pesados seus aventais, mais pão podiam dar a seus filhos, pois no fim de cada sulco o chefe da brigada esperava com uma balança e um caderninho. Ele anotava o rendimento de cada trabalhadora separadamente, para que ela pudesse ser paga em farinha de trigo de acordo com o peso do algodão colhido. «Os membros dos colcozes recebem grãos em proporção exata à quantidade de algodão que entregam», afirmava o decreto do Partido. Esse método não era chamado de feudal ou colonial; era visto como uma manifestação de «otimização racional».

Para explorar áreas desérticas ainda maiores, eram necessários canais de irrigação mais longos e sobretudo mais ambiciosos. Quem quisesse ter uma ideia da expansão da rede de irrigação sob o poder soviético podia visitar o parque de exposições permanente em Moscou, onde ficavam expostas as «conquistas da revolução». No pavilhão uzbeque, diante da Fonte da Amizade das Nações, havia uma pintura da construção do Grande Canal de Fergana: em primeiro plano, à esquerda, estão inspetores russos com binóculos e mapas desenrolados, à direita o painel é preenchido até o horizonte com um emaranhado de corpos de trabalhadores uzbeques. Trabalhavam como condenados, com a pele brilhando de suor. Um típico retrato do «despotismo oriental».

Karl August Wittfogel baseou sua tese de hidráulica em parte nas antigas civilizações ao longo do Amu Dária (canatos de Bukhara e Qhiva) e do Sir Dária (vale de Fergana). A região entre esses rios produziu grandes personagens, como Timur, o Coxo, o conquistador do século XIV que combinava uma crueldade sem precedentes com um gosto arquitetônico refinado — como comprovam as mesquitas e os madraçais de Samarcanda e Bukhara.

Wittfogel apontou que as construções hidráulicas coletivas andavam de mãos dadas não só com a tirania, mas também com um rápido desenvolvimento das ciências exatas. Sobretudo da matemática, pois quem quisesse prever a vazão dos rios tinha de manter estatísticas, e quem dividia a água disponível pelas terras de cultivo aprendia automaticamente a pensar em termos de frações, cotas e proporções. Segundo Wittfogel, não foi uma coincidência que exatamente Samarcanda tenha gerado o astrônomo Ulug Beg, neto de Timur que (com a ajuda de um observatório construído com engenhosidade) conseguiu calcular com precisão a duração do ano.

Havia semelhanças arrepiantes entre os costumes da Ásia Central e as práticas impostas pelos soviéticos. O Grande canal de Fergana (com 270 quilômetros de extensão), por exemplo, foi escavado em 45 dias por 180 mil «voluntários» em 1939, «de acordo com o método popular *gozjar*». *Gozjar* era o trabalho coletivo pela causa comum, uma antiga tradição que o Kremlin institucionalizou em nível nacional sob a forma do *subbotnik* (o sábado de trabalho voluntário). De fato, parecia que os líderes soviéticos tinham subitamente adotado o modelo «oriental» ou «asiático», que Marx já havia caracterizado como despótico em 1853. Não apenas na mobilização do trabalho (escravo), mas também na multiplicação de seu fundamento: as grandes obras hidráulicas. Em poucas décadas, eles estabeleceram um xadrez de canais de irrigação passando pelo vale de Fergana, pela estepe da Fome, no Cazaquistão, pela estepe de Karshi, no Uzbequistão e, não menos importante, pelo deserto de Caracum, no Turcomenistão — tendo o canal Lênin, com 1,15 mil quilômetros de extensão, como sua artéria principal.

O lado negativo dessa proeza, a seca do mar de Aral, foi calculado e minimizado pelos planejadores. Afinal, tudo tinha seu preço. O rigoroso escoamento dos rios do deserto deixou o mar de Aral subalimentado. A foz do Sir Dária secou, enquanto do Amu Dária não desaguava mais que um mísero riacho, resultando no rápido recuo da linha da maré do mar de Aral. Do mar interior, rico em peixes, não restou mais que um lago raso. As carcaças da frota pesqueira jaziam viradas nas dunas flutuantes, como um sacrifício ao lema do Partido: «Atinjam o plano algodoeiro — a qualquer custo!».

Amansoltan se sentia velha demais para se incomodar com isso, agora que já tinha passado dos sessenta anos. Desde que as certezas de sua criação e educação soviética se evaporaram, ela lutava contra «uma espécie de vazio».

«A única coisa que eu ainda quero fazer é capinar, fazer mudas, podar as árvores frutíferas — esse tipo de coisa.»

Perguntei sobre seu trabalho como consultora do Ministério de Assuntos Químicos.

Tinha parado; estava aposentada havia dois meses.

Ela não conseguiu fazer a transição para a era Turcomenbaşi. A maioria dos chefões do Partido simplesmente mudou de rumo, trocou o comunismo pelo islã.

Amansoltan chamava esses oportunistas de «melancias»: «Verdes por fora, vermelhos por dentro».

Ela mesma quase não tinha mais ambições. O que importava eram seus filhos, agora adultos, e aonde eles conseguiriam chegar. Todos os três receberam dela uma trança de pelo de camelo com um seixo liso. Era uma herança de sua avó, dividida irmãmente. Pendurando esse talismã no interior da lona da *kibitka* (ou na porta), mantinha-se o infortúnio à distância. Até agora, ela e seus filhos tinham conseguido. Seu filho mais velho estudava na academia de polícia de Istambul, voltaria para servir o país como detetive; o mais novo trabalhava como servidor público (fazia alguma coisa na área de transporte) e morava na casa dela com a esposa e o filho.

No entanto, o orgulho da família era a filha de Amansoltan, a única. Ela se casou ainda jovem, e não com qualquer um. Era preciso entender que o Turcomenistão sempre foi uma sociedade tribal, em que os nômades, os criadores de gado, com suas tendas, eram considerados os primitivos do deserto. Os agricultores que moravam no oásis de Mari, a antiga cidade de Merv, com seu sistema de irrigação centenário, eram mais respeitados. Entre eles, os distribuidores de água (os dirigentes) eram membros do clã dominante *tekke*. E naturalmente, como não poderia deixar de ser: Turkmenbaşi era um *tekke*.

Como mulher nômade, Amansoltan conseguiu casar sua filha com um *tekke*, mas isso era apenas metade da história: o sogro da menina era o presidente da Academia de Ciências do Turcomenistão. Esse estudioso também dirigiu o Instituto do Deserto por quarenta anos, e Amansoltan obteve seu doutorado com ele.

O professor Agadian Babaiev era o notável de posição mais alta que ela conhecia. Por causa da ligação familiar, Amansoltan tinha acesso a ele, e, se tudo corresse bem, o professor teria acesso, por meio das conexões *tekke*, aos assessores de Turkmenbaşi. Tive de depositar nele minhas esperanças de conseguir uma autorização de viagem para a costa do mar Cáspio.

Amansoltan tinha marcado um encontro para mim: eu deveria me apresentar na manhã seguinte, às nove horas, no Instituto do Deserto.

Ela anotou o endereço. Ao menos: tentou anotar o endereço. Vi que ela se debatia com a caneta e o papel. Desenhou cada letra separadamente, com a concentração de uma criança. Apareceram voltinhas e rabichos, mas nada legível. Ela se desculpou. Procurou os óculos, mas nem assim ela conseguia. Não pude acreditar no que via. Ela era uma mulher formada, não era?

«Não consigo», ela disse por fim. Mordia o lábio inferior e lutava contra as lágrimas. «Não consigo escrever essas letras latinas. Tudo bem se eu escrever o endereço em cirílico?»

Bem na periferia de Asgabade, nos arredores do hipódromo, vi os primeiros camelos. Com passos lânguidos, sem guias, eles atravessavam um terreno baldio onde aqui e ali havia um cardo brotando ou rolando para lá e para cá. Como esse terreno também estava coberto de branco, parecia que eles se movimentavam por uma surreal paisagem nevada.

O Instituto do Deserto ficava na estrada de saída para o novo Aeroporto Turkmenbaşi, construído por alemães. Informado de que eu viria, o diretor, Agadian Babaiev, estava vestido com um terno quente demais. Um discreto broche de Turkmenbaşi adornava sua lapela.

O professor falou em cifras e números. Hectares, quilômetros cúbicos, toneladas por ano. Com as mãos cruzadas sobre o mata-borrão da mesa, ele falou sobre sua área de especialização, a ciência do deserto. O que não se perdia num país como o Turcomenistão por causa das tempestades de areia! Ferrovias cobertas pela areia, carneiros fustigados até a morte, às vezes um vilarejo inteiro era enterrado. Isso custava milhões de mánates por ano ao Estado. O Instituto do Deserto media a pulverização em gramas de sólidos por unidade de volume, e essa densidade podia tomar formas extremas.

Assim que pude, fiz uma pergunta a Babaiev para a qual não havia resposta quantificável: como alguém se tornava um especialista em desertos?

Isso ajudou. Babaiev mudou um peso de papel de lugar e explicou que ele e seus ancestrais eram de Merv. «Todos os gênios turcomanos vêm de Merv», ele disse. «A álgebra nasceu lá. O senhor sabia disso?»

Ele começou a estudar geologia em Asgabade aos dezessete anos. Na maldita noite de outubro de 1948, quando a terra começou a tremer com uma magnitude de 8,9, ele estava no segundo ano. Quebrou o tornozelo ao pular do segundo andar do dormitório, pouco antes de o alojamento de alvenaria desabar. Nunca conseguiu esquecer dos gemidos dos feridos e dos pequenos incêndios que irrompiam espontaneamente. «Os sobreviventes usavam tochas pra procurar uns aos outros no meio dos escombros.»

Perguntei se era verdade o que a comissária de bordo me dissera, que a mãe do presidente também tinha morrido no terremoto.

«E não apenas ela», acrescentou o professor. «Os dois irmãos dele também. Gurbansoltan caiu no chão e só conseguiu proteger com o corpo seu filho mais novo. Como órfão, nosso presidente foi criado pelo Partido.»

O próprio Babaiev perdeu 22 colegas de turma, de um total de 26. Os quatro estudantes de geologia que sobreviveram se espalharam por quatro universidades diferentes.

«Acabei em Leningrado, porque meu professor me levou para lá. Ele era o único especialista em desertos em toda a União Soviética e decidiu que eu continuaria seu trabalho.»

Foi assim que aconteceu, mas ele não queria ficar emotivo falando sobre isso. «Então me diga», ele perguntou, animado. «O que posso fazer pelo senhor?»

Babaiev ouviu minha história resignado. Seu rosto ficou sério assim que o nome Paustóvski foi mencionado.

«O senhor sabe que Turguêniev e Púchkin foram retirados dos seus pedestais em Asgabade não faz muito tempo? Não são os piores escritores, mas são russos, o senhor entende? Assim como Paustóvski.» O professor previa que, mesmo sem me referir a Paustóvski, não seria fácil conseguir um *propusk* (ele falou de um «visto» especial) para o cabo Bekdash.

Insinuei que o chefe de um instituto do deserto num país que consiste em quatro quintos de deserto deveria ser um homem poderoso.

«O senhor está completamente equivocado», ele disse, afastando-se da borda da mesa com a ponta dos dedos. «Num país que consiste em quatro quintos de deserto, o instituto da água tem o maior poder.» Seguiu-se uma exposição sobre gotas de orvalho, popularmente chamadas de «grãos de ouro», e sobre o Ministério de Engenharia Hidráulica, que era maior e tinha uma sede mais bem equipada que o das Finanças. A fachada do Ministério de Engenharia Hidráulica, me explicou, era um muro de dezenas de metros de altura de «água» jorrando, feito de concreto armado e, portanto, resistente aos mais fortes terremotos.

Como se tal argumento não estivesse concluído sem provas numéricas, ele acrescentou que seu instituto tinha 150 funcionários, enquanto o Ministério Engenharia de Hidráulica contava com *várias dezenas de milhares*.

Ele não tinha contatos lá?

Um sorriso se abriu em seu rosto. Claro que sim! Uma das seis filhas de Babaiev tinha se casado com um dos cinco vice-ministros de Engenharia Hidráulica. O professor prometeu sondar com os dois se eu poderia me qualificar para um «visto para Bekdash».

Eu o agradeci calorosamente, mas hesitei. Não sabia se algo em troca seria esperado de mim. Será que eu deveria entregar para ele ali mesmo um maço de mánates presos com um elástico? Ou uma nota de dólar? Ou seria melhor enviar uma garrafa de uísque (num país islâmico)?

Enquanto tentava organizar meus pensamentos, lembrei-me de que tinha comigo um presente já embrulhado: o frasco de Gurbansoltan.

Eu o peguei e coloquei sobre a mesa. «O senhor poderia dar isso para sua filha? Já como um agradecimento?»

Voltei para o hotel caminhando sob as copas dos plátanos. Reparei que as ruas e os jardins públicos estavam bem varridos. Até os motoristas amarrotados, que jogavam gamão nas sombras de seus caminhões Kamaz, faziam isso sem elevar o tom de voz, como é costume na Ásia Central. Num parquinho, vi mulheres com saias coloridas acendendo um forno de barro. Elas assavam pães achatados e os vendiam aos passantes.

Sobre os blocos habitacionais pairava uma névoa de uniformidade bolchevique, mas, no centro, cúpulas douradas, obeliscos comemorativos e minaretes se destacavam aqui e ali contra o céu. Prédios antigos e desgastados ganharam uma parede frontal de vidro espelhado, e na «praça da Independência» brilhava uma tela de televisão com metros de altura, permanentemente sintonizada no canal estatal. «O século XXI será a Era de Ouro do Turcomenistão», li na fachada de um prédio de banco de aparência moderna.

Enquanto esperava pela mediação de Babaiev, liguei para Dziamar Aliev, um biólogo renomado cujo contato me foi passado em Moscou. Aliev era azerbaijano, o que significava que estava acima do conflito tribal turcomano e também não era afetado pelo desfavorecimento que os russos enfrentavam hoje em dia. Desde a década de 1960, ele era a pedra no sapato dos *fiziki* soviéticos; principalmente por causa de sua previsão (correta) de que a seca do mar de Aral prejudicaria o microclima ainda um tanto úmido ao longo do Amu Dária.

De Dziamar Aliev eu queria saber como os engenheiros hidráulicos soviéticos conseguiram fazer o que queriam durante décadas.

«Então o senhor é engenheiro?», ele disse ao telefone.

«Engenheiro agrônomo», especifiquei.

Por um instante ele ficou em silêncio, então o ouvi dizer: «Coitado. Nesse caso, temos muito em comum».

Fiquei sem reação. Aliev tinha oitenta anos e a ancianidade é tida em alta conta no Turcomenistão. Como seria de esperar de um idoso, ele não tolerava objeções.

«Onde o senhor está hospedado no momento?», ele por fim perguntou.

«No Hotel Nissa.»

«Bom», ele disse. «Então irei buscá-lo.»

Dziamar Aliev parecia um professor de ioga; Era magro, calvo, mas com um cavanhaque bem cuidado. Chegou dirigindo um jipe Lada verde-musgo com um volante enorme. Ou o velho biólogo era tão baixo que mal aparecia atrás da direção.

«Entre», disse Aliev, apontando para o banco da frente. «Vou mostrar ao senhor o lendário canal Lênin.»

Acima das árvores inclinadas das avenidas, os picos pálidos das montanhas Kopet Dag começavam a escurecer. De manhã cedo, elas se destacavam nitidamente contra o céu azul, mas agora que o sol atingira seu zênite elas pareciam se dissolver numa luz leitosa.

Bem na divisa da cidade, ali onde as construções se fundiam com a areia do Caracum, passava a ferrovia Transcaspiana, que liga as repúblicas da Ásia Central à Sibéria. Aliev conduziu seu Lada por uma passagem sem vigilância e parou um pouco mais adiante, na via de acesso a uma ponte flutuante. «Ali está», disse o biólogo. «A obra de engenharia hidráulica mais longa do mundo.»

Afundado na paisagem, havia um canal com água amarronzada; nas margens, os caniços de junco oscilavam com suas inflorescências em forma de charuto. No lugar onde estávamos, na altura do quilômetro 809, o leito ainda tinha vinte metros de largura.

Aliev me passou as informações-padrão. «... Construído em esforço conjunto por 36 nacionalidades soviéticas... com doações técnicas de mais de duzentas cidades soviéticas... em solidariedade ao povo turcomano...»

Havia um posto policial e uma única placa de trânsito alertando os motoristas para não entrarem na água. «Turkmenbaşi-Kanali», dizia a legenda.

«Pensei que fosse o canal Lênin», eu disse.

«Foi», respondeu Aliev. «Acabou de ser renomeado, como tudo neste país.»

Com um pé apoiado no talude de concreto do canal, ele me apontou a água turva que borbulhava entre os caniços de junco, dois metros abaixo de nós. O que o biólogo queria era mostrar as borbulhas: «O senhor pode ver que isso não é um lamaçal estagnado, que a água corre rápido?».

Segundo Aliev, não havia muito mais que isso para ver. Ele se virou e me levou a uma estalagem num canteiro de obras logo depois do posto policial. Parecia que esse trailer sem janelas, revestido de zinco, servia como caravançarai. Antigamente, esse era o nome dado às paradas de descanso ao longo da Rota da Seda, mas hoje em dia é o nome de qualquer área de descanso com localização remota. Até um posto de gasolina isolado, onde era possível conseguir *shashlik* de ovelha caracul. Embora o caravançarai não tivesse nada de atraente por fora, era agradavelmente fresco por dentro. As paredes e o chão eram cobertos com tapetes cor de vinho. Nós nos sentamos em almofadas e mesmo sem pedir recebemos uma tigelinha de chá, que a cada gole era reabastecida por um garçom. O samovar de latão foi o único objeto russo que consegui descobrir na decoração.

Meu anfitrião pediu peixe, o que não surpreendeu, dada sua especialização, ictiologia.

«Sabe, os engenheiros hidráulicos raramente me entendem.» Aliev endireitou as costas e se sentou a minha frente em posição de lótus.

«Não sei onde o senhor estudou», ele continuou, «mas suponho que tenha sido levado a acreditar que a água é o óxido de hidrogênio? Disseram que a água congela a 0°C e ferve a 100°C? Que a água é incolor, inodora e insípida?»

Balancei a cabeça de forma quase imperceptível, concordando mais por educação.

«A água é transparente, não é? Transparente?» Dziamar Aliev desviou o olhar, desanimado. Pediu desculpas por seu amargor. Eu precisava saber que, como secretário da Academia de Ciências, ele trabalhara a vida inteira entre agrônomos e engenheiros hidráulicos. Tinha acesso a todos os relatórios e projetos, sabia do que estava falando.

«O senhor se formou em hidráulica?» Não parecia uma pergunta, mas uma repreensão. «Então acha que a água sempre procura o ponto mais baixo. Dá pra calcular as velocidades de fluxo com base nas diferenças de altura. Dá pra determinar a capacidade de um canal de irrigação com base nas suas dimensões.»

Aliev jurou que não me levava a mal por essas habilidades. «No entanto, nossa tristeza é: os da sua espécie são tão numerosos, tão poderosos.»

Serviram-nos peixe empanado, frito em óleo de semente de algodão. Saboroso, mas cheio de espinhas. Nossa conversa — na medida em que houve diálogo — continuou aos trancos e barrancos. Às vezes, um de nós de repente parava de mastigar e olhava para a frente paralisado, suspeitando algo pontiagudo entre a garganta e o esôfago.

O erro imperdoável de gerações de engenheiros soviéticos, argumentou Aliev, foi que eles estavam certos na teoria, mas não em sua prática inflexível.

A água era transparente. «Contudo, o próprio fato de que ela deixa passar a luz significa que pode ocorrer fotossíntese. Isso quer dizer que podem crescer algas. Há formação de bi-o-mas-sa.»

«E então o fluxo fica estagnado», adivinhei.

«Então surgem pântanos em vez de canais.» O biólogo pareceu aliviado; apesar da idade avançada, ele ainda buscava correligionários.

Balancei a cabeça em sinal de compreensão, mas Aliev achou inapropriado: eu não tinha ideia da extensão desse mal-entendido.

«O senhor aprendeu que existem substâncias orgânicas e inorgânicas e que a água é inorgânica», continuou. «A água não é uma coisa nem outra, ela é fonte de vida. O senhor dirá: essa é a visão típica de um ictiologista, mas eu gostaria que agrônomos e engenheiros hidráulicos olhassem pra isso dessa forma. Então talvez parassem de criar charcos inúteis no deserto.»

Aliev tinha visto os engenheiros soviéticos planejando o canal principal do Turcomenistão, em 1947. A ideia era conduzir todo o Amu Dária de volta a seu antigo leito, o vale do Uzboj. «Não havia aldeias ou cidades ali, nem estradas ou postes telegráficos, mas isso não foi visto como um problema: bastava projetá-los também.»

Contei a ele que Paustóvski já tinha escrito sobre esse projeto concreto em 1932, em *Kara Bogaz*. Sobre «o dia do grande triunfo», quando as águas do Amu Dária fluíram para o Uzboj, «sem que a areia roubasse dele nem um único balde». Será que Paustóvski tinha se adiantado quinze anos no futuro?

«Depende de como o senhor enxerga as coisas», disse Aliev. «O desvio do Amu Dária para o vale do Uzboj nunca deu certo.»

Ele contou que os trabalhos de escavação estavam sob a supervisão de um major-general do NKVD, que também era responsável pelos campos de prisioneiros. «Eu conheci esse homem», disse Aliev. «Era um militar implacável que achava que poderia conquistar o deserto enviando uma divisão de trabalhadores forçados, armados com pás e enxadas. Caso não voltassem por terem sucumbido à desidratação, ele simplesmente enviava uma nova tropa.»

O terremoto de 1948 paralisou as obras e, depois da morte de Stálin, a construção do canal principal do Turcomenistão foi abandonada por ser considerada uma loucura («contribuindo de forma insuficiente para a economia nacional»).

Porém a alternativa, o canal Lênin, não foi menos desastrosa, segundo Aliev. Seu traçado era paralelo às montanhas Kopet Dag, o que tinha a vantagem de ligar as cidades e povoados já existentes, mas, como a rota do canal não podia utilizar um leito natural de rio em nenhum lugar, cada quilômetro tinha de ser escavado na superfície da terra.

Aliev: «Toda criança já ouviu na escola a história do operador de escavadeira Bitdi Iasmuchamedov, que tirou o primeiro naco de areia do Caracum em 1954. É verdade, Bitdi e seus camaradas escavaram o canal mais longo do mundo. Foi inaugurado com grande alarde por Nikita Khrushchev, mas o que aconteceu depois foi mantido em segredo durante muitos anos».

Para assombro dos gestores turcomanos do canal, a água não obedeceu aos modelos teóricos de fluxo. A estrutura correspondia exatamente às especificações técnicas, esse não era o problema, mas, apesar do desnível de 1,5 metro por quilômetro, a água não queria fluir. Esvaziado, o Amu Dária escoou na areia, misturou-se com a água subterrânea e saturou o solo do deserto. Formaram-se poças e lagos que rapidamente ficaram cobertos de algas, lentilhas-d'água e aguapés.

«Imagine a reação dos engenheiros», disse Aliev, ainda incrédulo. «Eles negaram. Disseram que não poderia ser verdade que a água estava se acumulando. E, se fosse verdade, era porque os operadores das escavadeiras não tinham mantido o traçado delimitado.»

Engenheiros que vieram inspecionar a situação tiveram acessos de febre. A temperaturas de 50°C, eles tremiam e batiam os dentes de frio, e em seguida suavam. Não tinham tomado quinino antes porque a malária não ocorria no coração de Caracum, mas o que não tinham previsto era que o mosquito da malária iria tomar conta dos pântanos que eles criaram, um habitat ideal. A malária ajudou que reconhecessem o problema, mas, segundo Aliev, as soluções custosas formuladas por eles foram ainda mais desastrosas.

Primeiro, foram projetados tratores com braços de corte e redes laterais de arrasto, que passavam pela margem do canal para remover algas e outras plantas aquáticas. «As redes de arrasto ficavam cheias num minuto», disse Aliev. «Assim que eles passavam, crescia tudo de novo. E pensar que as máquinas tinham 1,15 mil quilômetros pela frente...»

Depois, foi a vez de os agrônomos tentarem. Eles tinham um desfolhante eficaz chamado bischofite, utilizado em grande escala no cultivo de algodão. A substância era espargida por aviões sobre os campos de algodão, fazendo com que as folhas caíssem e secassem. Isso permitia a colheita mecânica com máquinas semelhantes a aspiradores.

«Era a época de Kruschev. O senhor precisa lembrar que Kruschev era um mineiro que só tinha formação na escola do partido. Não entendia nada sobre o crescimento de plantas, mas acreditava na química. Proclamou a 'quimigação' da agricultura.»

O biólogo não quis acreditar quando agrônomos renomados jogaram bischofite no canal Lênin. Funcionou, no sentido de que as algas e a lentilha-d'água morreram e a água começou a fluir, mas o pesticida era pouco degradável e as concentrações que acabaram atingindo os campos irrigados também sufocaram as plantações de algodão.

Aliev também sugeriu uma solução a partir de sua especialização, mas sua área não era muito conceituada. Ninguém dava ouvidos a um biólogo isolado, ainda não. Primeiro vieram anos de experimentos sem base alguma, alternando o uso de substâncias químicas com o método de corte.

«Esse foi só o começo do problema», disse Aliev. «Ninguém achou necessário pensar também no escoamento, então não foi feita nenhuma vala de drenagem.»

«Então não havia escoamento dos campos irrigados», completei.

«E os sais se acumularam...»

«... e resíduos de pesticidas.» Parecia que eu estava fazendo um exame oral com ele. Se até o solo ficou branco, concluí, então as colheitas devem ter diminuído muito?

Aliev ergueu os olhos de sua espinha de peixe. «Isso mesmo!», ele disse, levantando um dedo. «E o que os senhores agrônomos fizeram, então? Tentaram compensar a queda na produção aplicando fertilizante extra.»

«Isso só é possível com uma boa drenagem», eu ainda sabia de meus tempos de faculdade. «Caso contrário, é contraprodutivo.»

«Exatamente», disse Aliev, examinando-me pela primeira vez com uma pitada de satisfação. Passou uma mão peluda na boca e no cavanhaque e disse: «Em metade da terra cultivada não cresce mais nada».

Depois do almoço, Aliev me levou de volta até o centro da cidade em seu Lada. O sol derretia o asfalto, o que se ouvia pelo zunido dos pneus do carro. Cutuquei uma espinha que estava entre os dentes e de repente entendi meu anfitrião. Peixe fresco no deserto: não poderia ter vindo de outro lugar senão do canal. E aquele peixe não foi parar lá sozinho.

«O senhor introduziu uma espécie de peixe que mantém o canal limpo!», exclamei.

Aliev parecia triunfante, e ao mesmo tempo evitava habilmente um buraco no asfalto. «*Hypophthalmichthys molitrix*», ele disse. «Também conhecido como carpa-prateada.»

Em 1972, depois de todos os outros experimentos terem falhado, ele pôde fazer uma tentativa de desobstruir o canal Lênin. Na barra do Amu Dária, onde tinham se formado pântanos, Aliev soltou suas carpas-prateadas. «São peixes robustos que comem a vegetação do leito do canal. Eles deixam os juncos no lugar, mas garantem que a água flua.»

No fim do passeio dirigido por ele, Dziamar Aliev pegou um documento no banco de trás do carro. Era uma cópia do Decreto 898, de 29 de dezembro de 1972, assinado pessoalmente por Leonid Brejnev. Meus olhos deslizaram por frases solenes em que o secretário-geral do Partido Comunista da União Soviética ordenava a liberação de carpas-prateadas no canal Lênin «de acordo com o método biológico de contenção do dr. D. Aliev».

Do meu quarto no Hotel Nissa (resistente a terremotos, construído por um empreiteiro turco), liguei no dia seguinte para o professor Babaiev, do Instituto do Deserto, para perguntar se ele já tinha alguma informação. Expliquei que o tempo urgia, que meu visto só era válido por dez dias.

Babaiev respondeu com sua voz mais amistosa: «Estamos sob uma burocracia pesada, como um camelo sob seu fardo», lamentou-se. Talvez ele pudesse conseguir algo para mim, mas eu teria de pensar em termos de meses, não de dias.

Exibição de patriotismo

Será que ele poderia ir até lá para conversar com ela?

Kátia Paustovskaia não tinha mais contato com o ex-marido havia treze anos, desde sua separação — com exceção de uma ou outra reunião esporádica de negócios. Assim como seu filho Dima, de 24 anos, ela ouviu falar disso pela primeira vez quando ele telefonou, no verão de 1949, com esse pedido nada paustovskiano. Assim que ele desligou o telefone, mãe e filho disseram ao mesmo tempo: «O que será que deu nele?».

Dima se lembrava de que o pai ficou metade do dia ali. Nunca o vira tão nervoso e preocupado antes; tinha até dificuldade em se expressar. Paustóvski contou que seu casamento com Valéria, a atriz, estava num beco sem saída.

«Não consigo escrever nem uma carta com Valéria por perto», ele disse. «A única saída que vejo é ir embora.»

«E em quem você vai se apoiar?» Com essa pergunta, Kátia pôs o dedo na ferida, porque o atormentado escritor não era capaz de trabalhar sem os cuidados de uma mulher.

Paustóvski começou a falar de uma amiga.

«Ah, Tânia», Kátia completou certeira, referindo-se a Tatiana Ievteieva, uma mulher impulsiva e extrovertida (loira, olhos azuis) que ele conheceu em 1939, numa festa de fim de ano em Ialta. Ela percebeu perfeitamente a intenção dele: queria se separar da volúvel Valéria para se casar pela terceira vez com Tatiana, também atriz.

Paustóvski confirmou e disse com uma expressão impaciente que de fato tinha decidido abrir mão do conforto de sua datcha na colônia de escritores de Peredelkino por uma vida incerta com Tânia. Aquela casa de campo tinha sido concedida a ele pelo LitFond depois da guerra, mas o escritor não podia colocar Valéria e seu filho Sergei para fora.

«Preciso de um teto e de uma mesa pra escrever», foi como Paustóvski resumiu suas necessidades mais urgentes.

O relato desse encontro está na breve crônica de Dima sobre os três casamentos do pai. Nela, o filho defende a «infidelidade» do pai; explica que o «sangue cossaco», amante da liberdade, entrava em ação assim que ele começava a sentir o vínculo conjugal como algo opressivo. Nesses casos, ele «escolhia preservar sua liberdade criativa».

No entanto, o que aconteceu depois? Como foi o casamento de Paustóvski com Tatiana?

Quem podia contar sobre isso em primeira mão era a filha de Tatiana, Gália. Ela tinha treze anos quando o escritor entrou em sua vida.

Hoje, Galina Arbuzova-Paustovskaia era uma senhora robusta na casa dos sessenta anos. Depois da morte de Dima, os direitos literários e a gestão do patrimônio de Paustóvski passaram para ela.

Quando telefonei, no fim do verão de 2001, ela estava prestes a viajar para cuidar de sua horta nos arredores de Moscou. Disse que o serviço meteorológico tinha previsto alguns dias de sol, e sim... as cenouras e os alhos-porós tinham de ser colhidos, além das groselhas.

Gália soava espontânea, sem arrogância. Ela chamou Paustóvski de «meu segundo pai» e começou a falar pelos cotovelos ao telefone, às vezes elevando a voz de maneira teatral.

«Meu Deus!», ela mesma se interrompeu. «Já entrei no ritmo da coisa.» Se eu quisesse, poderia visitá-la imediatamente; as cenouras e os alhos-porós aguentariam mais um pouco na terra de setembro.

Gália e seu marido Volôdia viviam em grande estilo: tinham um apartamento espaçoso numa das «sete irmãs» com as quais Stálin tinha enfeitado a capital do comunismo mundial. Esses arranha-céus ainda dominam o horizonte de Moscou como sobreviventes do cenário da utopia soviética. Só a localização da torre residencial em que a enteada de Paustóvski morava já era considerada especialmente prestigiosa: onde o rio Iauza deságua no rio Moscou, a menos de um quilômetro da praça Vermelha.

A arquitetura é severa e pomposa, com linhas verticais que acentuam a altura das diferentes torres. Imagens de soldados e trabalhadores, proletários bem talhados, se equilibram nas cornijas, enquanto o ponto mais alto é enfeitado com uma estrela vermelha rodeada de louros. A torre do meio data de 1951; as alas laterais foram concluídas em 1952 (pouco antes da morte de Stálin) e 1953 (logo depois). Na fachada de granito, no térreo, vi um salão de cabeleireiro, um correio, uma loja de porcelanas, um bar-restaurante e um cinema chamado Illusion. Reparei que as vitrines não tinham sido modificadas pelo empreendedorismo privado; eram dioramas desbotados da vida soviética.

A entrada central, com abóbada interior como numa catedral, foi feita para impressionar. Como visitante, eu me senti insignificante e intimidado. Na portaria havia um mapa que me indicava o trajeto certo para a entrada certa. No elevador para o quinto andar, as proporções normais de um edifício residencial foram voltando gradualmente, e só quando Volôdia abriu a porta de carvalho do apartamento é que percebi que não estava mais prendendo a respiração.

O marido de Gália tinha olhos fundos e gentis e lábios grossos; vestia calça e camisa jeans azul-claro.

Sua esposa tinha se empetecado como uma aristocrata soviética. Os cabelos cacheados presos com presilhas e laquê, o pescoço coberto de ouro e suas formas volumosas encobertas por um vestido com estampa de borboleta.

Enquanto ela gritava com Volôdia em voz retumbante para que pusesse água para ferver, fiquei observando a vista: o tráfego a toda a velocidade no cais, os barcos de passeio de dois andares zumbindo enérgicos pelo rio Moscou e ao fundo um parque com uma igreja toda colorida. Também observei a decoração do apartamento (estantes até o teto, retratos de Paustóvski na parede), mas Gália não me deu muito tempo. Pôs dois adoçantes em seu Nescafé e começou a falar sobre o ano de 1949, quando ela e a mãe moravam num quarto apertado na rua Górki.

«Número 22», ela disse. «Onde agora fica o Hotel Marriott.» Paustóvski já frequentava a casa delas antes e trazia flores e às vezes um livro de poesia ou outro presente para Gália.

«Certo dia, ele foi morar conosco. Ainda posso vê-lo parado ali, com seu casaco comprido, os ombros caídos, um pouco perturbado. Trazia só uma maleta.» Tilintando suas pulseiras, Gália tentou mostrar as dimensões da valise de Paustóvski: «Era pequena assim».

O espaço ficou apertado. A sala media três metros por cinco e dava para um corredor comum com pias e banheiros, e no fim dele havia uma cozinha comunitária. Para dar a impressão de privacidade, Tânia virou o guarda-roupas, para que o leito conjugal ficasse um pouco resguardado.

«Eu dormia embaixo da mesa de jantar», contou Gália, que não ficou totalmente satisfeita com a chegada de seu segundo pai. Ela entendia que um escritor tinha de escrever, o que ele fazia sentado no parapeito da janela. «Eu só achava ruim não poder cantar ou ouvir rádio, eu era só uma menininha tagarela, mas fazer o quê, ele se incomodava com isso.»

A mudança para a rua Górki não ajudou Paustóvski a superar seu impasse em relação à escrita. O que prejudicou ainda mais sua produtividade foi o clima literário. A esperança de mais liberdade artística, despertada durante os anos de guerra, parecia ter se evaporado para sempre depois de 1946; esperava-se dos escritores soviéticos a mera «exibição de patriotismo»: histórias e poemas que ecoavam um ufanismo nacionalista.

«Konstantin Georgievich achava aquilo um horror», disse Gália. «Ele só escrevia sobre as florestas russas e sobre Púchkin.»

Como todos os outros no país ainda em brasa, mas já libertado dos nazistas, Paustóvski esperava que o pior da censura tivesse passado. Afinal, a vitória sobre o fascismo trouxera uma conciliação sem precedentes entre os aliados: na euforia de 1945, os americanos e os russos se abraçavam como amigos no Elba. A redoma de vidro acima do território soviético mostrava fissuras e frestas, mas Stálin não permitiu que essa abertura durasse muito; depois das conferências em Ialta e Potsdam, ele virou as costas para o Ocidente e reforçou seu pulso sobre a desequilibrada sociedade soviética.

Também não foi por escolha própria que ele soltou as rédeas ideológicas no início da guerra. A Operação Barbarossa de Hitler o apanhou tão desprevenido que as divisões do exército alemão levaram apenas catorze meses, de junho de 1941 a agosto de 1942, para desmantelar o império soviético até os arredores de Stalingrado. A defesa começou com dificuldade. O generalíssimo Stálin compreendeu que seus súditos eram motivados a contra-atacar apenas pelo patriotismo e não por orgulho do socialismo.

Stálin se mostrou tão tolerante durante a guerra que, em 1943, restaurou a Igreja Ortodoxa Russa e mandou trazer patriarcas com água benta para abençoar seus «órgãos», os lançadores de foguetes Katiúcha.

O ódio contra os alemães tornou desnecessário o paternalismo governamental em relação a escritores e outros artistas. Por patriotismo, eles vestiram o uniforme para servir como correspondentes de guerra no front, onde foram deixados livres para fazerem seus registros antifascistas.

A guerra também libertou no mesmo instante Paustóvski e seus colegas escritores dos horrores da década de 1930.

Gália contou como ele relembrava as prisões, desterros e desaparecimentos: como se fosse uma roleta-russa. O terror chegava com total arbitrariedade, embora Paustóvski tivesse descoberto um critério: os que faziam mais barulho corriam maiores riscos. «Ele achava que Isaac Babel tinha brincado com fogo ao fazer amizade com os mais altos líderes do Partido. Pôr o pescoço pra fora, na opinião dele, era a coisa mais perigosa que você poderia fazer naquela época.»

Ele atribuía sua própria salvação à fuga para os bosques de Meshora, onde passou oito meses consecutivos como biógrafo do marechal Bliukher, depois caído em desgraça.

Numa carta a um sobrinho de catorze anos, ele certa vez escreveu: «Lembre-se disto, garoto: é fácil morrer como herói, mas é difícil viver como herói».

No outono de 1939, enquanto a Europa estava tomada pela ameaça de guerra, o terror na União Soviética se acalmou. Naquele ano, Valéria incentivou seu marido a escrever peças de teatro, sonhando que um dia estrelaria um texto dele. Embora as descrições (da natureza) fossem mais fáceis para ele do que ações e diálogos, Paustóvski foi convencido e escolheu o centenário da morte do escritor Lermontov como motivo para o roteiro da peça *Tenente Lermontov* — sobre a atuação militar de Lermontov na pacificação dos rebeldes caucasianos. *Tenente Lermontov* fazia turnê por teatros de província quando o exército de Hitler invadiu a Bielorrússia e a Ucrânia.

Durante a mobilização caótica que se seguiu, Paustóvski foi enviado para o fronte, perto de Odessa, como correspondente do exército. Numa foto daquela época, ele está de uniforme camuflado, deitado atrás de uma cerca de junco, com caneta e papel a postos. Suas reportagens e contos («Uma noite sob um tanque em tiroteio») testemunham a coragem e a invencibilidade dos defensores da pátria, ainda que logo tivessem de abandonar toda a Ucrânia. No regresso, Paustóvski e sua família foram mandados como «residentes soviéticos valiosos» para Alma-Ata, onde o escritor pôde continuar a produzir sua prosa heroica e às vezes melancólica fora do alcance da artilharia alemã. Centenas de milhares de leitores, em especial leitoras, gostaram de sua história «Neve» (sobre o amor entre uma evacuada e um oficial ferido da Marinha).

Não passou despercebido aos líderes soviéticos que Paustóvski tinha cumprido com louvor seu papel para elevar o moral, e em maio de 1945 lhe deram a honra de proferir um discurso de vitória na Rádio Moscou. «A manhã do triunfo», foi como intitulou sua fala. Com sua suavidade típica, Paustóvski chamou a atenção dos ouvintes para os sons da «natureza esquecida» que podiam ser escutados pela primeira vez depois dos ruídos das armas e dos urros das sirenes de ataque aéreo.

Paustóvski se sentia duplamente libertado, dos alemães e da ameaça do NKVD. Na posição de escritor célebre, começou a escrever a história de sua vida. A primeira parte de suas memórias (*Anos distantes* — sobre sua infância na propriedade da família no rio Ros e seus primeiros passos no ginásio de Kiev) foi lançada em julho de 1946. Embora o livro tenha resistido sem problemas ao teste da censura, teve uma recepção devastadora na imprensa.

«Uma pena», rezava a crítica. «No entanto, esse é mais um exemplo de literatura apartidária.»

Anos distantes foi considerado apolítico e, portanto, inútil. Ninguém estava interessado nos devaneios descompromissados de um menino cossaco sobre seu professor de latim, foi o que lhe esfregaram na cara. O que deu errado? De onde veio essa condenação inesperada? Segundo Gália, o crítico do *Pravda* depois pediu desculpa. «Konstantin Georgievich o encontrou na rua», ela contou. «Era um homenzinho miserável que se curvava pra qualquer superior. Disse que sentia muito, que achava que *Anos distantes* era um bom livro, mas que ele e seus colegas simplesmente tinham recebido novos critérios de avaliação.»

As balizas da paisagem cultural soviética pareciam ter voltado às suas posições anteriores à guerra da noite para o dia (de 11 a 12 de agosto de 1946). O interlúdio de liberdade criativa tinha acabado. Com uma série de *ukazes*, Stálin pôs fim ao estado de exceção que vigorou durante os anos de guerra.

A implementação dessa política mais rigorosa ficou a cargo de Andrei Jdanov, que passou a monitorar a esfera das belas-artes em nome do Politburo. Como enviado de Stálin, esse rígido ideólogo também foi quem mostrou ao congresso de escritores soviéticos, em 1934, o que implicava exatamente o realismo socialista, mas a observância a essa doutrina decaíra.

Jdanov abordou sua nova missão com astúcia. Para começar, escolheu dois bodes expiatórios: o autor satírico de Leningrado Mikhail Zhoshenko e a poeta Anna Akhmatova. «Nossa literatura não conhece nada mais repugnante do que a moral que Zhoshenko proclama», argumentou Jdanov. «Seus escritos são ideologicamente vazios, vulgares, e visam desorientar a juventude soviética.» Por Akhmatova ele demonstrou ainda menos respeito, porque sua poesia seria propositalmente pessimista e estetizante. «Ela é meio puta, meio freira», julgou o inspetor cultural.

O método para fazer com que os escritores soviéticos voltassem a andar na linha foi mais sutil do que o usado entre 1937 e 1939, mas não menos eficaz. Um escritor cuja obra fosse atacada pelos críticos tinha de admitir seus erros num exaustivo *mea culpa*. A autodenúncia pública se tornou um ritual obrigatório, do qual até o dogmático presidente da União dos Escritores Soviéticos, Aleksander Fadeiev, não conseguiu escapar. Seu romance *A jovem guarda*, sobre crianças de povoados ucranianos que na luta contra as forças de ocupação alemãs realizaram grandes atos heroicos de resistência, recebeu o Prêmio Stálin em 1945, mas um ano depois foi bombardeado com críticas ácidas de Jdanov: o autor teria falhado de maneira imperdoável ao permitir que aquele grupo de jovens da resistência se levantasse espontaneamente, e não sob a influência edificante de um líder comunista.

O camarada Fadeiev vacilou. Ele sempre elogiara Stálin como «o poderoso gênio da classe trabalhadora» e considerou a atribuição do Prêmio Stálin como uma recompensa por sua lealdade, mas esse baque o tirou do mapa por três dias, ele se recolheu em Peredelkino e fez um *zapói*, um termo russo intraduzível para vários dias de entrega à vodca e à embriaguez contínua. Com dificuldade, se recuperou e fez o que se esperava dele: humilhou-se em público e começou a reescrever *A jovem guarda*. Durante os anos de trabalho árduo, nos quais aumentou passagens já existentes e inseriu mais cinco capítulos, ele sentiu o escárnio da comunidade de escritores.

«O que Fadeiev anda fazendo? Ah, ele está trabalhando em *A jovem gorda*», era a piada em Peredelkino.

As críticas de Jdanov fizeram mais que reavivar o realismo socialista; também acrescentaram a ele um raivoso elemento antiocidental. As revistas *Zvezda* e *Leningrado* foram proibidas de circular porque se dizia que suas redações veneravam tudo que era estrangeiro, «o que não pode ser tolerado na literatura soviética».

Com vigor renovado, Stálin se punha em oposição ao hemisfério capitalista, sobretudo devido a sua irritação com os «Ivans», os soldados que perseguiram o inimigo até Berlim ou Budapeste e que agora se queixavam de seu péssimo nível de vida. Eles espalhavam que os tchecos e os húngaros viviam em circunstâncias mais confortáveis sob o capitalismo do que os camaradas soviéticos. E para aqueles que não acreditavam em suas histórias: as joias, os relógios, as máquinas de costura, as motocicletas e todo tipo de mobiliário que eles trouxeram consigo forneciam evidências mais que convincentes.

Stálin decidiu não mais se espelhar em Pedro, o Grande, que abriu a «janela para a Europa» com a construção de São Petersburgo, mas sim em Ivan, o Terrível, que baniu as influências estrangeiras de seu império. O letrista Aleksei Tolstói, que já havia adaptado a biografia do czar Pedro às preferências de Stálin, completou em 1945 uma peça teatral sobre a vida do temido Ivan, que foi imediatamente transformada em filme.

As posições da Guerra Fria foram definidas em ritmo acelerado. Andrei Jdanov deu o tom como nenhum outro: tudo que ele dizia se tornava imediatamente a versão oficial. Contra o «imperialismo reacionário, antidemocrático e pró-fascista dos Estados Unidos» ele apresentava a União Soviética como «incansável defensora da liberdade e da independência de todos os países, sendo por definição alheia à agressão ou exploração».

Jdanov morreu em 1948, mas o período entre 1946 e a morte de Stálin, em 1953, leva seu nome: *jdanovshina*.

Mesmo antes do início dessa «escuridão de sete anos», a embaixada britânica em Moscou enviou a Londres, em setembro de 1945, um memorando confidencial sobre literatura soviética. Nele constava: «Em todo o espectro da literatura russa paira uma estranha atmosfera de perfeita imobilidade». O autor desse relatório codificado não encontrou nada além de terra abandonada. Anna Akhmatova e Boris Pasternak explicaram a ele que a velha geração de intelectuais ainda não tinha acordado do pesadelo da década de 1930. Viviam com discrição, medindo cada passo, e pertenciam à «classe dos temerosos». Segundo eles, nenhum escritor poderia escapar à ponderação: até que ponto estou disposto a satisfazer as exigências do Estado e quanto espaço ainda restaria para minha integridade pessoal?

O Foreign Office foi apresentado a uma previsão sombria: «Há poucos sinais visíveis de algo novo ou original prestes a ver a luz do dia na União Soviética».

Górki tinha morrido, enquanto grandes nomes como Pilniák, Babel e Mandelstam foram literalmente tirados do caminho. Não havia ninguém de certa estatura com quem contar. Bóris Pasternak, que em 1944 pôde publicar de novo um ciclo de poemas no jornal do exército, o *Estrela Vermelha*, se refugiou no trabalho de tradução. Ele conseguiu se manter durante anos com Shakespeare e Goethe. As rimas infantis (nas quais Chukovski, residente de Peredelkino, se especializou) e as fábulas (a nova atividade do naturalista Mikhail Prishvin) também eram um refúgio seguro. Outros, como Iuri Olesha, de Odessa, buscaram esse refúgio na bebida; outros ainda seguiram o exemplo de Marina Tsvetáeva, a poeta que se enforcou em 1941.

Muitos talentos, como o do difamado escritor-engenheiro Andrei Platônov, foram silenciados. Desde que ele provocou a ira de Stálin, em 1931, com o conto «Em benefício» (sobre a coletivização agrícola), teve oposição constante. Com os poucos contos aprovados pelos censores, Platônov não conseguia sustentar a família, de maneira que foi obrigado a fazer trabalhos complementares como resenhista sob o pseudônimo de F. Mens. Apesar de tudo, a guerra lhe ofereceu novas oportunidades: entre 1942 e 1944 foram publicadas três coletâneas suas com reportagens sobre a guerra. Como correspondente, Platônov conseguiu uma promoção para «major em serviço administrativo», mas esses golpes de sorte inesperados não puderam evitar que ele e sua esposa Masha passassem por novas tragédias. Desde que seu filho Platon fora condenado, em 1938, aos quinze anos, a dez anos de trabalhos forçados acima do círculo polar ártico, eles fizeram tudo que podiam para libertá-lo. Platônov escreveu um pedido de clemência a Stálin que foi entregue por seu colega Mikhail Sholokhov, que era membro do Soviete Supremo representando a União dos Escritores.

Só quando o dossiê de Platônov no NKVD foi aberto, na década de 1990, verificou-se quão minuciosamente o serviço secreto tinha acompanhado seus passos. Os locais e horários de seus encontros com Sholokhov podem ser rastreados com precisão graças ao trabalho investigativo do NKVD. O 2º Departamento Político arquivou registros de conversas telefônicas e denúncias de informantes anônimos, enquanto o 4º Departamento Político se dedicou à análise crítica da obra de Platônov (na qual se detectava «um aprofundamento dos sentimentos antissoviéticos» desde 1931).

Através da intervenção de Sholokhov, o filho de Platônov foi transferido para a prisão de Butirka, em Moscou, em 1940. Quando o menor «terrorista» foi levado perante o tribunal para a revisão de seu caso, declarou: «Fiz declarações mentirosas e fantasiosas na época, seguindo o conselho do investigador que me interrogou [...], e assinei essas declarações porque, caso contrário, ele ameaçou deter meus pais».

A sentença de Platon foi reduzida à duração de sua prisão preventiva e, em 26 de outubro de 1940, ele foi libertado, debilitado pela desnutrição. Menos de três anos depois, morreu de tuberculose, contraída nos barracões do gulag. «O poder soviético me tirou meu único filho», Platônov deixou escapar para um informante do 2º Departamento Político do NKVD. «Eu me sinto totalmente vazio. Fisicamente exausto. Como uma mosca no verão, que mal consegue zunir.» Pouco tempo depois, Platônov foi retirado do front numa maca. Ele próprio também foi infectado ao cuidar do filho. «Tenho tuberculose de segundo grau», disse Platônov a outro informante do NKVD em 18 de maio de 1945. «Estou tossindo sangue.»

Como oficial, Platônov foi dispensado do exército com honras para poder morrer em casa, mas não morreu. Para espanto de Jdanov e dos seus, continuou a produzir e a publicar. Em 1946, uma nova obra sua (*A família Ivanov*) apareceu numa influente revista literária. Era uma história sobre o capitão do exército Ivanov, que retorna da guerra atordoado e alheio a tudo, hesitando entre a segurança de sua família e a vida emocionante com a garçonete Masha. Em *A família Ivanov*, Platônov dissecou frase por frase o desespero do soldado que teme nunca mais conseguir se adaptar como pai e mantenedor. A familiaridade da situação pegava o leitor pela garganta e o conduzia sem fôlego para o final explosivo, mas pedagogicamente bem fundamentado: a caminho de sua amante, Ivanov salta do trem em movimento ao ver ao longe seus dois filhos correndo atrás dele.

«Uma zombaria cínica e uma desonra ao homem soviético», escreveu um crítico inspirado por Jdanov. Pois qual soldado soviético, ainda por cima triunfante, mostra fraqueza de caráter? «*A família Ivanov* é uma falsificação difamatória da nossa realidade soviética.»

Depois dessa crítica, Andrei Platônov estava definitivamente descartado. Nos últimos anos de vida, morou no quarto 27 de uma ala lateral do Instituto Górki de Literatura. Entregou-se à bebida e se negligenciou a ponto de os alunos do instituto pensarem que ele era um zelador.

Konstantin Paustóvski, professor dessa escola de escritores, via como ele definhava. «Aquele homem varrendo a calçada é um gênio», comentou certa vez na privacidade da sala de aula.

No entanto, nenhum dos professores de literatura, incluindo Paustóvski, ousou ajudá-lo. Qualquer um que se associasse a um pária corria o risco de se tornar ele próprio um pária, e o medo disso era tão grande que, depois da morte de Platônov (falecido em 9 de janeiro de 1951), ninguém se atreveu a escrever um obituário elogioso ou teve qualquer outro gesto de apreço.

Paustóvski estava inquieto. Ele ganhava seu dinheiro no Instituto Górki, onde desde 1945 dava aulas de prosa realista-socialista. No entanto, a docência não lhe dava satisfação; ele queria escrever, mas onde? Como membro da União dos Escritores, podia ficar numa das casas de hóspedes do LitFond na Crimeia ou no mar Báltico, ainda que nunca por mais de algumas semanas.

Paustóvski também não podia procurar privacidade com sua nova família; ele mal tinha ido morar com Tatiana e ela já engravidara.

«Não tínhamos espaço pra um bebê», exclamou Gália, que ainda recordava com surpresa da imprudência de seus pais. Quando o meio-irmão Aliosha nasceu, em 1950, a família literalmente abarrotou o apartamento de um cômodo, segundo a lembrança de Gália. Ela contou sobre «um maldito carrinho de bebê», que os vizinhos não permitiam que ficasse no corredor e por isso, por falta de espaço, ficava bloqueando a porta. «Quando a gente queria sair, primeiro tinha de empurrar o carrinho para o corredor, de tão apertado que era o apartamento.»

Pouco depois do nascimento de Aliosha, Paustóvski foi convocado pelo secretário-geral da União dos Escritores. Ficou sabendo por ele que tinha recebido uma encomenda do *choziain* (o «chefe»): Stálin queria um livro sobre a construção do canal Volga-Don, um projeto que, depois de um atraso de dez anos, finalmente estava em pleno andamento. Será que o camarada Paustóvski poderia levar a cabo essa honrosa tarefa em curto prazo?

«Minha mãe disse na mesma hora: 'Não faça isso, Kostia! Eles querem que você venda sua alma ao diabo'.» Gália se mexeu na cadeira, reencenando sozinha o diálogo entre os pais.

«Mas precisamos muito do dinheiro!»

«Sempre nos viramos, não é?»

Paustóvski não se convenceu. «Se eu disser que não, talvez eles nunca mais me peçam nada.»

«Fique feliz por não ser um escritor de encomenda.»

«No entanto, se eu recusar, eles podem considerar um insulto e talvez não me permitam mais publicar...»

Para alívio de Gália, seu padrasto aceitou o trabalho.

O resultado foi publicado pelo Ministério da Defesa soviético em 1952, sob o título *O nascimento do mar*. Foi um exemplo clássico de «historiografia instantânea» segundo o método de Maksim Górki, aplicado à construção do canal Volga-Don, próximo à «heroica cidade» de Stalingrado. Paustóvski levantou a bandeira da literatura hidráulica soviética como um soldado solitário num campo de escritores dizimados pelos expurgos e pela guerra.

Assim como *Kara Bogaz*, *O nascimento do mar* trata da construção do socialismo. Só que este último tem mais pontos de exclamação, mais numerais ordinais, mais cifras. O artifício estilístico mais importante de Paustóvski é o grau superlativo: «Não existe língua mais solta, mais expressiva, mais precisa e mais mágica que o russo, mas nós, que lidamos com essa língua, sentimos cada vez mais a falta de palavras que façam jus à essência do nosso tempo, que possam expressar a escala grandiosa das nossas ações e das nossas obras».

O nascimento do mar não resistiu à prova do tempo. As bibliotecas não tinham nem um exemplar, não o conheciam. Meu apelo a um sebo na *ru.net*, a internet em língua russa, não foi atendido. Isso me chamou a atenção, porque, com exceção da biografia do marechal Bliukher, nenhuma outra obra de Paustóvski foi retirada de circulação. Num livro de referência alemã, a narrativa de Paustóvski sobre o

Volga-Don foi descrita como «um clássico da segunda onda de literatura dos planos quinquenais», mas o livro em si era impossível de ser encontrado.

Para conseguir o texto, tive de recorrer à fotocopiadora no sótão da Sociedade Paustóvski. Na folha de rosto constava bem nítido o número da GlavLit (G-92215) e a data de «lançamento para distribuição» (13 de outubro de 1952).

O protagonista de *O nascimento do mar* é o irrepreensível inspetor de obras Basargin. Durante uma deliberação no Kremlin, ele promete «em nome das massas» que o canal Volga-Don será concluído seis meses antes do prazo previsto, uma vez que o transporte fluvial não pode mais esperar pela confluência dos dois rios. Basargin se sente o executor das «ideias brilhantes do camarada Stálin» e, ao partir de Moscou, antes de iniciar a fase final da construção, incumbe o piloto de voar ao longo das novas hidrovias do império soviético.

Paustóvski, que está a bordo como narrador, percebe a paisagem como um mapa ganhando vida em escala 1 por 1, onde «a pulsação do trabalho pode ser ouvida a quilômetros de altura». Até o zunido das fábricas de fiação de algodão da cidade têxtil de Ivanovo se mistura com o ruído das hélices em sua imaginação. O avião segue o curso do canal Moscou-Volga e depois descreve um amplo arco sobre as sucessivas barragens no Volga. Paustóvski se surpreende com a prosperidade material que essas construções hidráulicas trouxeram ao povo soviético, mas então percebe que dificilmente poderia ser de outra forma, pois a abundância é companheira inseparável, sim, «o *sputnik* do comunismo».

Paustóvski parece firme como escritor soviético. Um jovem poeta com quem ele tem contato em Stalingrado na primavera de 1951 comentaria mais tarde que o tão lido romântico já andava um pouco arqueado e tinha o perfil de uma ave de rapina. «No entanto, assim que olhávamos para ele nos sentíamos à vontade. Por trás das lentes grossas dos seus óculos se escondiam expressões faciais que não irradiavam nenhum sarcasmo.» Durante passeios pelas margens ressequidas do Volga, Paustóvski usava sandálias antiquadas e, quando quis descansar por um instante, quase se sentou numa mina antitanque. Apesar de ter 58 anos, Paustóvski passava noites conversando com o líder do Komsomol, que pela idade poderia ser seu filho. Juntos, eles pensavam num nome para o novo bairro de apartamentos que seria construído perto da enorme usina hidrelétrica em construção no Volga. «*Elektrograd*», sugere o escritor. Ou, como segunda opção: «*Hidrograd*».

Depois de ler *O nascimento do mar*, tomei o expresso «Mãe Rússia» para Volgogrado (antiga Stalingrado). Queria ver com meus próprios olhos o tema do livro de Paustóvski. A construção do canal Volga-Don não foi um feito pequeno, especialmente considerando as dezenas de tentativas fracassadas nos séculos anteriores. O canal fluvial de 101 quilômetros de extensão também foi a parte final do plano de Stálin de transformar Moscou num porto marítimo. Antes da guerra, ele já havia posto o mar Branco, o mar Báltico e o mar Cáspio em ligação navegável com a capital, e essa hidrovia acrescentaria o mar Negro.

Eu tinha reservado uma visita guiada com a mal-afamada, mas agora privatizada, agência estatal Intourist. Minha guia, Ludmila Danilova, estava me esperando numa parada de bonde no bulevar Friedrich Engels. Se algum lugar era apinhado de slogans, era esse. Via-se escrito SALVE OS TRABALHADORES SOVIÉTICOS DA CONSTRUÇÃO

CIVIL num néon desbotado sobre um prédio acima da parada do bonde. Uma rajada de vento e os andaimes com as lâmpadas fluorescentes cairiam, batendo nos balcões de aparência não menos desengonçada, mas Ludmila não deu nenhuma atenção à ameaça sobre sua cabeça. Vestia uma roupa lilás de verão e calçava sandálias de verniz (também na cor lilás), nas quais as unhas dos pés (pintadas de roxo metálico) se destacavam nitidamente.

«Por favor, não repare no mato.» Ludmila, na casa dos quarenta anos, foi na frente por uma trilha turística ao longo do canal. Apesar dos óculos, ela decifrava a grande distância os provérbios e inscrições que tinham sido colocados adequada e inadequadamente. Falava de modo automático sobre a grande barragem ao norte da cidade («a maior da Europa»), chamada Hidrelétrica do 22º Congresso do Partido. Para ela, nome e objeto pertenciam naturalmente um ao outro, juntos eram uma mesma referência de solidez. Isso também valia para o farol ao longe, que marcava a entrada do canal Volga-Don.

Antes que eu pudesse ler o que estava escrito, Ludmila disse: «Aos heróis vencedores do fascismo». Os obeliscos comemorativos, esculturas e arcos de triunfo ao longo do canal — ela explicava no ritmo do clique-claque dos saltos da sandália — contavam juntos a narrativa da vitória sobre o sexto exército de Hitler, que foi cercado e derrotado no inverno de 1943 ao custo de centenas de milhares de vidas.

Fazia precisamente meio século que Paustóvski vira os braços mecânicos de guindastes e dragas se movendo por ali. Ludmila conhecia sua obra, mas nunca tinha ouvido falar de *O nascimento do mar*. Ela pensou que eu estava enganado: se um escritor tão importante tivesse escrito sobre sua cidade natal, ela saberia disso. «Tem certeza de que esse livro é sobre o canal Volga-Don?» Como guia da Intourist, que já guiava estrangeiros na época soviética, ela foi treinada para sempre ter as rédeas na mão.

«É uma obra pouco conhecida», eu disse, para sua tranquilidade. «Em Moscou, não se encontra em nenhum lugar.»

Só depois que mostrei as fotocópias é que Ludmila se deixou convencer. Ela anotou na agenda os detalhes da edição e se propôs a preencher imediatamente essa lacuna em seu conhecimento. E então confessou que não tinha diploma de guia turístico, na verdade era metalúrgica. «Entrei nisso por acaso», ela disse. «A Intourist tinha falta de pessoal na década de 1970.»

Depois de provar sua confiabilidade e fazer aulas particulares de inglês, em 1978 ela foi autorizada a lidar com visitantes ocidentais. Quando eles reservavam uma viagem soviética, Stalingrado raras vezes ficava de fora. A cidade foi inteiramente reconstruída depois da guerra como um modelo da utopia comunista. Sem memória, sem igrejas ou edifícios antigos, mas com praças maiores, avenidas mais largas e estátuas mais altas que em qualquer outro lugar.

Numa época em que quem saía de férias ainda não tinha tantas opções de destino, um passeio à Hidrelétrica do 22º Congresso do Partido ou um cruzeiro pelo canal Volga-Don era considerado o melhor que a cidade tinha a oferecer. «As sucessivas eclusas são como cisnes brancos na paisagem», li numa brochura apologética de 1965. Os engenheiros hidráulicos as transformaram em monumentos arquitetônicos, embelezados com cúpulas, colunas, obeliscos, tochas, estátuas equestres e feixes de trigo em bronze. Como elemento recorrente, cada eclusa tinha um ou dois edifícios esguios («pescoços de cisne») com uma sacada ou passarela de onde o guarda-eclusa uniformizado podia supervisionar a passagem ordenada das embarcações. Cada um deles era um templo do socialismo — e Paustóvski os consagrou com sua ode.

A realidade se revelou mais sórdida. Ludmila ficou com vergonha das latinhas vazias de gim-tônica e dos restos de lagostins na margem do canal. Desde que o fluxo turístico caiu de uma temporada para outra (1991-92), ela lecionava inglês numa escola secundária. Fazia anos que ela não guiava um passeio pelo canal, por isso ficou surpreendida com as áreas de piquenique que seus conterrâneos tinham ocupado espontaneamente. «Praias selvagens», disse com horror.

O caminho de asfalto quebradiço conduzia como uma via sacra secular até uma colina com uma imensa estátua de Lênin, mais alta que o farol. No caminho, passamos por um palácio com uma colunata («sede da administração do canal») e um arco de pedra branca como entrada para a primeira eclusa. A estrutura tentava rivalizar com o Arco do Triunfo em forma e tamanho. Dois petroleiros de porte médio estavam esperando, o *Lukoil Neft 114* e o *Lukoil Neft 66*. Não pudemos chegar muito perto, pois as escadas para a eclusa estavam fechadas com cercas e placas de proibição.

«Mais essa», desculpou-se Ludmila. «Contudo, eu entendo. Todo mundo tem medo de atentados a objetos estratégicos. E, afinal, aqui estamos mais perto da Chechênia do que vocês em Moscou.»

No frontão do arco triunfal, sob o qual os petroleiros deslizaram um pouco mais tarde, estava escrito em relevo SALVE O GRANDE LÊNIN. Como se pudesse enxergar através de metros de concreto, Ludmila também leu o que estava do outro lado: SALVE O POVO SOVIÉTICO / CONSTRUTORES DO COMUNISMO.

Minha guia sabia de cor todos os slogans. Versos nas fachadas, números nos painéis informativos. Ela só não conhecia ainda o grafite no pedestal de Lênin, e percebi que Ludmila fez o possível para ignorá-lo.

O fundador da União Soviética era um gigante de concreto, de 28 metros de altura, dominando o Volga, que se abria em leque, e a foz do canal. No pedestal estavam rabiscados os nomes «Olia», «Natasha» e «ROTOR» (o clube de futebol local). Mais acima, na barra do casaco, estava escrito em letras escorridas «Rússia para os russos», assinado com um sinal rúnico do partido dos camisas marrons, RNE. Ludmila apontou para os rebocadores que lutavam contra a corrente ao longe. Ela só saiu de seu papel quando demos a volta na escultura e um odor de urina nos atingiu em cheio.

Lênin estava servindo de urinol para os jovens, os olhos de Ludmila arderam com aquilo. «Ninguém mais tem respeito pelo passado», ela disse, mortificada. «Podemos criticar todo tipo de coisa sobre a União Soviética, mas, se nosso país não tivesse se industrializado tão rápido, se não tivéssemos tanques e aviões, nunca teríamos expulsado os alemães. Hoje estaríamos dizendo 'Viel Spass' e 'Zum Beispiel'.»

Quis perguntar onde ela aprendera essas expressões, mas Ludmila ainda não tinha terminado de falar. Seu pai havia sido capturado em 1942, quando fugia de Stalingrado; teve de passar o resto da guerra trabalhando para Hitler num campo de concentração na Ucrânia. «E ele era só uma criança. Tinha dez anos quando foi levado, treze quando foi libertado. Não dá pra esquecer essas coisas, não é?»

Ludmila se incomodava com a futilidade com que a juventude de hoje era criada. «Percebo isso na sala de aula. Não sobrou um pingo de patriotismo. A geração que está crescendo agora não tem o mínimo interesse.»

Em *O nascimento do mar*, Paustóvski fez mais do que apenas descrever o que viu ou viveu. Seu texto era salpicado de elogios endereçados a Stálin:

> E nos perguntamos repetidamente: de quem é a visão que perfura o futuro com uma força tão penetrante que se torna clara e compreensível para nós até nos mínimos matizes, de quem é a vontade poderosa, de quem a coragem ilimitada que trouxe nosso país até o tempo presente, que é chamado com razão de período das maiores obras construtivas? Trata-se da visão, da vontade, da dedicação e da coragem de Stálin, amigo de toda a humanidade trabalhadora. E esta grande cidade no Volga, inseparavelmente ligada às obras de Stálin, leva seu nome com orgulho.

O livro de Paustóvski termina com a passagem do primeiro navio a motor do Don ao Volga: «Feixes de holofotes apareceram sobre Stalingrado dando as boas-vindas ao navio a motor e escreveram no profundo céu noturno o nome desse homem. E o navio passou sob esse nome luminoso, como sob um arco, e assim abriu a passagem para um país sem precedentes, uma terra abençoada, para a idade de ouro da humanidade, o comunismo!».

Três letrinhas — S, T e L — é tudo o que resta Dele na cidade que levava Seu nome. Elas têm cerca de quarenta centímetros de diâmetro e um dia adornaram a base da estátua de Lênin perto do canal Volga-Don. Quer dizer, quando Stálin ainda estava lá.

Aleksei Iliin as mantém no gabinete de curiosidades da Administração do Canal e as lustra uma vez por mês com polidor de cobre. Já está aposentado há anos, mas isso não impede que o engenheiro hidrotécnico esteja todos os dias em meio às relíquias da história do canal. Braços cruzados, uma xícara de chá com limão ao alcance da mão. Às vezes, ele cochila por um instante, então mechas do topete penteado para trás caem em sua testa.

Ludmila o encontrou para mim quando averiguou sobre moradores locais que tinham testemunhado de perto o trabalho de escavação. «A senhora deveria procurar Aleksei Iliin», ela ouviu repetidas vezes. Eu o encontrei, conforme a descrição de Ludmila, no meio de seu acervo museológico.

Aleksei Iliin estava sentado diante de uma parede com recortes e imagens, dentre elas a da maior estátua de Stálin já feita. A julgar por uma foto publicada no *Stalingradskaia Pravda*, o escultor o colocou na pose de Napoleão, com a mão direita sobre o coração. Na esquerda, ele está segurando o quepe.

«Só aquele quepe», disse Iliin, saltando com uma agilidade inesperada, «era tão grande... que caberiam três táxis dentro.»

Percebi que Paustóvski não poderia ter ignorado o onipresente Stálin. Ele se elevava sobre o Volga e olhava do alto para os canteiros de obras. Iliin contou que a estátua não era simplesmente feita de pedra ou concreto, mas de uma preciosa liga de cobre. Perguntei se era verdade que os administradores, que observavam consternados como as gaivotas sujavam a cabeça e os ombros de Stálin, tinham posto o colosso sob alta tensão.

«Não sei quem lhe disse isso», respondeu Iliin, «mas é uma mentira maldosa.»

«Eu me deparei com isso numa biografia de Stálin...», tentei dizer, mas o hidrotécnico me interrompeu.

«Imagine se eles realmente tivessem feito isso. Não é possível! De repente, os pássaros cairiam mortos do céu durante um desfile ou cerimônia de colocação de coroas de flores. O senhor acha que algum administrador gostaria de assumir a responsabilidade por isso?»

Era convincente. Contentei-me com a resposta e perguntei sobre sua juventude. Como ele acabou chegando à construção de canais?

Iliin contou sobre seus estudos no Instituto Hidrotécnico de Leningrado. Da sua turma — os primeiros a se formar depois da Segunda Guerra Mundial —, quase todos foram diretamente enviados para o projeto Volga-Don. «Quando cheguei, em 1950, os prisioneiros de guerra alemães ainda estavam aqui, verdadeiros burgueses, com aqueles bigodes enrolados. O senhor sabe.»

Isso me surpreendeu. Paustóvski não disse uma palavra a respeito de prisioneiros de guerra nazistas.

«Eram 110 mil deles», continuou Iliin, «havia soldados comuns do *Wehrmacht*, que conheciam seu lugar e saíam educadamente do caminho dos inspetores russos. Muito diferentes dos oficiais da ss e da Gestapo. Encontrei vários deles na 13ª eclusa. Gente arrogante, que olhava pra nós com o mais profundo desprezo. Eles realmente pensavam que eram pessoas melhores que nós.»

Iliin desenterrou um relatório datilografado de um soldado de Viena, certo Erwin Peter. Ele fez uma coletânea de suas memórias do campo de prisioneiros do canal Volga--Don sob o título *Jugend hinter Stacheldraht* e as publicou por conta própria. «É, eles tinham varrido Stalingrado do mapa e agora tinham de compensar os danos. Acho que foi uma punição justa.»

Iliin sabia da existência de *O nascimento do mar*, mas nem mesmo ele — um ávido colecionador — possuía uma cópia.

Contei-lhe que Paustóvski falava apenas de voluntários que teriam aderido espontaneamente ao movimento para fazer algo útil.

«Eles também participaram», disse Iliin. «Em especial membros do Komsomol, mas a grande maioria era de trabalhadores forçados. Alemães e os nossos.»

«Russos?»

«Sim, prisioneiros comuns. Ladrões, estupradores, traidores. De tudo. Também uns 100 mil. Claro que as coisas foram difíceis. Não havia comida suficiente, a colheita de 1947 foi ruim, mas, acredite ou não, também havia entusiasmo entre os prisioneiros.»

Eu não acreditava. Vítimas da arbitrariedade de Stálin se matando de trabalhar por ele com entusiasmo?

Iliin balançou a cabeça. Eu estava pensando de modo errado. «Sob Stálin, as pessoas eram condenadas por qualquer crime menor, mas era possível diminuir a pena trabalhando duro. Cada um tinha isso nas próprias mãos.» Ele explicou que um «cumprimento do plano individual» de 151% resultava numa redução de pena de dois terços. Portanto, alguém que tivesse sido condenado a doze anos poderia ser libertado depois de apenas quatro anos. «Aí tinham que trabalhar dias de doze horas ou mais, mas sim, nós, os técnicos, também fazíamos isso. Sem receber nenhum extra.»

Aleksei Iliin lamenta que Stalingrado tenha passado a se chamar Volgogrado em 1961. Por ele, não era preciso ter feito toda a «desestalinização». «Pessoalmente, não participo disso», disse o administrador aposentado do canal. Ele me levou a uma sala separada, um cômodo vazio, com apenas uma mesa intocada, ladeada por duas bandeiras com foice e martelo. Raios de sol, filtrados por uma cortina de voal, entravam por uma sacada envidraçada. O «amigo de toda a humanidade trabalhadora» olhava de uma pintura na parede.

«Sou ateu», disse Iliin, «mas não acredito que o homem possa viver sem uma ideologia.»

O maior «golpe psicológico» para Iliin não foi a morte de Stálin («todos são mortais»), mas o momento em que o tiraram de seu pedestal. Aconteceu numa noite de outubro de 1961. Sua mãe ficou sabendo e foi lá ver com outras *babushkas* do bairro do Exército Vermelho. Aquilo não a afetou: era uma mulher religiosa, nascida em 1908, alguém que nunca se converteu ao comunismo. Quando ela voltou para casa e contou a Iliin, fez isso com uma indiferença que para o filho foi dolorosa. Eles o desparafusaram e isolaram a área, mas mesmo à distância era possível ver bem como Stálin foi içado pelo guincho de um guindaste. Estava anoitecendo; acima do Volga brilhava um punhado de estrelas. Só se via sua silhueta, mas de repente ele caiu. Stálin balançou, girou e seus pés se chocaram contra a carroceria de um caminhão. «*Kladong!*», sua mãe demonstrou. «Um pedaço de cobre de vinte toneladas! O que você queria, aquilo ressoa como o sino de uma igreja.» Então o vulto foi sendo virado de lado, decímetro por decímetro, com instruções gritadas em voz alta («Oops», «Pare», «Pra esquerda»).

«Eles o levaram para a fábrica Barricade. Lá ele foi cortado em pedaços.» Iliin ainda foi olhar no portão, mas não conseguiu entrar. Ouviu dizer que a estátua seria transformada em fio de cobre, de maneira que não sobrasse nenhum vestígio de seu líder.

Ele só conseguiu salvar o S, o T e o L do pedestal vazio na manhã seguinte.

«Não», disse Gália com firmeza. «Konstantin Georgievich nunca disse nada sobre prisioneiros no canal Volga-Don.»

Nem mesmo em casa, «na mesa da cozinha»?

«Não que eu me lembre», ela disse pensativa, com o polegar e o indicador como um clipe no dorso do nariz.

Fiquei me perguntando, então, que tipo de histórias Paustóvski tinha trazido de Stalingrado, mas isso era óbvio: histórias de guerra.

Gália se levantou e me levou até um armário cheio de parafernálias que ela guardava como lembrança do padrasto. Entre os diplomas, os estojos de óculos e os apetrechos de pesca (boias de cores vivas), havia um fragmento de minério de ferro, ao menos: algo que parecia um coágulo de metal. Uma obra de arte saída de uma forja?

Com um «ãhn-ãhn» anasalado, Gália indicou que eu estava errado. Ergueu a rodela enferrujada e apontou para umas dez balas e cartuchos que com o calor tinham se fundido num todo. «Konstantin Georgievich contou que o chão de Stalingrado estava cheio de fósseis de guerra assim, que a cidade inteira foi dizimada por incêndios e bombardeios.»

Mesmo assim, fiquei intrigado com o motivo pelo qual Paustóvski não teria dito nada a sua enteada sobre os campos do gulag. Será que o assunto era tão pesado que não podia ser discutido em casa?

Gália me olhou incrédula. «Não. Metade do país estava atrás das grades. Todo mundo sabia disso!»

Além do mais, dava para simplesmente ver os prisioneiros. «Alemães, russos... ninguém precisava ir até a Sibéria para isso.»

Eu devia saber que Stálin havia construído todo esse bloco de torres onde estávamos usando trabalho forçado. «Os presos ficavam trancados em barracões no pátio, onde hoje ficam as garagens. Quando nos mudamos para cá, em 1953, eles ainda estavam terminando de construir a ala esquerda...»

Nesse ponto, eu a interrompi. «Espere, a senhora mora aqui desde a publicação de *O nascimento do mar*?»

Na verdade, não foi uma pergunta, mas uma constatação. De repente me dei conta: Paustóvski tinha recebido esse apartamento de luxo como recompensa por sua ode às «incomparáveis construções hidráulicas» de Stálin.

Gália fez um movimento de cabeça, confirmando. «Eu esperava um apartamento de quatro quartos na torre do meio, de preferência no 24º andar, mas o *korpus* central era reservado para os oficiais do NKVD.»

Ela deu uma gargalhada ao se lembrar de como sua mãe tinha tapado os dutos de ar da cozinha e do banheiro com panos velhos para evitar escutas. Gália mesmo nunca pensou nisso, já estava feliz por ter sua própria cama.

Uma coisa eu ainda não conseguia entender: por que não se encontrava *O nascimento do mar* em parte alguma?

«Ah», disse Gália, «foi um dos seus livros mais fracos. Ele mesmo sabia disso.» Sua mão fez um gesto irritado de desdém ao dizer que Paustóvski tinha vergonha daquele trabalho. «Depois da morte de Stálin, ele cuidou pra que nunca mais fosse reeditado.»

A baía de Kara Bogaz

No deserto entre Asgabade e o local de peregrinação de Geok-Tepe há uma estrada de quatro pistas com faixas de emergência e barreiras de segurança. Com exceção de uma brigada de homens com enxadas, que plantava árvores no canteiro central, a faixa de asfalto estava abandonada. O tráfego desordenado — ciclistas, carroças, tratores — se arrastava por uma estrada vicinal.

Eram sete e meia da manhã. Eu estava no banco da frente de uma van Daewoo com uma lataria parecida com um pão de forma apoiada no alto de quatro rodas. O céu estava sem nuvens, sopradas por uma forte brisa que mantinha as dunas do Caracum num movimento invisível. Ibrahim-Aka, o proprietário da van, tinha de corrigir a trajetória constantemente para permanecer entre as linhas brancas. Saímos de Asgabade ao nascer do sol e íamos em direção ao mar Cáspio a setenta quilômetros por hora.

«O senhor fuma?» Com o joelho pressionado contra o volante, Ibrahim-Aka acendeu um cigarro da marca President.

Contra meus costumes, aceitei. O problema era: eu não tinha documentos válidos para viajar pelo interior do Turcomenistão.

«Não tem postos policiais até Geok-Tepe», disse Ibrahim-Aka, como forma de encorajamento.

Tínhamos gasolina suficiente (um tanque cheio e dois galões no porta-malas). Pães chatos que ainda estavam quentinhos. Duas melancias. Frango assado embrulhado em papel-alumínio. Meio pacote de maços de President.

Era impossível se perder. Havia apenas uma estrada paralela ao canal Turkmenbaşi. A água parecia cinzenta por causa do vento; ondas curtas batiam contra as laterais do canal.

Se pudéssemos seguir em frente, chegaríamos no fim da tarde a Krasnovodsk, a cidade portuária hoje chamada Turkmenbaşi.

Custasse o que custasse, eu estava determinado a chegar mais perto da baía de Kara Bogaz que Paustóvski. Ainda mais agora, sabendo o que tinha acontecido: a baía existia e sempre existiu — *exceto por um período de dez anos*. Durante esse intermezzo notável, ela desapareceu da face da Terra. Mais precisamente: de 1982 a 1992, a área conhecida como Kara Bogaz já não era um mar interior, e sim uma salina que se dispersava com o vento.

Quem me explicou isso foi Dziamar Aliev, o ictiólogo com quem comi carpa.

Ele me garantiu que, nesse ponto, o mapa pendurado na parede de meu escritório em Moscou não tinha sido falsificado. «A baía de Kara Bogaz não deveria aparecer num mapa de 1991», disse Aliev, decidido. «Na verdade, seu exemplar é um dos poucos que retrata corretamente o destino de Kara Bogaz.»

Um dia depois de nos conhecermos, eu o procurei de novo, dessa vez com a pergunta: «É possível viajar pelo Turcomenistão sem o visto doméstico exigido?». Eu precisava muito de seu conselho agora que a tentativa de mediação de Amansoltan, por meio do chefe do Instituto do Deserto, fracassara.

Como eu poderia saber que Aliev tinha testado amostras e estudado extensivamente a baía de Kara Bogaz?

Assim que o biólogo descobriu meu verdadeiro destino, empurrou-me para uma cadeira de vime e abriu uma garrafa de aguardente de damasco.

«Destilação própria», disse o octogenário, sorrindo. Estávamos em sua casa, no jardim de inverno do escritório, onde a madressilva entrava pelas vidraças com novos brotos.

Suspirando de prazer, Aliev começou a falar mal de seus bodes expiatórios favoritos, os engenheiros hidráulicos soviéticos. Comentou que «em sua infinita miopia» eles insistiram em tapar a estreita passagem entre o mar Cáspio e Kara Bogaz com uma barragem. Para isso, tinham desenterrado os velhos argumentos do tenente Zherebtsov: que Kara Bogaz era apenas um caldeirão de evaporação inútil, uma «boca insaciável» que engolia as águas valiosas do mar Cáspio. «Fechando a baía, queriam deter a constante baixa no nível do mar Cáspio. Eram dois recipientes comunicantes que não podiam mais se comunicar», Aliev resumiu assim a lógica dos engenheiros.

Ele contou que os engenheiros conseguiram o que queriam: em fevereiro de 1980, a cachoeira marinha foi silenciada com material pesado; niveladoras com lagartas fizeram uma barragem de duzentos metros de comprimento no Adji Dária, o cordão umbilical entre o mar Cáspio e a baía de Kara Bogaz. Chefões do Partido em Asgabade aplaudiram quando os últimos bocados de terra foram cerimoniosamente despejados sobre o dique, enquanto o diretor do Instituto de Assuntos Hidráulicos de Moscou falava de uma «redistribuição racional abrangente dos recursos hídricos soviéticos». Cercado por escavadeiras silenciosas, ele argumentou que os maquinistas proletários não tinham apenas fechado uma baía nociva. Não, eles tinham posto «a pedra fundamental» do projeto de reorientação dos rios, a *perebroska*, pelo qual seu instituto tinha a responsabilidade final.

«*Perebroska* era uma palavra mágica», disse Aliev. «Esses 'reorientadores' eram uma espécie de semideuses. Na imprensa, chamavam-nos de 'domadores da natureza', tinham realizado 'o projeto do século'.»

A *perebroska* se tornou um conceito total: abrangia a Rússia europeia, a Sibéria e a Ásia Central. Depois da Segunda Guerra Mundial, toda uma geração de físicos tinha se debruçado sobre a ideia do camarada Krzizhanovski, o «eletrificador» da União Soviética que já havia defendido a reorientação dos rios em 1933. A partir da década de 1950, sua proposta de desviar para o sul os rios da Rússia que fluem para o norte foi promovida como panaceia para toda a escassez de água na União. No mapa soviético, parecia um plano claro: os veios azuis que subiam até o mar Ártico seriam canalizados em linha reta para as latitudes mais baixas. Os rios siberianos Ob e Irtixe ganharam um novo leito de 2,2 mil quilômetros para irrigar as plantações de algodão ao sul do mar de Aral. Traduzido em medidas europeias, a nascente dessa «ponte d'água» estaria mais a norte que Helsinque, e a foz, mais a sul que Roma.

Além desse componente siberiano, eles também mexeram nas bacias do Volga e do mar Cáspio. Acumularam-se problemas criados pelo homem que, aos olhos dos *fiziki*, exigiam soluções criadas pelo homem. A sequência de represas construídas no Volga desacelerou o fluxo e aumentou a perda de água por evaporação. Isso agravou a misteriosa queda no nível do mar Cáspio, que tinha começado na década de 1930, quando Iákov Rubinstein assumiu o cargo de diretor da fábrica de sulfato de Kara Bogaz.

Os hidrólogos formularam modelos matemáticos para prever o futuro equilíbrio hídrico do mar Cáspio. Esse equilíbrio era pura economia: uma conta de perdas e ganhos com variáveis sensíveis à conjuntura, como a precipitação e a evaporação. Os cálculos demonstraram que a retirada de ainda mais água do Volga (para irrigar as estepes calmuques e cazaques) diminuiria drasticamente o nível do mar Cáspio, e o resultado disso é que os portos mais importantes deixariam de estar à beira-mar. Portanto, segundo os cálculos, era necessário um abastecimento extra, que poderia ser feito de duas maneiras: em primeiro lugar, desviando os rios Neva, Duína e Pechora, no norte da Rússia, para o Volga (ideia original de Krzizhanovski) e, em segundo lugar, fechando a baía de Kara Bogaz.

«Deixemos que Kara Bogaz tenha uma morte heroica, como um soldado no fronte!», sugeriu o vice-ministro de Gestão de Águas. A baía teve de ser sacrificada para que a escassa água tivesse um uso mais útil em outro lugar. Uma geração anterior de planejadores soviéticos não tinha feito o mesmo com o mar de Aral?

No entanto, o Ministério Soviético de Assuntos Químicos, que explorava a baía como laboratório natural de sulfato, não se conformou com isso. O epicentro da indústria química do sal de toda a União Soviética estava localizado no cabo Bekdash: ali se concentravam as fábricas de bischofite (o desfolhante para a colheita mecânica de algodão) e epsomite (para processamento de couro e têxteis). O Ministério de Assuntos Químicos se contrapôs ao de Gestão de Águas.

«Em vão, é claro», disse Dziamar Aliev. «Foi Davi contra Golias, com uma diferença: Golias venceu.»

Da gaveta de uma máquina de costura a pedal, uma Singer antiga, ele tirou uma cópia em papel-carbono de uma carta que tinha endereçado «Ao Conselho de Ministros da União Soviética» no outono de 1978. Em três páginas, ele explicava suas objeções à proposta de fechamento da baía de Kara Bogaz.

Meu anfitrião esvaziou o copo e bateu as unhas na carta de protesto que tinha redigido.

Dei uma olhada rápida no texto até que meus olhos ficaram presos nas palavras «esturjão» e «caviar» — em negrito e sublinhadas. O ictiólogo estava defendendo os peixes! Fortalecido por seu sucesso com a carpa-prateada, ele demonstrou aos líderes soviéticos que estariam pondo em risco a indústria do caviar se fechassem a baía de Kara Bogaz.

A carta dizia: «A baía de Kara Bogaz não influencia apenas o equilíbrio hídrico do mar Cáspio. Ela também mantém o teor de sal num nível relativamente baixo (14,3 gramas por litro). Fechar a baía eliminará essa regulação natural, o que aumentará a concentração de sal. Se a salinidade do mar Cáspio exceder 15,1 gramas por litro, todas as espécies de esturjão serão extintas».

Enquanto eu lia, os dedos de Aliev tamborilavam no encosto da cadeira. Ele esperava que Brejnev recuasse diante da perspectiva de banquetes estatais sem caviar. O declínio da população de esturjões era um ponto em relação ao qual o rígido chefe do Kremlin talvez se mostrasse sensível.

O biólogo jogou seu trunfo de forma inteligente, mas não teve efeito: em 1979, o escritório de engenharia azerbaidjano BakHydroProjekt foi contratado para projetar a barragem.

Dois anos depois do fechamento da baía de Kara Bogaz — o líder do Partido, Brejnev, acabara de ser enterrado —, veio à luz um erro de cálculo fatal dos engenheiros hidráulicos. Segundo a previsão do Instituto de Assuntos

Hidráulicos, a água de Kara Bogaz só evaporaria depois de 15 a 25 anos, mas, transcorridos apenas dois anos, toda a superfície de 18 mil quilômetros quadrados já estava exposta. Os hidrólogos se refugiaram atrás de conversas técnicas. Poderia ter ocorrido um erro no coeficiente de correlação aplicado à fórmula de evaporação. Um erro por um fator de dez. A intenção nunca foi deixar que a baía secasse por completo, pois assim o sal precipitado se dispersaria. Uma vez levado pelas «tempestades de Bukhara», esse sal poderia danificar os campos férteis ao longo do Volga e do Don. Os projetistas do BakHydroProjekt propuseram restaurar o influxo de água do mar Cáspio com tubulações, de maneira que pelo menos o fundo da baía permanecesse úmido, mas o estrago já estava feito: os flamingos que pousaram naquele ano na baía de Kara Bogaz não encontraram comida e morreram em massa.

Em 1983, a Academia de Ciências do Turcomenistão organizou uma expedição para verificar os rumores de mortes de aves. Dziamar Aliev participou. De um helicóptero, ele viu estranhas saliências rosadas em fileiras intermináveis: as penas dos flamingos mortos.

«Os cadáveres foram comidos por águias-rabalvas», disse o biólogo. «Cheirava a salmoura e putrefação.»

Os membros da expedição não encontraram uma gota d'água em lugar nenhum. Usaram brocas para coletar amostras do solo de Kara Bogaz. Estava coberto por uma crosta de sal de 1,5 metro de espessura. Conforme previsto pelos químicos, essa camada não era adequada como matéria-prima para a indústria.

Na estação seguinte, os agrônomos perceberam uma salinização dos campos agrícolas até mil quilômetros da baía, do outro lado do mar Cáspio: as tempestades de inverno cobriram a fértil região da Terra Negra da Rússia com uma camada de pó. A análise mostrou que eram de fato sais contendo enxofre, portanto não havia dúvidas sobre sua origem.

O Kremlin tomou medidas tímidas (ordenando investigações adicionais) e tentou esconder a catástrofe do mundo exterior, mas foi impossível. Em Santa Bárbara, na Califórnia, o hidrólogo Norman Precoda descobriu em imagens de satélite de 1983 uma mancha branca a 41 graus de latitude norte e 53 graus de longitude leste, que normalmente era de cor verde-mar. Ele publicou sua descoberta («A laguna de Kara Bogaz secou») na revista *International Water Power and Dam Construction*.

Como secretário da Academia de Ciências do Turcomenistão, Aliev tinha livre acesso a esse tipo de literatura especializada e guardou as matérias mais relevantes na gaveta da máquina de costura.

Em 1985, a revista *Soviet Geography* destacou as implicações de longo alcance para os cartógrafos: «Dado o enorme tamanho da baía de Kara Bogaz, ela aparece com destaque até mesmo em mapas de pequena escala, e, em conexão com isso, sua transformação numa vasta salina requer ajuste de praticamente todos os mapas e atlas publicados».

Cartógrafos conscienciosos no mundo inteiro a partir de agora coloriam o mar interior pouco profundo de Kara Bogaz (azul-claro) como terra abaixo do nível do mar (verde-escuro), mas a ironia da história permitiu que eles desfizessem essa mudança imediatamente depois do colapso da União Soviética: na primavera de 1992, Saparmurat Niazov (ainda não chamado de «Turkmenbaşi», mas já presidente do Turcomenistão independente) enfiou uma pá no corpo da barragem. Diante das câmeras de TV, arregaçou as mangas e disse algumas palavras sobre «recusar o jugo colonial soviético». Kara Bogaz, ele disse, tinha sido roubada do Turcomenistão. Experiente demagogo, o presidente afirmou que a barragem (a construção custou 1 milhão de rublos) causaria danos de 100 bilhões de rublos em dez anos. Ao demolir o dique que a fechava, ele recuperou a baía de Kara Bogaz para o deserto «em nome do povo turcomano».

Dziamar Aliev observou que os mesmos dignitários que saudaram o fechamento do estreito em 1980 também estavam aplaudindo a reabertura. Ele me mostrou um boletim do *US Geological Survey* que documentava o desaparecimento e o retorno de Kara Bogaz com imagens de satélite de 1977, 1987 e 1997. A legenda: «A baía de Kara Bogaz acrescentou um aspecto de instabilidade física à conhecida instabilidade política das fronteiras da antiga União Soviética».

Antes de encontrar Ibrahim-Aka no mercado aberto e fretar sua van Daewoo para meu plano de viagem, eu tinha comprado um mapa rodoviário do Turcomenistão numa loja de souvenirs. Percebia-se, pelas letras em alfabeto latino (e não em cirílico, como antes era ditado por Moscou), que se tratava de uma edição atual. E de fato: Kara Bogaz estava novamente como uma concha azul-clara na areia do Caracum.

Novos marcos na paisagem urbana, como a mesquita de Geok-Tepe, estavam indicados com ilustrações. Esse templo, composto de quatro minaretes e uma sala de oração onde 4 mil fiéis podiam se ajoelhar ao mesmo tempo, foi construído no final da década de 1990 pelo francês Martin Bouygues.

Ibrahim-Aka tinha visto várias vezes esse empreiteiro bretão na companhia de Turkmenbaşi nos noticiários de televisão. «Quando eles se cumprimentavam, se beijavam por toda parte», disse horrorizado.

Por cima do zumbido do motor, meu chofer me contou que o templo que se via à distância era uma réplica («mas um pouquinho maior») da mesquita que o rei Hassan tinha erguido em Casablanca.

«Também foi construída por Bouygues. Quando nosso presidente visitou o rei Hassan, disse: também quero uma assim.»

Os quatro minaretes eram cravados na terra como lanças. Com 63 metros de altura — a idade em que Maomé morreu —, eles velavam uma cúpula cor de jade de quarenta metros — a idade que Maomé tinha quando recebeu o título de profeta.

Ibrahim-Aka, que como vigia noturno na escola inglesa para filhos de diplomatas ganhou mánates suficientes para comprar um Daewoo novo, se revelou ele próprio um muçulmano devoto. Em horários específicos, ele dirigia sua van para o acostamento. Então desenrolava um tapete de oração em meio ao vento da planície e inclinava a testa enrugada em direção a Meca. No entanto, Ibrahim-Aka desconfiava da fé de seu presidente, a quem acusou de «gastar metade das reservas do tesouro público construindo templos para ele mesmo».

«Você viu aquela *trinoshka* em Asgabade?»

Eu caí na risada: *trinoshka*, «tripé», era um nome bem depreciativo para a torre de 75 metros de altura com um Turkmenbaşi dourado, de capa esvoaçante, no topo. Essa escultura do autoproclamado soberano do deserto girava com os braços estendidos de acordo com o sol, numa postura que desejava indicar que só existiam dois pontos de referência no universo: o sol e ele.

Para Ibrahim-Aka, a mesquita de Geok-Tepe era testemunho dos mesmos delírios de grandeza. A estrutura marcava os restos de uma fortaleza de adobe na qual os *tekke*, o clã de Turkmenbaşi, contra-atacaram o exército czarista em 1879. Dois anos depois disso, esse obstinado povo equestre foi espezinhado, mas não era essa a batalha que o líder dos turcomanos queria comemorar ali. O que importava era a glória de seus antepassados que, com a ajuda de Alá, tinham retardado o avanço dos russos.

A estrada de quatro pistas terminava numa rotatória. À esquerda ficava a antiga muralha de adobe de Geok-Tepe, coberta por tufos de mato, e à direita a mesquita com seus guardiões delgados. Com exceção de uma mula perdida e uma turma de alunos uniformizados, o local de peregrinação parecia deserto. Optamos por seguir em frente e caímos na armadilha do primeiro posto policial.

Uma corrente com flâmulas vermelhas estava esticada na altura do para-choque. Ibrahim-Aka se dirigiu a uma construção retangular de vidro e alumínio para se identificar. Eu o vi gesticulando com dois funcionários; seus quepes se mexiam na direção um do outro e, depois de alguns segundos, meu chofer voltou a atravessar o caminho de cascalho: eles também queriam ver meus documentos.

O que eu já temia: os dois oficiais anotavam o nome de cada viajante num grande livro de migração.

Não fazia diferença se eu me chamasse «Prefeito de Amsterdã», mas expliquei que aquele era quem tinha fornecido meu passaporte.

Um dos quepes virou para cima. Dois penetrantes olhos asiáticos se fixaram em mim. Eu parecia com minha foto?

Sim, parecia.

O oficial folheou o documento procurando meu visto, onde estava expressamente declarado que eu não estava autorizado a ficar fora da capital Asgabade. O agente parecia hesitante, deu uma olhada no calendário — aparentemente verificando se o prazo ainda não tinha vencido.

«Aqui está, obrigado.» Para minha surpresa, recebi meu passaporte de volta; e Ibrahim-Aka, sua carteira de motorista. A próxima etapa estava à nossa frente.

«Semianalfabetos!», gritou Ibrahim-Aka um segundo depois, quando deu partida na van. Pôs no rádio uma fita de uma cantora turca que, a julgar pela imagem da capa, também fazia dança do ventre. «Você viu aquilo? Esses pobres coitados ainda não sabem ler o alfabeto latino, apesar de já ter sido introduzido em 1993.»

Pensei em Amansoltan; em sua vergonha quando percebi que ela não conseguia escrever o endereço do Instituto do Deserto. Aparentemente, a historiadora química turcomana não foi a única que não conseguiu fazer a transição. Eu me dei conta de que quem quisesse ter alguma importância no Turcomenistão de Turkmenbaşi precisava ter grande flexibilidade mental. Era preciso ser capaz de trocar como um mágico as verdades familiares e desgastadas pelas novas: foice & martelo por algodão & cavalos; vermelho por verde; o desfile de 1º de maio pelo de 27 de outubro (Dia da Independência). Era preciso dar provas de oportunismo, e nem todos conseguiram fazer isso.

Na noite anterior à partida, ainda passei na casa de Amansoltan. Perguntei a ela sobre os dez anos em que a baía de Kara Bogaz deixou de existir: por que ela nunca me falou sobre isso?

Também foi por uma questão de vergonha. Ela não queria usar a palavra «seca». Kara Bogaz tinha sido «liquidada». Aquele foi um ataque deliberado à natureza de sua região natal, cometido por seus professores soviéticos. «Senti aquilo como uma traição.» Oscilando entre a resignação e a descrença, ela acrescentou: «Não conseguia compreender que a extração de sal, conseguida com tanto trabalho, pudesse ser simplesmente abandonada».

E, é claro, Turkmenbaşi também era seu herói na primavera de 1992. Ela se lembrava das vozes entusiasmadas de seus vizinhos: «Você viu ele na TV?». Por um momento, Amansoltan se perguntou se os russos tolerariam a derrubada de «sua» barragem sem opor resistência, mas ao mesmo tempo ela se deu conta de que os novos dirigentes do Kremlin tinham outras coisas em mente.

A baía de Kara Bogaz se recuperou milagrosamente; o sal endurecido se dissolveu e os flamingos, patos e pelicanos (que Amansoltan chamava de «tagarelas») voltaram.

Só a indústria salineira do cabo Bekdash não se recuperou. «O que você queria? Ela só existia pela graça da economia planejada.» Na época em que as fábricas ainda funcionavam a todo vapor, lembrou Amansoltan, o GosPlan — o gabinete estatal de planejamento — garantia a compra e venda da produção, as férias dos funcionários e o fornecimento de frutas e verduras. Um Antonov saído de Moscou pousava duas vezes por semana, mas esses voos de abastecimento foram interrompidos em 1991 e a partir daquele momento a vida na cidadezinha química se tornou um tormento.

Amansoltan não tinha voltado a Bekdash desde a apresentação de sua tese, em 1978. Estava cansada de lidar com a decepção, ela disse. Agora que tinha se aposentado, se preparava para se recolher no vale do Uzboj. Naquele imponente desfiladeiro — outrora escavado pelo Oxus —, ela cavalgara livremente com sua mãe antes da intervenção dos soviéticos. Amansoltan contou sobre um *aul* intocado pelo progresso, um vilarejo de casas de barro chamado Fonte Dourada. Tinha um poço, um curral para o gado e uma vez por semana um mercado de camelos e ovelhas. No ano anterior, ela passara os meses de verão lá, e pela primeira vez em muito tempo pôde relaxar.

«Em nenhum lugar o céu noturno é tão coberto de estrelas», ela disse. «Mesmo na lua nova dá pra ver por onde se anda.»

Eu a ouvia e pensava: isso é o que se chama «voltar às raízes». Também pensei: quão extremamente inútil foi a intervenção dos soviéticos na vida de Amansoltan.

Ainda que o sol da primavera não tivesse um poder abrasador, as rochas basálticas que davam proteção ao porto de Krasnovodsk/Turkmenbaşi ainda estavam quentes no início da noite. O último posto policial antes da cidade ficava bem no alto, mas estava temporariamente fora de serviço: os policiais de plantão estavam comendo *shashlik* com os dedos gordurosos e deixavam o escasso trânsito passar sem ser perturbado.

O porto abaixo de nós era ao mesmo tempo encantador e feio. Ao longo do cais havia um monte de cascos de embarcações, armazéns, trilhos de trem, chaminés, desembarcadouros — tudo coberto por uma teia de cabos de alta-tensão, mas, com pouca luz, com um céu de cartão-postal sobre o mar Cáspio, as estruturas tão próximas umas das outras davam uma sensação de intimidade. O vento do mar, a moriana, tinha amainado.

Em comparação a grandes cidades, não se podia dizer que Turkmenbaşi era vibrante, nem sequer animada. Que eu não tenha achado o espartano Hotel Khazar um horror, e o risoto no restaurante estilo cantina até bem comestível, tinha a ver com o vazio da estrada. Apaguei meu sentimento de desolação com ávidos goles de cerveja. Passamos o dia todo seguindo o maior canal de irrigação do mundo, a «grande artéria do Turcomenistão». No entanto, não vimos nenhuma mudinha de algodão. A temporada só começaria depois das festas de primavera, em março, quando também recomeçariam as brigas de galos, e os torneios de *baiga*, um jogo violento («rúgbi a cavalo») em que os cavaleiros tentam tirar uns dos outros uma ovelha morta.

Ainda não havia sinal dessa atração. Parecia que o povo do Caracum se mantinha com promessas e perspectivas. Uma placa no hipódromo da cidade petrolífera de Nebit Dag anunciava que haveria uma grande *baiga*. Cartazes ao longo da estrada prometiam a perspectiva de PROSPERIDADE EM DEZ ANOS. E ainda havia o esboço de futuro no Colcoz da Glória: na entrada estava pintado um oásis com tamareiras e pomares de frutas cítricas, iluminados pela cabeça brilhante de Turkmenbaşi (ali ele realmente tomou o lugar do sol). Saí do carro para admirar de perto essa imagem futurista e li que o éden surgiria na costa leste do Cáspio em 2005. Os primeiros cinco anos do novo milênio seriam gastos numa extensão de mais trezentos quilômetros do canal Turkmenbaşi — até o delta seco do Oxus.

O «rei Sol» Turkmenbaşi queria entrar para a história como o homem que conduziu o Amu Dária de volta ao mar Cáspio depois de uma peregrinação de seis séculos. Ele queria rivalizar tanto com Pedro, o Grande (cuja campanha contra o canato de Quiva fracassou em 1717), quanto com Stálin (que teve de abandonar a construção do canal principal do Turcomenistão em 1947).

De repente, me dei conta de como Turkmenbaşi, ditador e construtor hidráulico ao mesmo tempo, se enquadrava perfeitamente no perfil do déspota oriental. Consciente ou inconscientemente, ele seguiu os passos de Timur, o Coxo, governante do século XIV que fez com que as tribos subjugadas a ele escavassem *ariks* (canais de irrigação) até a exaustão e embelezou a região entre o Amu Dária e o Sir Dária com palácios, madraçais e mesquitas para honra e glória de si mesmo. Antecipando a conclusão dos trezentos quilômetros que ainda faltavam, o líder turcomano emitiu um decreto: «A partir de hoje, 3 de maio de 1999, o canal Turkmenbaşi será chamado rio Turkmenbaşi».

Na manhã do segundo dia, compramos um engradado de água engarrafada Kizljar, do Cáucaso, numa barraquinha em frente à estação. Pelos meus cálculos, dava para comprar três litros de gasolina pelo preço de um litro de água potável.

«Isso é absurdo», eu disse, mas Ibrahim-Aka previu que a água seria ainda mais cara no cabo Bekdash.

O relógio da estação bateu nove horas quando um rapaz com cara de velho e sapatos surrados nos serviu uma última xícara de chá com mel. Pensei em Konstantin Paustóvski, que setenta anos atrás olhara para os trens russos por trás daquela fachada de aparência árabe (com o nome «Krasnovodsk» ainda legível, pintado no alto da entrada). «Os vagões de carga brilhantes eram, segundo me pareceu, o único elo tangível com a Rússia», ele escreveu. Entre os penhascos de basalto acima da cidade ecoavam «o estalar seco dos tiros de bandos de *basmachis*, que eram combatidos por brigadas soviéticas». Daqui não eram mais que dois minutos a pé até o movimentado terminal de passageiros no cais, o local onde antigamente ficava a capitania. Quantas vezes Paustóvski percorreu aquela distância esperando pelos petroleiros *Frunze* e *Dzerzhinski*?

Enquanto Ibrahim-Aka punha seu Daewoo em movimento, me considerei sortudo por não depender de transportes marítimos pouco fiáveis. Depois de quinze minutos, passamos pelo que parecia um parque de ficção científica, repleto de tubulações cintilantes: a refinaria de petróleo Turkmenbaşi. Ao norte dessa área envenenada por fumaça de diesel se estendia a estrada costeira até o Cazaquistão. Bekdash devia estar a 180 quilômetros de distância, e, embora de acordo com o censo de 1989 vivessem ali 10,5 mil almas, estranhamente a cidadezinha química não constava de meu mapa turcomano. A rota de transporte de carga, sim, bem como o Adji Dária, o cordão umbilical restaurado entre o mar Cáspio e a baía de Kara Bogaz.

De vez em quando a pavimentação da estrada desaparecia sob rajadas de areia. As dunas móveis eram controladas aos trancos e barrancos com esteiras de junco, que haviam sido fixadas na areia em posição de combate e formavam o início de novas dunas. Bulbos de cardo amarelo cresciam por toda parte.

Uma torre de vigilância branca apareceu no horizonte. Um farol, pensei, mas na verdade era um posto de controle da guarda de fronteira turcomana. Quando paramos em frente à cancela baixada, não veio ninguém. Tivemos de subir as escadas de aço até a torre de comando. Na varanda circular havia um soldado de uniforme camuflado amarelo-deserto com um binóculo pendurado no pescoço; lá dentro, um oficial estava numa escrivaninha com um telefone de campanha.

«O que os senhores vêm fazer aqui?» O militar (com duas listras nas dragonas) se dirigiu a Ibrahim-Aka, que ergueu as sobrancelhas e olhou para mim; ele era apenas o motorista.

Agora tudo se resumia à credibilidade. «*Krevetki*», eu disse. «Vim buscar camarão.»

Recebi essa dica de Dziamar Aliev no último minuto: «Apresente-se como um criador de camarão». Ele me informou que o único interesse que o Turcomenistão tinha para admitir um estrangeiro em Bekdash era o comércio de camarões-de-salmoura — um camarãozinho com o nome científico de *Artemia salina*. Agora que a indústria do sulfato estava à beira da morte, a baía de Kara Bogaz só produzia ração de peixe para aquaristas e criadores de camarão (a saber: os ovos secos do camarão-de-salmoura). Dois atacadistas de alimentos para peixes, a empresa Sanders, de Salt Lake City, nos Estados Unidos, e uma empresa de Dendermonde, na Bélgica, cobiçavam o direito exclusivo de explorar as reservas de *Artemia salina* de Kara Bogaz, e os belgas levaram vantagem.

«Ah, sim, comércio de camarão.» Em sua torre, o comandante empurrou a cadeira para trás. «E por que eu deveria acreditar que vocês não vão cruzar a fronteira para o Cazaquistão?»

Olhei para Ibrahim-Aka esperando que ele tivesse uma resposta eficaz. «Nem tenho os documentos pra isso...», ele tentou.

O guarda de fronteira turcomano se levantou como um autômato. «Vou ter que inspecionar seu veículo», ele avisou.

Evidentemente, ele encontrou alguns maços de President e também pegou uma parte das garrafas de água mineral, mas o oficial logo fechou o porta-malas, estávamos liberados.

Agora que a tensão tinha diminuído, perguntei ao comandante da guarda sobre as ruínas da cidade de Porto Kara Bogaz. Eu esperava que não estivesse muito longe dali, já que deveríamos estar perto da cachoeira marinha.

«Venha comigo», ordenou o oficial. Ele gritou alguma coisa para o soldado na varanda, que então se apressou a erguer a cancela puxando uma corda. Com o guarda de fronteira como guia, fomos até a ponte sobre o Adji Dária, cujo leito estava a menos de quinhentos metros de distância. Vi uma massa de água que era sugada entre pilares de concreto. Biguás se agitavam no estuário, de vez em quando mergulhando em busca de peixes. A cabeça de ponte era alguns metros mais alta que o resto da paisagem, de maneira que víamos a rebentação das ondas do mar Cáspio ao longe. As ondas banhavam um banco de areia onde havia uma rocha negra mais elevada. À medida que a água verde se aproximava da ponte, a vazão aumentava, como num ralo. Era estranho pensar que o volume de água que passava por ali subisse no mesmo ritmo em forma de evaporação do mar interior que ficava atrás.

A baía em si ficava escondida atrás de algumas fileiras de dunas, por onde o Adji Dária serpenteava turbulento.

Não vi em lugar nenhum qualquer vestígio de um povoado. Nenhum cais pavimentado, nenhum esqueleto de um galpão fustigado pela areia ou restos da fonte de salmoura construída por Rubinstein. Eu não conseguia imaginar que Porto Kara Bogaz, que tinha sido abandonada em 1939, trocada por Bekdash, tivesse sido destruída com o mero flagelo da moriana. «O que aconteceu com as ruínas da cidade?», perguntei.

«É onde o senhor está pisando», disse o comandante, apontando para os meus pés. Dei um passo para o lado, as solas de meus sapatos se moveram pelo cascalho que pavimentava o acesso à ponte. «Cascalho de concreto?»

O turcomano assentiu. Quando o Adji Dária foi represado, ele contou, as escavadeiras derrubaram as construções restantes. Os detritos eram necessários para fortalecer os diques. Doze anos depois, em 1992, a passagem foi escavada de novo e naquela ocasião os mesmos escombros de Porto Kara Bogaz foram usados para fortalecer as cabeças de ponte.

O militar bateu continência e disse: «Desejo uma boa viagem aos senhores». Com um movimento inesperado da parte superior do corpo, ele se virou e marchou de volta para sua torre.

Bekdash parecia deserta, mas não era. A cidade ficava a uma hora de carro do Adji Dária, mas ainda a cerca de quinhentos quilômetros da fronteira com o Cazaquistão. A entrada era um cemitério industrial. Numa ferrovia de via estreita ao longo da estrada havia uma fileira de carrinhos basculantes enferrujados e um vagão-tanque com a inscrição «*Pitievaia Voda*» (água potável). Atrás, um horizonte de silos, chaminés sem fumaça, galpões de produção e um emaranhado de canos de abastecimento e escoamento. Por trás das vidraças de um prédio administrativo estavam colados os anos de 1929 e 1999, com um slogan embaixo: 70 ANOS DE SULFATO — VIVA!

O complexo químico de Kara Bogaz não fazia nenhum ruído. Surgia da areia como um esqueleto. Alguns eucaliptos perto do portão do complexo industrial apontavam inutilmente para cima com suas estacas mortas. Não havia sinal de vida, nem mesmo quando entramos no bairro dos apartamentos dos trabalhadores da indústria química. Sim, havia uma vaca magricela andando entre os brinquedos de um parquinho; o animal mastigou um pedaço de papelão e virou a cabeça em nossa direção.

«Parece que não tem ninguém em casa», disse Ibrahim-Aka, mas isso foi um eufemismo; Bekdash exalava a atmosfera de um cenário de filmagem «pós-bombardeio». As moradias de pedra calcária tinham buracos onde seria de esperar janelas e caixilhos. Menos da metade das sacadas eram protegidas com vidro ou plástico — o que, de qualquer forma, indicava ocupação.

De repente, vimos uma garota passar chispando entre dois prédios. Ela corria o mais rápido que podia levando um balde alaranjado em cada mão. Ibrahim-Aka acelerou e foi com seu Daewoo em direção ao local onde tínhamos visto sua aparição. Eu me senti ridículo: como se estivéssemos caçando pessoas.

A menina dos baldes alaranjados não estava sozinha. Corria gritando por cima de uma tubulação a céu aberto até um caminhão-tanque que acabara de chegar: «Rápido, mamãe!». Uma mulher de salto alto a seguia em passinhos miúdos com uma bacia debaixo do braço, enquanto dezenas de pessoas sedentas de repente saíram correndo dos patamares dos edifícios. Carregando barris e galões, elas se aglomeravam perto do caminhão. Não fizeram fila, mas um tumulto. Um cara de cueca samba-canção, que além disso só tinha vestido às pressas uma jaqueta acolchoada, empurrou a menina dos baldes alaranjados para o lado. Ouvia-se um bate-boca daqueles.

«Me dá aqui!» Água esverdeada jorrava de uma mangueira de borracha. Água doce. Alguém esbarrou num balde cheio, a água escorreu pela borda. «Vagabunda! Olha o que você fez!»

Era uma reprise ao vivo, diante de nossos olhos, da cena da água potável da adaptação cinematográfica de *Kara Bogaz*. Essa cena fechou o círculo. Como roteirista, Paustóvski contrastou a luta pela água como uma situação primitiva do «cada um por si» com as bênçãos do socialismo do «suficiente para todos» (na forma de uma máquina de dessalinização de água do mar). O nômade usava macacão e abria uma torneira rindo: o realismo socialista de Paustóvski terminava assim.

No entanto, a realidade tangível se revelou mais dura: essa cidade costeira não tinha se tornado o ponto de partida de uma «campanha planejada contra a planície arenosa», o deserto não se transformara magicamente num «próspero vinhedo» e os nômades estabelecidos também não haviam sido levados a um estágio mais alto de felicidade.

Assim que a mangueira secou, as pessoas bateram em retirada. Um idoso com botas de borracha se sentou no chão de tão exausto. Ele não tinha pegado mais que um fundinho de água.

Fui até ele para ajudá-lo a se levantar, mas ele gesticulou que não era necessário. «Não vou fazer falta... minha esposa morreu... não preciso me preocupar com ninguém», ele disse ofegante.

Ibrahim-Aka remexeu nossa bagagem para lhe dar algumas garrafas de água Kizljar. Perguntei de onde ele vinha.

«Cazaquistão», disse o homem, batendo a poeira das calças. «Moro aqui desde os quinze anos... Lago número 6, trabalhei lá por mais de meio século.»

O cazaque disse que até cerca de dez anos antes tinha «um carro, dois camelos e uma televisão», mas que teve de vender tudo porque parou de receber pensão.

Quando perguntei qual era seu nome, ele respondeu: «Niazbai, mas 'bai' é um sufixo que significa 'estimado', 'rico', e eu perdi tudo. Me chame apenas de Niaz».

Depois de muita insistência, Niaz deixou que o levássemos até a entrada do prédio em que morava, mas não pudemos entrar em seu apartamento; disse que o orgulho cazaque o impedia de mostrar sua pobreza.

O complexo da companhia Artemia, de Dendermonde, era um refúgio em meio a essa desolação.

Um flamengo magro, de barbicha, chamado Eddy, tinha se mudado para a antiga casa da diretoria. Havia uma caixa d'água no telhado e dois jipes potentes no pátio.

Eddy nos recebeu como enviados bem-vindos de uma civilização distante. Com um sotaque flamengo aveludado, pediu desculpas pelos retratos oficiais junto ao cabideiro, onde o rei Alberto e a rainha Paola estavam pendurados ao lado de um presidente Turkmenbaşi com ar um pouco surpreso.

A empregada nos trouxe pantufas, peças bordadas que contrastavam alegremente com o sofá de couro preto da sala de recepção.

Eddy, vestido com blusão de gola alta e jeans desbotados, dirigia um negócio que faturava 2 milhões de dólares por ano. Sua contraparte no consórcio era o fundo pessoal de Turkmenbaşi, mas o próprio presidente estava bem longe, em seu palácio em Asgabade, e nunca tinha visitado os pescadores de camarão-de-salmoura de Kara Bogaz.

«A Artemia é o único empregador que restou em Bekdash», falou Eddie. Ele empregava cerca de trinta turcomanos, entre eles o ex-diretor do complexo químico. A indústria salineira de Kara Bogaz foi declarada falida logo depois da celebração de seu septuagésimo aniversário, em 1999. Naquele ano, um graneleiro iraniano ainda apareceu no ancoradouro para carregar sulfato, e depois acabou. Bekdash, de acordo com um *ukaz* da capital, deixou de ser centro distrital em 1º de janeiro de 2000. Isso significava que o governo turcomano tiraria suas mãos da cidade. Para encorajar os 2 mil residentes restantes a partirem (aqueles que eram demasiado velhos ou pobres para recomeçarem em outro lugar), as empresas de utilidade pública foram instruídas a pôr gradualmente um termo a seus serviços. A escola, a casa de cultura, os correios, o posto policial e o hotel estatal Jennet (Paraíso) foram pouco a pouco desmantelados.

«E o abastecimento de água potável?»

«Sim, esse também.» Eddy olhou para Olga, a empregada que estava ocupada com um pano de pó. Ela era a diretora aposentada da escola Bekdash, agora também extinta.

«Nos tempos soviéticos, tínhamos água encanada», ela explicou a pedido de Eddy. «Todos os apartamentos estavam ligados à rede de água e esgoto.»

Olga contou que a água antes era transportada por dutos do Cazaquistão. «Naquela época, ainda era uma 'república irmã'. O Turcomenistão pagava em gás natural, mas houve uma disputa sobre as tarifas e agora nada flui, nem gás nem água.»

Perguntei a Olga sobre sua história pessoal. Como ela, sendo russa, veio parar em Bekdash?

Ela se sentou num canto do sofá, alisou o avental e me contou que tinha dezenove anos e era estudante do primeiro ano de pedagogia em Orenburg, uma cidade nos Urais, quando se inscreveu como voluntária no Komsomol. «Soube que faltavam professores no Turcomenistão. Eu era necessária, não importava que ainda não tivesse terminado meus estudos.»

E o destino foi o cabo Bekdash, que quando ela chegou, em 1943, não passava de alguns galpões e armazéns. Olga acabou vivendo entre reservistas de terceira classe, franzinos e acima de cinquenta anos, que tinham sido rejeitados para o serviço militar no front. Durante os anos de guerra, o complexo químico passou a extrair tungstênio e lítio para a indústria armamentista.

«No entanto, ninguém queria entender que o trabalho aqui, naquele calor, era na verdade mais pesado que cavar trincheiras.» Segundo Olga, as perdas entre os reservistas que foram enviados para o deserto foram «tão assustadoras» quanto as do campo de batalha. «Como professora, ouvi muitas histórias terríveis, mas ninguém ousava falar sobre isso em público.»

Perguntei se ela sabia o que aconteceu a Iákov Rubinstein. Olga fez que sim com a cabeça, sabia muito bem. Sem nem precisar pensar, ela citou os nomes de outras pessoas que também tinham sido levadas sob suspeita de sabotagem: Guzman, o engenheiro-chefe, e Salnikov, o barqueiro do ferryboat que atravessava o estreito. «Aquele homem era tão habilidoso, deveria ter sido um inventor. Eu me lembro bem que ele construiu um moinho de vento que gerava eletricidade com todo tipo de ferro-velho, mas, como barqueiro, ele falava demais; deve ter sido denunciado por alguém como pessoa suspeita.»

Depois da guerra, a produção de sulfato foi reiniciada, primeiro no Lago artificial número 6. Chegavam navios de Astrakhan com milhares de exilados internos. Foram condenados a seis anos de trabalho no gulag em Bekdash porque se deixaram capturar como prisioneiros de guerra pelos alemães. Aos olhos de Stálin, essa era uma forma de traição que quase se equiparava à deserção.

Olga se casou com um desses prisioneiros. Seu marido se chamava Zorin e procedia de um vilarejo na Ucrânia, não muito longe de Odessa. Como ele vinha extraindo sulfato de maneira disciplinada e sem discordância durante todos aqueles anos, iria recuperar seus direitos civis em 1952. «Planejamos nos mudar para sua cidade natal assim que seus documentos de viagem estivessem em ordem. Ir embora daqui. Meu marido queria muito saber o que tinha sobrado do seu vilarejo e quem ainda estava vivo...»

Olga parou no meio da história, começou a mexer as mãos e virou o rosto.

Então se recuperou e disse: «No entanto, quando seus seis anos terminaram, ele foi informado que sua sentença tinha sido prorrogada por mais seis anos». A direção decidiu compensar a falta de trabalhadores duplicando as penas. «Disseram que meu marido tinha se tornado indispensável.»

Zorin morreu em 1972. A partida de Bekdash nunca aconteceu, nem para ela depois de viúva.

Houve um silêncio constrangedor. Para quebrar o clima pesado, mudei o assunto para Paustóvski e perguntei se ela havia lido *Kara Bogaz*.

Olga fez aparecer magicamente um sorriso: como diretora da escola, ela possuía três exemplares que emprestava quase sem intervalo. Achava um livro lindo, «um conto de fadas». «Maravilhoso pra sonhar. O senhor não acha?» Sem esperar por uma resposta, ela continuou: «Não estou zombando. Paustóvski simplesmente jogou o jogo, assim como todos nós. Acho que ele era tão ingênuo quanto nós. Nós, membros do Komsomol, íamos mudar o mundo. Tudo seria melhor. Sempre conversamos a respeito de tudo que era bom, e sobre o que não era, nos calamos. Meu Deus, como éramos ingênuos».

«E agora?», perguntei.

«Agora?» Olga pensou por alguns segundos. «O 'agora' começou pra nós em 1980. Naquele ano, a baía foi isolada do mar. A partir daquele momento sabíamos que nosso trabalho iria desaparecer, ou seja: perderíamos a baía. Bem, aguentamos isso por mais vinte anos, mas agora que estão eliminando gradualmente a distribuição de água, Bekdash está condenada.»

Olga contou que em casa ela se lavava com água do mar, esfregava o chão com água do mar, e sim, fazia sopa com água do mar. «A gente tem de pôr sal mesmo, então seria uma pena usar água doce.»

A Artemia pagava o salário dos funcionários em dinheiro e em água potável: cinquenta litros por família por semana. «Suspeito que seria o caos se retirássemos essas rações de água», disse Eddy, que se ofereceu para nos mostrar sua «estação-base» na baía de Kara Bogaz.

Sem o jipe com tração nas quatro rodas da empresa de Eddy não teríamos chegado ao Lago número 6 — as colinas eram muito íngremes e a marga, muito solta nas trilhas que passavam por elas. Tínhamos saído da costa do mar Cáspio e fomos dez, vinte quilômetros em direção ao interior.

Ibrahim-Aka ficou feliz por não ter de se arriscar nesse caminho com seu Daewoo. «Aqui o motor fica todo coberto de areia», ele disse.

Eddy lhe explicou que era justamente nisso que os europeus, pelo menos alguns europeus, viam um esporte. Contou que em 1997 um grupo de motociclistas correu por essa paisagem. O MasterRallye, um Paris-Dakar alternativo que vai da Europa até a Ásia, incluiu a volta da baía de Kara Bogaz como etapa inédita naquele ano. O único lugar povoado que os corredores encontraram daquela vez foi o Lago número 6. «Quem teve problemas no motor precisou ser retirado do Caracum pelos helicópteros de acompanhamento.»

Ibrahim-Aka não conseguia imaginar isso; também não teve muito tempo para pensar a respeito, porque nosso guia flamengo logo apontou para outra coisa: as carcaças dos estranhos robôs projetados para extrair o sulfato do fundo do lago. Eles pareciam petrificados (ou salinizados?) no fundo esbranquiçado da bacia de produção chamada Lago número 6. Num arco ao redor deles estavam os casebres do assentamento de mesmo nome. Quase tudo de valor tinha sido demolido, o resto chacoalhava ao vento.

«Paramos?» Eddy me olhou perguntando.

«Não», eu disse. «Continue.»

O jipe subiu mais uma encosta e de repente avistamos a baía de Kara Bogaz.

A água era de um azul profundo e só nas bordas rasas predominava uma turvação verde. A beirada da colina em que estávamos envolvia a baía drapejando como um babado; a laguna era tão grande que não dava para ver o outro lado a olho nu, apesar do céu claro.

Saímos do carro. Eddy primeiro fechou o zíper de sua jaqueta corta-vento; ele estava preparado para as poderosas investidas do moriana.

Lá embaixo, na linha da maré alta, havia contêineres brancos com as bandeiras da Artemia e do Turcomenistão no alto. A estação-base de Eddy. Enquanto caminhávamos até lá, fomos surpreendidos pelos guinchos agudos de dois pássaros pretos que davam rasantes ameaçadores acima de nossa cabeça. Dava para ver suas pesadas plumas de voo e até mesmo a inclinação do pescoço deles: estavam de olho em nós.

«Águias-reais», disse Eddy. «Estão aqui pela primeira vez este ano. Fazem seus ninhos numa fenda perto daqui.»

Ibrahim-Aka quis imitar o grito das aves de rapina, mas parou de tentar quando um dos pássaros veio com tudo em sua direção. Foi um ataque simulado, mas eficaz.

Eddy contou que a equipe de mergulho de Jacques Cousteau, o renomado oceanógrafo falecido em 1999, tinha se instalado ali alguns anos antes para estudar a vida subaquática. Devido à extrema salinidade, superior à do mar Morto, a biologia da baía era de uma beleza singela.

Ali cresciam algas vermelhas, cuja cor se deve às grandes quantidades de caroteno que elas contêm. Os camarões-de-salmoura, com menos de 1,5 centímetro de comprimento, viviam dessas algas vermelhas e por isso produziam ovos vermelhos.

«Toda primavera alugamos um helicóptero para ver onde os ovos estão se acumulando», comentou Eddy. «Eles formam linhas avermelhadas de dezenas de quilômetros que são empurradas pelo vento.»

Os flamingos viviam desses ovos e das larvas, também vermelhas. Sua tonalidade rosa-claro se deve ao caroteno que chega a suas penas pela cadeia alimentar das algas e do camarão-de-salmoura.

Caminhei até a linha da maré alta. As listras brancas na praia, que à distância eu confundira com a rebentação, na verdade eram rebordos ásperos e cortantes de *sal mirabilis*.

Liriki vs. *fiziki*

Os escritores tinham sustentado a sociedade soviética; os escritores também a deixaram desabar. Quão amargo Maksim Górki teria ficado se soubesse que os *liriki* se rebelariam contra os *fiziki*?

Quando o segundo congresso de massas na história da União dos Escritores Soviéticos começa em Moscou, no fim de 1954, nada parece ter mudado. O povo chorou em êxtase pela morte de Stálin em março de 1953; o «bem-amado mestre» foi enterrado ao lado de Lênin em seu mausoléu. Nada indicava ainda sua futura desonra, mesmo que o ajudante mais fiel de Stálin, o chefe do NKVD, Lavrenti Beria, tenha sido executado naquele mesmo ano e removido da *Grande enciclopédia da União Soviética* (os assinantes no país e no exterior receberam um encarte sobre o estreito de Bering, com a instrução de colar sobre o verbete «Beria»).

O congresso começa com dois minutos de silêncio em memória do camarada Stálin. Como um coletivo unido, os milhares de escritores e poetas se levantam e em seguida, com a cabeça baixa, se voltam para seus pensamentos individuais. «Cada um de nós escreve como seu coração dita», diz Mikhail Sholokhov. «No entanto, nosso coração pertence ao Partido.»

Paustóvski, vestido com um terno de três peças, está sentado numa das primeiras filas. «Vamos falar francamente!», diz a frase de abertura de sua fala, na qual se dirige aos «críticos invejosos no exterior»: «No Ocidente, em geral afirmam que nós, escritores soviéticos, sofremos muitas proibições e restrições; que não escolhemos livremente nossos temas e não expomos livremente nossos pensamentos. Sou um escritor soviético comum. Nunca fui pressionado na escolha dos meus temas ou na forma como lidei com eles.»

Desde sua estada no canal Volga-Don, Paustóvski se dedicou a produzir mais prosa de engenharia hidráulica. Na esteira de *O nascimento do mar*, escreveu uma dúzia de contos com títulos como «Poderosa força do rio», «Ternas bênçãos», «O curso de novos rios».

O predicado que Paustóvski ganha na *Grande enciclopédia soviética* é «romântico da construção socialista».

Desde que ele e a família trocaram o apartamento de um cômodo na rua Górki pelo da Torre Stálin, em Moscou, Paustóvski ia de vento em popa. Ele deixa o cargo de professor do Instituto de Literatura em 1955, mas não antes de garantir uma vaga no curso de «crítica literária» para sua enteada Gália — que acabava de completar dezoito anos.

Naquele ano, até sobra dinheiro para uma datcha. Tatiana procura nos vilarejos ao longo do Oka, um dos rios da Rússia Central de que seu marido mais gosta. Em Tarusa, ela encontra uma casinha de campo de madeira sendo vendida pelo diretor do sanatório local. Acaba sendo uma oportunidade de ouro: com a tranquilidade e o espaço, Paustóvski finalmente tem um lugar ideal para escrever.

Fui até lá num dia calmo de outubro. Gália, que além do apartamento também ficou com a datcha, me explicou o caminho. O endereço era rua dos Proletários, nº 3, mas chegando a Tarusa eu podia perguntar pela «casa Paustóvski».

Ela mesma já estava lá havia alguns dias com o marido, Volôdia, para deixar a datcha e o jardim «prontos» para o inverno.

A rua dos Proletários era um caminho de terra esburacado onde um camponês molambento dormia embriagado. Estava deitado no acostamento, enrolado como um camarão. Por causa da luz do sol no para-brisa, só o vi no último momento; por pouco consegui evitar suas pernas meio encolhidas, e, quando parei no final da rua, no nº 3, eu ainda estava um tanto abalado com aquilo.

«Tarusa é famosa pelos seus bêbados», disse Volôdia, que estava ocupado queimando montes de folhas de outono.

«E pelos seus ladrões», acrescentou Gália. «Só no bairro atrás do sanatório moram oito assaltantes.»

«Oito assaltantes?» Aquilo me pareceu bastante inverossímil. Não combinava de jeito nenhum com o aspecto pacífico de Tarusa: uma cidade termal, com edifícios de alvenaria, numa região bem arborizada às margens de um rio, cercada por pequenos casebres. Também tinha um cheiro delicioso de folhas molhadas e cogumelos.

Contudo, Gália foi taxativa: «Tarusa é um celeiro de criminosos». Isso se devia, explicou seu marido, à «regra dos cem quilômetros» na lei penal soviética. Com base nela, criminosos condenados foram proibidos para sempre de viver num raio de cem quilômetros de Moscou. «E, como Tarusa fica um pouco além desse limite, eles costumam se estabelecer aqui.»

Apontando para sua datcha pintada de azul e branco, uma casinha de conto de fadas, Gália disse que ainda instalariam persianas de madeira nas janelas para desencorajar os inúmeros ladrões de Tarusa no próximo inverno. Tirou as luvas de trabalho e foi me mostrar o jardim, onde ela estava cobrindo os canteiros de flores com palha e esteiras de junco. «Senão os bulbos morrem congelados», explicou. Um caminho de pedra levava a uma latrina e a um barracão com pilhas de lenha. Mais adiante, oculta entre as macieiras, ficava a pequena edícula onde Paustóvski tinha trabalhado nos últimos doze verões de sua vida. A casinha hexagonal estava trancada, e, quando tentei espiar lá dentro, meu rosto ficou imediatamente coberto de teias de aranha.

Como todos os russos, Gália e o marido se esbaldavam com a vida no campo. Em pouco tempo a mesa da cozinha estava cheia de pão, salsicha, queijo e nata. «Pegue», encorajou a dona da casa. «Aqui nós comemos com as mãos.» Ela soltou um «ai» em tom choroso e, ao levar uma fatia de salsichão de fígado à boca, falou com ar sonhador: «Como eu era esbelta antes... como eu era feliz...».

Comentei que na obra de Paustóvski eu não havia encontrado mais que duas frases nas quais ela aparecia. «Em algum lugar ele chama a senhora de 'uma moça com tendência a comportamento impulsivo'.»

Gália deu uma generosa gargalhada. «É, sim, mas isso diz mais sobre ele do que sobre mim. Ele era sempre tão cauteloso e, como devo dizer..., formal.»

Eu conhecia as histórias sobre sua aparência impecável, as gravatas largas e as camisas abotoadas até o colarinho, mas isso não o impediu de realizar atos espontâneos e corajosos durante o «degelo» sob o sucessor de Stálin, Kruschev. Mencionei seu «discurso de Drozdov» — uma famosa conferência cujo título se referia ao anti-herói da novela *Nem só de pão vive o homem* (o preguiçoso funcionário público Drozdov). Nesse texto de 1956, o autor satírico Vladimir Dudintsev ridicularizou o arquétipo do burocrata soviético. O choque do reconhecimento foi tão grande que o líder do partido, Kruschev, condenou o livro como «calunioso». Embora ele tivesse feito uma ruptura radical com o passado stalinista no início daquele ano (ao denunciar os crimes de seu antecessor), na opinião de Khrushchev o autor tinha abusado das novas liberdades.

Foi nesse contexto que Paustóvski se pronunciou publicamente contra «a inércia e a presunção dos Drozdov», os «inúteis e bajuladores que vemos todos os dias à nossa volta».

«Considerando o risco que ele correu», apontei, «dificilmente se poderia dizer que isso é ser cauteloso, não é? Foi até bastante insensato.»

Houve silêncio na mesa por alguns segundos. Volôdia olhou para a esposa. «Conte pra ele como foi», por fim ele disse.

Gália enxugou os lábios num guardanapo bordado. «Aquele discurso de Drozdov foi ousado», falou em tom comedido, «mas nós, estudantes de crítica literária, é que o estimulamos.»

Ela contou que tinha visto um anúncio no Instituto Górki de um debate sobre *Nem só de pão*. Local: o restaurante no primeiro andar da Casa dos Escritores. Data: 22 de outubro de 1956. Abaixo estavam listados quatro nomes de pesos-pesados da literatura que atacariam o polêmico texto. O jovem poeta Ievguêni Ievtuchenko constava como o único defensor.

«Ievguêni não vai dar conta!», sustentavam Gália e seus colegas. Ievguêni Ievtuchenko ainda era um estudante, muito corajoso, é verdade, mas o que ele poderia fazer contra quatro corifeus?

Uma das amigas de Gália a chamou de lado e disse: «Ele precisa de reforço. Temos de convencer seu padrasto».

Paustóvski reagiu de maneira evasiva. «Não gosto de falar em público, vocês sabem disso, não sabem?» No entanto, quando ele leu os nomes dos atacantes, pôs as mãos na cabeça por pura indignação. Por que aquele quarteto se permitiu ser mobilizado como artilharia pesada para eliminar a centelha de resistência literária? «Está bem», ele prometeu. «Vou fazer a réplica.»

A notícia de que Paustóvski assumiria a defesa de *Nem só de pão* chegou de Tarusa antes dele.

«A rua em frente à Casa dos Escritores ficou congestionada», contou Volôdia. «Todos os lugares foram ocupados; ficamos encostados na parede dos fundos, espremidos uns contra os outros.»

Assim que Paustóvski tomou a palavra, o público barulhento ficou em silêncio. Gália achou uma pena ele ter falado com uma voz tão frágil, difícil de escutar. Por ela, podia ter sido mais veemente, mais ardente. «O problema é que uma nova camada social conseguiu se desenvolver no nosso país», argumentou seu padrasto. «Uma casta de novos-ricos do Partido...» Gália foi ficando nervosa, queria que ele fosse logo direto ao ponto. «É uma casta de carnívoros que não tem nada em comum com a revolução e o socialismo. São cínicos, obscurantistas que nem sequer têm vergonha de voltar a vender discursos antissemitas. De onde vêm esses Drozdov? Arrogam-se o direito de falar em nome do povo, quando, em essência, odeiam o povo. Podemos ver essas pessoas à nossa volta todos os dias, elas se vestem igual, se expressam da mesma maneira repugnante. Utilizam uma língua morta, uma língua de burocratas, com a qual, em essência, expressam seu total desprezo pelo russo.»

Paustóvski concluiu com a previsão (ou o apelo?) de que o povo em breve «se livraria dos Drozdov».

«Essa última frase se tornou célebre», disse Gália. Já na manhã seguinte, ela foi abraçada e cumprimentada por completos estranhos no Instituto Maksim Górki. Cópias manuscritas do discurso de Paustóvski apareceram por toda parte na União Soviética com o título «O povo vai se livrar dos Drozdov». Na Universidade de Varsóvia até impuseram penalidades disciplinares pela posse e distribuição do texto, mas isso não conseguiu impedir que uma das cópias acabasse em Paris e fosse prontamente impressa em francês na revista *L'Express*.

Gália concluiu que Paustóvski, a partir daquele momento, se moveu inesperadamente para as fileiras dos dissidentes. «E fui eu que o instiguei», disse radiante.

Uma punição disciplinar para o próprio Paustóvski não ocorreu. No entanto, a *Literaturnaia Gazeta* o repreendeu ao resumir sua contribuição para o debate sobre *Nem só de pão* da seguinte forma: «O camarada K. Paustóvski tirou uma série de conclusões incorretas, como se os Drozdov fossem um fenômeno generalizado».

No entanto, ficou só nisso. Paustóvski pôde passar o resto do ano em paz, compilando suas *Obras completas*, que foram publicadas separadamente entre 1957 e 1958. Esses seis volumes — com capa de couro sintético marrom — tinham uma única omissão marcante: *O nascimento do mar*. A ausência desse texto não foi surpresa; confirmou o que Gália já me dissera antes: que Paustóvski não queria ser lembrado por esse livro encomendado pelas autoridades. Além da adaptação cinematográfica de *Kara Bogaz*, em 1935, da qual não há nenhuma referência em sua obra, ele claramente também baniu de sua vida a narrativa sobre o Volga-Don.

Foi o que eu supus, mas, quando peguei suas *Obras completas* de novo desde o início, me deparei com uma história de mais de cem páginas («O heroico Sudeste») que era muito semelhante. Reconheci passagens de *O nascimento do mar* e me dei conta de que aquela devia ser uma versão editada. Examinando melhor, percebi que Paustóvski cortou um terço do original, mas manteve o resto com um título diferente.

Uma comparação entre ambas as variantes deve lançar uma rara luz sobre os pensamentos e preferências pessoais de Paustóvski. Que fragmentos ele deixou de fora por vergonha? E o que conservou por livre escolha?

Fala por si o fato de que todas as referências a Stálin tinham desaparecido. Ninguém mais se permitia se inspirar nos «pensamentos geniais do camarada Stálin». Paustóvski teria demonstrado ignorância política se tivesse deixado inalteradas suas digressões sobre a «visão, vontade, dedicação e coragem de Stálin» em 1958. Da mesma forma, as promessas demasiado vazias do «alvorecer do comunismo» e da «era de ouro da humanidade» sumiram na versão abreviada. Os personagens de «O heroico Sudeste» irradiam menos felicidade; nos anos que se passaram entre uma versão e outra, eles se tornaram muito mais reais e ponderados.

No entanto, é só isso. A ode às realizações do engenheiro soviético permaneceu intacta, de onde deduzi que ele achou que tinha, sim, importância. Cada canteiro de obras fervilha com a mesma harmonia e determinação, e na versão revisada os operários também não são prisioneiros de guerra alemães ou condenados do gulag, mas voluntários. No que diz respeito ao tema da engenharia hidráulica soviética, Paustóvski não quis moderar sua euforia.

Nesse aspecto, a variante de 1958 é ainda mais efusiva que a de 1952. Graças aos cortes rigorosos, a história ganhou um tom mais urgente. O protagonista de *O nascimento do mar* (o inspetor de obras Basargin) é superado em importância em «O heroico Sudeste» por um personagem secundário: o engenheiro ruivo Starostin.

Starostin é um homem discreto, quase tímido, mas, como nos é dito, sua missão é «impressionante».

«Este certamente não é Starostin», exclama Basargin quando o encontra pela primeira vez. «Nosso homem de Leningrado que curvará os rios Ob e Irtixe em direção à estepe do Cáspio.»

O grandalhão Starostin cora. Na verdade, ele foi enviado como explorador para um projeto ainda maior que estava por vir: inverter o curso dos rios siberianos. Com «estações de bombeamento dez vezes mais potentes que as existentes» e «um canal de 2 mil quilômetros de comprimento», engenheiros como Starostin saciarão a sede da produção de algodão da Ásia Central com água siberiana. Para ele, a construção do canal Volga-Don é apenas um exercício de dedilhado; a anacruse do verdadeiro trabalho. Como engenheiro do futuro, ele está tão absorto no estudo da técnica ideal de escavação que não percebe que Klava, a mais bonita e atlética operadora de escaveira *dragline*, está se apaixonando por ele. Afinal, nada nem ninguém pode afastá-lo de seu objetivo, a *perebroska*.

Tudo naquele projeto era ousado e grandioso. O próprio Starostin já estava acostumado com seus números, mas nos leigos eles causavam uma impressão chocante. [...] Starostin compreendia que o maior empreendimento futuro de engenharia hidráulica do mundo estava nascendo exatamente ali, no canal Volga-Dom. Foi ali que se formou um exército de mestres construtores, foi ali que os especialistas da área buscaram os melhores métodos, foi ali que se acumulou a experiência mais valiosa.

Nas palavras de Paustóvski, o homem soviético está escrevendo «a história do futuro» entre o Volga e o Don.

Em pleno 2001, o Instituto de Assuntos Hidráulicos de Moscou ainda era habitado por «reorientadores» de carne e osso. Eles se sentiam como veteranos de uma batalha perdida. Um deles, o professor Aleksander Velikanov, se ofereceu para «revelar a verdadeira razão do fracasso da *perebroska*». Eu mal o cumprimentei e ele já veio me alertando sobre a «névoa de mitos» em que o projeto estava envolto, e pela qual ele responsabilizava os *liriki*.

Visivelmente, o instituto já tinha vivido dias melhores; o prédio ansiava por uma demão de tinta, tanto por fora quanto por dentro. A fumaça dos escapamentos vinda do trânsito intenso da região cobria a fachada com uma camada de fuligem. Em algum lugar no terceiro andar, o professor me conduziu até uma sala de aula com fórmulas matemáticas meio apagadas no quadro-negro. «Melhor aqui do que na sala da diretoria. Hoje é dia de pagamento e todo mundo vem bater na minha porta.»

Velikanov, um homem na casa dos sessenta anos, de cabeleira desgrenhada e feição experiente, passou de professor de hidráulica a vice-diretor de Assuntos Hidráulicos na década de 1970. «A *perebroska* estava alinhada com aquele tempo», ele disse em tom pensativo. «Teria sido um passo lógico na evolução da nossa civilização.» Ágil, o professor rolou um pedaço de giz por seus dedos, o que imediatamente produziu uma pausa oportuna. «Afinal, também transportamos petróleo e gás por grandes distâncias. Então, por que não transferir água de um rio para outro?»

Os americanos também fizeram isso. *Inter-basin water-transfer*. Não tinha nada de especial, era algo que acontecia havia anos. Eu já tinha ouvido falar do rio Colorado, certo? Ou do Tejo, na Espanha? «Nosso projeto diferia apenas em escala; isso provocava admiração nas pessoas. E às vezes também medo.»

Aleksander Velikanov era um «reorientador» de primeira hora. Bem quando ele estava se formando, em 1955, o Comitê Central ordenou que fossem feitos preparativos para a reversão de cinco rios (três na Rússia europeia e dois na Sibéria). O Instituto de Assuntos Hidráulicos ficou encarregado da supervisão de todas as pesquisas preliminares necessárias. «Nossos recursos eram ilimitados», disse o professor, com um leve toque de nostalgia. «Tínhamos uma frota própria, uma rede de estações de monitoramento, helicópteros para nossas expedições de campo, qualquer coisa de que precisássemos.»

Em pouco tempo, 68 mil funcionários de cerca de setenta instituições científicas estavam trabalhando no estudo de diversos aspectos relacionados aos projetos.

«Contudo, atenção: há uma diferença entre um projeto e um *prozject*.» Ele pronunciou essa última palavra da forma mais afetada possível, meio afrancesada, e explicou que Nikolai Gógol — seu escritor favorito —, já no século XIX, reservava a palavra nessa versão amaneirada para planos muito bonitos no papel, mas na prática irrealizáveis. «A *perebroska* em si era um projeto comum. Útil, viável, mas alguns de nós perderam a cabeça. Sonhavam até em escavar canais utilizando explosões nucleares controladas, por exemplo.»

«Um *prozject*?»

«É», disse Velikanov. «No entanto, o triste é que esses testes nucleares foram mesmo realizados nos Urais, no contexto do 'Átomo Pacífico', que foi um estudo sobre aplicações pacíficas de explosões nucleares em engenharia hidráulica.»

De acordo com o professor, a responsabilidade pelo «pensamento *prozject*» era dos escritores soviéticos: eles incitaram os *fiziki* a realizações cada vez maiores e, em última análise, insensatas. Na época de Gógol, *nota bene*, sob estrito poder czarista, os escritores pelo menos ainda faziam crítica social. «Contudo, só éramos cobertos de elogios. As barragens e estações de bombeamento que projetávamos eram invariavelmente chamadas de 'mais monumentais que as pirâmides do Egito'. Aparecia assim nos jornais. Então era difícil manter as proporções certas em mente!»

Nada nem ninguém segurava a engenharia hidráulica soviética. O Ministério de Gestão da Água (abreviatura: MinVodChoz) se transformou num rolo compressor com 1 milhão de funcionários públicos espalhados pelas quinze repúblicas. O MinVodChoz tinha seu próprio sistema de classificação para documentos sensíveis, que atribuía a cada escala de serviço e a cada quitação no mínimo o carimbo de «secreto». Com seu forte lobby dentro das colunas de poder, o MinVodChoz se tornou o departamento mais influente depois do Ministério da Defesa. Surgiu («como que automaticamente», enfatizou o professor) uma ânsia por grandes façanhas. A irrigação por gotejo, o método econômico com o qual os israelenses conseguiram fazer florescer suas plantações de laranja, não era interessante para a burocracia hídrica soviética. Os canais soavam mais poderosos.

«Só sistemas hidráulicos que desafiassem a imaginação poderiam justificar a existência de um aparato tão amplo.» Velikanov falou da «gigantomania» que começou a se apoderar dos dirigentes — e, enquanto eu o escutava, vi emergirem os contornos da sociedade hidráulica de Karl August Wittfogel. Revelou-se mais claro que nunca o mecanismo que deu à engenharia hidráulica em grande escala a tendência de se utilizar de estruturas totalitárias: sem regulamentos, disciplina, linhas de comando rigorosas e mão de obra barata, obras públicas como a *perebroska* eram impensáveis. Por outro lado, regimes totalitários certamente precisavam desse tipo de projeto de construção em grande escala para justificarem a si mesmos.

Velikanov concordou que Stálin só pôde construir seus canais e represas graças à provisão inesgotável de trabalhos forçados. Seus sucessores, portanto, se bateram com a viabilidade da *perebroska*, e não por sua factibilidade técnica ou econômica. Em outras palavras: à medida que o gulag se esvaziava, a probabilidade de concretizar o plano de desvio dos rios diminuía. Para continuar a construir da maneira estalinista, era preciso encontrar novas reservas de mão de obra. Foi considerada a inserção do Exército Vermelho, a instituição de um «recrutamento» à parte «para obras civis», ou uma campanha antialcoolismo na qual os bêbados do país poderiam ser condenados a «um tratamento de no máximo três anos trabalhando na construção de canais».

No entanto, uma mobilização de trabalho assim nunca ocorreu. Parecia que a União Soviética tinha começado a perder sua intrepidez depois da onda de anistia sob Khrushchev. Havia funcionários públicos em profusão, o problema não era esse, e também não faltavam engenheiros e inspetores de obra, mas, com a libertação de mais de 1 milhão de prisioneiros de uma só vez (em 27 de março de 1953 — três semanas depois da morte de Stálin), a hierarquia soviética estreitou sua base de «escravos» subordinados.

Como o sinal de largada para a *perebroska* não ocorreu, a União Soviética começou a exportar seus conhecimentos de engenharia hidráulica. Entre 1957 e 1970, engenheiros soviéticos lideraram uma força de trabalho de 35 mil egípcios para construir uma barragem de 111 metros de altura e 3 quilômetros de largura no Nilo, perto da cidade de Assuã. No berço do despotismo oriental, os engenheiros hidráulicos soviéticos mostraram ao mundo o que eram capazes de fazer.

Em seu próprio país, Kruschev exigia cada vez mais estudos de impacto, como que para encobrir sua incapacidade de execução da *perebroska*. O professor Velikanov não pôde deixar de pensar que ele e seus colegas estavam sendo mantidos na expectativa com toda aquela pesquisa extra. Segundo ele, foram escritos tantos relatórios sobre a *perebroska* que uma vida inteira não seria suficiente para ler.

Mais ainda do que essa informação, me angustiou ideia de que aqueles milhões de horas de esforço intelectual não tenham levado a lugar nenhum.

«Ah, mas não foi isso que eu disse», reagiu o professor. «A *perebroska* foi muito útil para o desenvolvimento da matemática. A programação linear, principalmente, se beneficiou muito.»

A propriedade familiar onde Paustóvski passou a infância, localizada na ilhota oblonga no rio Ros, foi completamente engolida por uma represa, junto com as colmeias de seu tio Ilko. Esse afluente do Dnieper, que «outrora abrira caminho como uma fúria através das montanhas de Avratin», também tinha sido represado em prol do progresso.

Para Paustóvski, que queria muito mostrar esse «lugar mais misterioso do planeta» a Tatiana e Gália, isso foi uma decepção. No verão de 1954, durante uma viagem ao interior da Ucrânia, ele pôde recordar inúmeras outras memórias de infância. Reconheceu casas onde viveram tios e tias, sua escola primária e a igreja onde a mãe, que era metade polonesa, ia rezar.

Gália ficou surpresa com os muitos «Paustóvski» que moravam lá. «Foi como se as cenas de *Anos distantes* ganhassem vida diante dos nossos olhos», comentou sobre aquela viagem memorável. «Um mundo se abriu para mim. Até as crianças lá ainda andavam em trajes típicos.»

Mãe e filha o aconselharam a retomar sua autobiografia. Agora que o *zhdanovschina* havia acabado, as editoras soviéticas já não tinham reservas com o caráter «apolítico» de um livro assim.

O que podia e o que não podia ser dito e escrito estava mudando dramaticamente. A primeira leva de dissidentes depois da morte de Stálin rejeitou a *lakirovka* (literalmente: dissimulação) exigida dos escritores. Em 1954, Ilia Ehrenburg publicou uma novela na qual aparece um artista «que conspira, faz intrigas e mente como todo mundo». A novela se intitula *O degelo*, nome que caracterizaria a era Kruschev.

Ievguêni Ievtuchenko apela para que «se devolva às palavras seu som original». As sirenes das fábricas de manhã não «cantam», elas ressoam. E o metalúrgico a quem se destina o apito não salta da cama, ele se vira mais uma vez. Paustóvski adere à crítica sobre a artificialidade da literatura soviética: segundo ele, muitos livros irradiam «debilidade»; exalam «uma alegria fingida que quer sugerir alegria real, em especial a da satisfação no trabalho».

Um punhado de escritores estão fartos da mania da GlavLit de se intrometer e procuram maneiras de contornar a censura. Bóris Pasternak, que trabalhou silenciosamente durante anos em seu romance *Doutor Jivago*, não consegue que o manuscrito seja aceito por nenhuma editora soviética. Com razão, diz a *Literatoernaia Gazeta*, pois põe a Revolução de Outubro sob uma luz negativa. Quando o livro aparece inesperadamente na Itália, em 1957, e em 1958 ainda é laureado com o Prêmio Nobel, tem origem um motim político-literário para o qual todos os escritores soviéticos, quer queiram ou não, são arrastados. Pasternak foi culpado de *tamizdat*: publicar (*izdat*) seu trabalho no exterior (*tam,* ou: do outro lado).

Estudantes do Instituto Górki de Literatura leais ao Partido são mandados às ruas para chamá-lo de «Judas». DESAPAREÇA DA UNIÃO SOVIÉTICA, diziam os cartazes que levavam. Enquanto isso, jovens do Komsomol ameaçavam incendiar sua datcha em Peredelkino.

A União dos Escritores Soviéticos também não se contém: Pasternak é excluído como membro. A seção de Moscou pede ao governo soviético que revogue a «cidadania do traidor Pasternak». Como se isso não bastasse, conhecidos escritores soviéticos recebem um apelo para condenar o ato covarde de Pasternak. Durante apresentações noturnas no restaurante da Casa dos Escritores, eles o atacam um por um.

Paustóvski também foi procurado para o papel de acusador. «Estávamos na datcha quando vieram buscá-lo», contou Gália à mesa da cozinha em Tarusa. «Um *apparatchik* da União dos Escritores com seu chofer.»

«Eram mais ou menos onze da manhã», acrescentou Volôdia. «Vi um carro preto chegando aqui à rua dos Proletários.»

Do veículo, saiu o secretário da União dos Escritores de Moscou, um certo Smirnov. «Cavalheiro distinto. Parecia muito importante.»

Como fazia um lindo sol de outono, depois do café da manhã Paustóvski tinha saído de barco para pescar no Oka.

«O quê?», exclamou Smirnov, que não conseguia acreditar que Paustóvski geralmente ficava fora o dia todo. «É urgente», ele ainda tentou, mas Gália e Volôdia não podiam fazer nada.

«Ele foi até o comitê distrital do Partido, aqui no vilarejo. E então saíram pra procurá-lo com uma lancha.»

Eles o encontraram sob um salgueiro inclinado sobre a água. De seu barco de metal, Smirnov insistiu para que

Paustóvski se manifestasse contra Pasternak. «Precisamos de alguém do seu calibre.»

Paustóvski pediu um tempo para pensar. Não se atrevia a ofender o enviado da União dos Escritores com uma recusa brusca, mas assinalou que não tinha lido *Doutor Jivago*. Afinal, o livro foi proibido na União Soviética, então como ele poderia ter lido? «O senhor está me pedindo pra condenar um livro que eu não conheço?», falou Paustóvski. «Isso não pareceria inverossímil no exterior?»

Smirnov e os seus não voltaram mais ao assunto.

Ele sempre encontrava uma saída — Tatiana também caracterizava o marido assim. Segundo ela, Paustóvski sabia dar provas dessa «astúcia» inclusive no casamento. Uma vez ela confessou a Dima Paustóvski que ele gostava de receber ordens («eu era como um ditador para ele»), mas, assim que acontecia algo de que ele não gostava, o escritor fugia. «Daí ele reagia de modo teimoso e obstinado e seu comportamento adquiria algo de cruel.»

Embora o relacionamento deles tenha durado até a morte de Paustóvski, Tatiana olhava para o passado com uma dose de amargura. Pouco depois do caso Pasternak, durante uma de suas escapadas o marido iniciou um romance com uma admiradora que morava em Leningrado. Foi mais uma relação platônica, que só existia no papel de carta, mas isso não diminuía a tristeza de Tatiana.

Quando mais tarde Dima viu essa correspondência, descobriu que o pai usava as mesmas frases e expressões que havia escrito para sua primeira esposa, Kátia, meio século antes.

Manobrando com cuidado, Paustóvski sempre conseguiu ficar fora de perigo. Não ofendeu ninguém publicamente e permaneceu um escritor leal às autoridades soviéticas. Em

1962, em seu aniversário de setenta anos, foi agraciado pelo estado com a Ordem da Bandeira Vermelha, uma condecoração condizente com sua estatura. Mais importante ainda: foi considerado suficientemente confiável para viagens ao Ocidente. A convite de seu editor francês, que tinha publicado uma tradução de sua autobiografia, no verão de 1962 ele passou um mês em Paris, onde colocou flores no túmulo de Ivan Búnin, conheceu Pablo Picasso (que rabiscou num livro com reproduções «*Pour Constantine Paustovski*») e foi cercado por jovens francesas durante uma sessão de autógrafos na Livraria Globus.

Cauteloso, evitou declarações políticas. Estudantes da Sorbonne pediram em vão seu parecer sobre a fase decisiva da desestalinização. O corpo preparado do «Glorioso Sol» tinha sido recentemente removido do mausoléu e enterrado entre os abetos ao pé do muro do Kremlin. Dali em diante, Stálin foi considerado culpado por todas as deficiências do sistema soviético. Para que essa mensagem parecesse verossímil, seus crimes teriam de ser tornados públicos, uma tarefa para a qual Kruschev pôs a literatura em ação. Em dezembro de 1962, uma novela sobre o gulag foi publicada sob sua supervisão pessoal. Tratava-se de *Um dia na vida de Ivan Denisovich*, de Alexander Soljenítsin, um matemático desconhecido que deu forma literária à sua experiência no campo de trabalhos forçados no Cazaquistão. Seu frio registro da crueldade cotidiana numa das colônias penais de Stálin, da manhã até o toque de recolher à noite, seria o ponto culminante do degelo de Khrushchev: o aparecimento de um relato tão chocante foi longe demais para os membros conservadores do Politburo. Menos de dois anos depois, na plenária do Partido, em 14 de outubro de 1964, o filho de mineiro Kruschev teve de dar lugar a Leonid Brejnev.

Em Tarusa, Paustóvski sofre ataques de asma pela primeira vez. Eles em geral começam por volta das quatro da manhã e duram até o amanhecer. Gália lembrou que sua tosse incomodava até os galos da rua dos Proletários.

Por ser um célebre escritor soviético, Paustóvski pode se tratar por um tempo em Capri, mas não são só seus pulmões que aos poucos ficam comprometidos: as artérias coronárias também estão desgastadas.

«Entre 1962 e 1968 ele teve pelo menos oito pequenos-infartos», informou sua enteada.

Por intercessão da União dos Escritores, ele acaba sempre no elitista Hospital Kremlin, onde recebe a prescrição de repouso, mas Paustóvski estava cada vez mais irritado, sobretudo com a rigidez de Brejnev e seu círculo de seguidores.

Assim como muitos outros, ele se acostumou ao clima mais ameno e liberal sob Kruschev. Logo que os não conformistas começam a ser de novo perseguidos, Paustóvski deixa de se adaptar aos desejos das autoridades. Ele se recusa a abrir mão das liberdades concedidas. Velho e doente como está, gozando de grande reputação no país e no exterior, sente-se praticamente imune a reprimendas. Sem precisar assumir o papel de mártir, agora vai em auxílio aos dissidentes perseguidos. Junto com outros que pensam da mesma maneira, assina uma declaração de apoio a Alexander Soljenítsin (questionando a legalidade da censura) e um pedido de clemência para os infratores do *tamizdat* Daniel e Siniavski (condenados a cinco e sete anos de prisão, respectivamente, em 1966).

Jovens dissidentes vêm até ele com petições e cartas abertas. «Eles se sentavam aqui na mesa da cozinha e diziam: 'Konstantin Georgievich, precisamos da sua assinatura'.»

Gália contou que ele primeiro punha os óculos, levava a folha de papel até a luz do lampião e começava a ler em voz alta. «Ele sempre fazia algum comentário estilístico. Os jovens ficavam inquietos na cadeira, com medo de que ele não assinasse por causa de uma frase mal formulada.»

«Mas ele assinava?»

«Sempre», disse Gália. E, se ele estivesse internado, a mãe dela contrabandeava as cartas de protesto na bolsa até o Hospital Kremlin. Foi assim que Paustóvski assinou, no leito hospitalar, uma «Carta Aberta a Brejnev», na qual treze celebridades, desde o físico nuclear Andrei Sakharov até a primeira bailarina Maia Plisetskaia, advertiram o chefe do Partido de que «o povo não compreenderá nem aceitará um regresso ao stalinismo».

Não ele, mas Tatiana acaba tendo problemas com a KGB.

Gália contou que, por ocasião da «Carta Aberta a Brejnev», sua mãe foi convocada por um coronel do serviço secreto especializado em assuntos literários. Ela teve de comparecer a uma sala separada da Casa dos Escritores para explicar tintim por tintim seu papel na distribuição da carta, mas, no momento em que seu interrogador trancou a porta do gabinete a chave, Tatiana estourou com ele, enfurecida.

«Não vim aqui pra jogar fora minha honradez de mulher... Como o senhor ousa sugerir isso!»

O oficial da KGB esperou que ela se acalmasse. Segundo Gália, depois disso ele então pediu a ela, em tom extremamente cortês, que no futuro não envolvesse mais seu marido em atividades insurgentes.

«Isso é tudo?», Tatiana perguntou bruscamente, sem prometer nada.

«Sim», disse o coronel. «A senhora pode ir.»

Paustóvski nunca tinha ficado numa posição tão confrontante, não era de sua natureza. Preferia tentar tornar o sistema soviético, que ele nunca rejeitou, mais tolerante e aberto a partir de dentro. Como respeitado homem de letras, ainda assumiu um cargo na diretoria da União dos Escritores em seus últimos anos de vida — e aceitou o status que vinha com isso. Recebeu um carro com chofer e uma secretária pessoal. Para os amigos, Paustóvski se desculpava por esses funcionários concedidos pelo governo. Nunca deixava de enfatizar que vinham «apenas de vez em quando» e que podia muito bem ficar sem eles. E, quando sua secretária mandou imprimir um maço de papel timbrado com a inscrição «K.G. Paustóvski — Escritor», ele gritou consternado: «Dê um fim nisso. Pendure num gancho na latrina».

Como membro da diretoria da União dos Escritores Soviéticos, Paustóvski se empenhou pela republicação das obras de Isaac Babel e outras vítimas do terror de Stálin. A entrega de certificados de reabilitação, em 1956, aos parentes próximos de escritores «condenados injustamente» pode ter sido um momento crucial, mas não trouxe seus livros, reduzidos a polpa, de volta.

Só em 1964 é que Pilniák foi republicado na União Soviética, graças aos esforços incansáveis de sua viúva, Kira. Ela foi autorizada a fazer parte da comissão de reabilitação e, dessa forma, conseguiu publicar alguns fragmentos de *Celeiro de sal* (o manuscrito que ficou enterrado por dez anos no antigo jardim de sua datcha).

Naquele mesmo ano, a novela *Djan*, de Platônov, também veio à luz pela primeira vez. Ou seja, trinta anos depois da concepção e treze depois da morte do autor. *Djan* foi recebida com elogios.

Em 1967, Paustóvski escreveu na revista *Novi Mir*, num número dedicado aos «Cinquenta anos de literatura soviética»: «Como é possível que tenhamos nomeado livros com valor artístico nulo como obras-primas, enquanto os escritos mais brilhantes ficaram escondidos e só vieram à luz depois de um quarto de século?».

Em retrospectiva, o jubileu de cinquenta anos da tomada do poder pelos bolcheviques foi um ponto de virada na história das letras soviéticas. Enquanto veteranos da idade de Paustóvski faziam o balanço de cinco décadas de literatura soviética, uma nova geração de escritores se retirava para cidadezinhas remotas, intocadas por qualquer plano quinquenal. Em sua obra, eles vão em busca da pura vida rural russa, um tema em que a GlavLit não vê perigo.

Pela primeira vez desde que Górki encarregou os escritores soviéticos a elogiarem a construção do socialismo com todas as suas habilidades artísticas, os *liriki* questionavam o trabalho dos *fiziki*. Em seu poema «A usina elétrica de Bratsk» (1965), Ievguêni Ievtuchenko rompe com a tradição de comparar barragens com as pirâmides egípcias. Afinal, estas últimas não são «o símbolo da inutilidade e da humilhante escravidão»?

Dois anos depois, um dos alunos de Paustóvski no Instituto Górki descreveu a construção do canal principal do Turcomenistão como um «empreendimento inútil». Mais um pouco e os benefícios da construção de barragens também seriam questionados.

Quando, em 1976, Valentin Rasputin apresenta um manuscrito sobre a vida num vilarejo siberiano, os censores ficam satisfeitos com alguns poucos cortes. Eles não se dão conta de que *Adeus a Matiora* pode ser lido como uma acusação às obras da engenharia soviética.

O livro descreve o último verão do vilarejo de Matiora antes de ser engolido pela represa de Bratsk. A noção de que o leitor poderia ficar do lado das *babushkas* briguentas de Matiora e, portanto, contra a geração de eletricidade para novos complexos industriais socialistas passa batido pelos funcionários da GlavLit.

Ao contrário do tempo de Górki, proteger a natureza já não é um obstáculo ao desenvolvimento socialista. Pode haver um sentimento genuíno de patriotismo subjacente — por isso os «escritores rurais» podiam exaltar a natureza virgem da Rússia. Os ideólogos do Partido não acham alarmante quando a *Literaturnaia Gazeta* publica cálculos de que 2,6 mil aldeias e 165 pequenas cidades foram inundadas por represas desde o primeiro plano quinquenal de Stálin. Tais constatações não se enquadram na categoria de crítica. Pelo contrário, por enquanto elas ainda enchem os planejadores soviéticos de orgulho, e não de vergonha.

O MinVodChoz ainda sabe que tem o apoio do Politburo, e, por ocasião de uma série de colheitas fracassadas devido à seca no período 1970-75, esse ministério consegue conquistar Brejnev, o líder do Partido, para a *perebroska*. Depois de décadas de ponderações, sob sua liderança a União Soviética opta pela execução efetiva da reversão dos rios: sob o nome «Estratégia Meridional», Brejnev ordena, em 1977, o redirecionamento acelerado de cinco rios na Rússia europeia e na Sibéria. Dois anos mais tarde, engenheiros hidráulicos apresentam um projeto final para a transferência anual de sessenta quilômetros cúbicos de água. A primeira e mais fácil parte dessa «redistribuição racional dos recursos hídricos soviéticos», o fechamento da baía de Kara Bogaz, é concluída em fevereiro de 1980.

No entanto, aí o coro de vozes dissidentes se intensifica. Um protesto incisivo de um autor rural rejeitado pela GlavLit aparece como *tamizdat* em Paris, em 1981. Os *liriki* do interior não são nostálgicos inocentes, mas sim um bando de gideões que se lança sobre a questão da reorientação dos rios.

O professor Velikanov ficou chocado com o «instinto de rebanho» de seus oponentes. «Os escritores soviéticos sempre elogiaram nosso trabalho», falou indignado, «mas agora esses 'patriotas' tinham virado a casaca.» Ao contrário da maioria dos engenheiros hidráulicos, ele entendeu por que precisamente a *perebroska* tinha de pagar o pato: a inversão dos cursos dos rios se tornou sinônimo da arrogância do poder soviético.

«Não demorou para que todos que se autodenominavam liberais começassem a rechaçar a *perebroska*», disse Velikanov. «Eles torpedeavam nosso trabalho devido a uma frustração geral, sem um alvo específico.»

Quando se tornou público, no final de 1983, que os flamingos jaziam em montes rosados no fundo seco de Kara Bogaz, os *liriki* tiveram um novo trunfo nas mãos. Sob o título O ERRO DO TENENTE ZHEREBTSOV, emprestado de Paustóvski, a *Literaturnaia Gazeta* escreve: «O drama de Kara Bogaz demonstra mais uma vez as consequências desastrosas de grandes intervenções em ecossistemas estáveis».

O professor Velikanov lamentou que tenha sido cometido um erro no fechamento de Kara Bogaz («um erro grosseiro no cálculo-modelo»). Por causa disso, as partes sensatas do projeto de redirecionamento também se tornaram alvos. «Não havia mais espaço pra argumentar em relação ao conteúdo técnico», disse Velikanov. «As críticas a nós eram totalmente dirigidas contra o estado, mas por que esse conflito social teve de ser travado às custas dos engenheiros hidráulicos?» Em sua visão, o pêndulo tinha oscilado demais: no início, os *liriki* punham as obras de engenharia socialistas nas alturas; agora levaram tudo ao chão.

Os escritores rurais adotaram um tom chauvinista. Qualquer um que tirasse água da taiga eslava em benefício da estepe asiática era um traidor do povo russo, diziam. Como líder do movimento da prosa rural, Valentin Rasputin proclamou que a *perebroska* era um mal tão grande quanto os assassinatos em massa dos cúlaques por Stálin. Numa carta ao governo soviético, ele ameaçou atear fogo em si mesmo na praça Vermelha se o projeto de reversão fosse executado.

Em meio a essa controvérsia, Mikhail Gorbachev assumiu, em 1985, como o sétimo e último líder soviético. Menos rígido, o novo chefe do Partido, que iniciara sua carreira durante o degelo de Kruschev, convocou os *liriki* e *fiziki* mais eloquentes para irem ao Kremlin. Ele os ouviu e, em 14 de agosto de 1986, ordenou a paralisação da *perebroska*.

O MinVodChoz, um dos pilares da burocracia soviética, estava à beira do colapso. O aparato hídrico bizantino foi privado de sua razão de ser.

O maior protetor do MinVodChoz, o genro de Leonid Brejnev, foi denunciado pouco antes como vigarista-mor do sistema soviético. Descobriu-se que ele esteve à frente de uma organização mafiosa especializada em falsificar estatísticas governamentais durante quase vinte anos. Com a ajuda de uma rede de fraudadores, ele «entregava» enormes quantidades de algodão fictício ano após ano. Eram milhões de toneladas de fibra inexistente que foram simplesmente faturadas à agência estatal de compras. Enquanto os campos de algodão da Ásia Central se tornavam salinizados e esgotados, o Uzbequistão reportou consistentemente o cumprimento do plano em 100% ou mais. Dentro do experimento social que foi a própria União Soviética, a mentira das colheitas recorde nunca realizadas pôde crescer melhor que o próprio algodão.

Mikhail Gorbachev expôs o «escândalo do algodão» em todas as suas ramificações e ordenou a punição de todos os culpados. Durante os massivos «processos do algodão» no fim da década de 1980, 27 mil funcionários soviéticos, incluindo o genro de Brejnev, foram postos atrás das grades por cumplicidade na Grande Fraude.

Gorbachev pensou que poderia salvar com reformas o carcomido império soviético, mas só de remexê-lo ele desmoronou.

O próprio Konstantin Paustóvski não testemunhou o início do duelo final entre *liriki* e *fiziki*; em 14 de julho de 1968, morreu de ataque cardíaco no Hospital Kremlin. Tinha 76 anos.

Como era costume, um pico nas montanhas Pamir recebeu seu nome. O pico Paustóvski mede 6.150 metros e fica de frente para o pico da Revolução (6.974 metros) e o do Comunismo (7.495 metros).

Gália me mostrou uma série de fotos do funeral. Primeiro, o corpo ficou na Casa dos Escritores, com a estrela de cinco pontas da Ordem de Lênin na lapela (concedida a ele quando fez 75 anos). Depois que amigos e admiradores se despediram dele em Moscou, seu corpo foi levado para Tarusa. Num caixão aberto, com as mãos cruzadas sobre o peito, ele foi levado por uma procissão de centenas de enlutados. A multidão atravessou as ruas estreitas e subiu a colina arborizada até o cemitério do vilarejo.

Perguntei a Gália se poderia me mostrar o túmulo, mas ela disse que a subida seria difícil para ela. Volôdia se ofereceu para me acompanhar.

O cemitério ficava atrás do depósito de lixo, num pequeno bosque com vista para o Oka. Como todos os túmulos russos, esses também eram decorados com grades baixas de ferro fundido, flores de plástico e mármore polido, às vezes com uma imagem do falecido. As pedras eram ornadas com uma cruz ortodoxa ou uma estrela vermelha.

Volôdia fez uma pausa no monumento duplo para Tatiana Paustovskaia (1910-78) e seu filho Aleksei («Aliosha») Paustóvski (1950-76).

«Aliosha teve uma vida trágica», disse Volôdia. «Ele queria ser pelo menos tão famoso quanto seu pai, mas não tinha talento nem paciência pra isso. Aos 26 anos, literalmente bebeu até morrer.»

Não muito longe da lápide dupla para mãe e filho, havia uma pedra num leito de calêndulas: o túmulo de Konstantin Georgievich Paustóvski — escritor —, com uma cruz da altura de uma pessoa cravada na terra.

«Paustóvski era religioso?»

«Não», disse Volôdia.

«Então por que uma cruz no seu túmulo?»

«Isso mantém os vândalos afastados.» Tarusa não abrigava apenas bêbados e ladrões, mas também uma gangue de violadores de túmulos. «À noite eles se reúnem no cemitério para pisotear os canteiros de flores e destruir os arabescos das grades de ferro fundido.»

A experiência mostrou que os profanadores de túmulo de Tarusa temiam as cruzes ortodoxas. Já pelos comunistas mortos, eles não demonstravam nem medo nem respeito.

Referências e agradecimentos

Quando eu contava, no último ano, que estava trabalhando num livro sobre escritores soviéticos, recebia olhares curiosos. «*Boy meets tractor*» é o predicado corrente para a literatura soviética. E, bem, o que poderia haver de instigante por trás de um livro com um título tipo *Como o aço é endurecido*?

Em obras de referência ocidentais, o mesmo parecer se repete toda vez: a única literatura com valor atemporal da União Soviética é a literatura clandestina, proibida, confiscada, copiada à mão, contrabandeada para o Ocidente ou nunca publicada. Livros com o *nihil obstat* da censura soviética, com poucas exceções, parecem vazios e patéticos em comparação aos outros.

A *Enciclopédia Britânica* afirma sem reservas que a literatura soviética já havia atingido seu «nadir moral» em 1934, com a publicação de *Belomor*, o livro coletivo de Górki.

Neste livro, não pretendi utilizar nenhum critério baseado em noções retrospectivas. Deixei-me arrebatar pelas expectativas e os desejos da nova geração de escritores soviéticos.

Mais ainda que os pensadores obstinados e incontestáveis (Mikhail Bulgákov, Daniil Kharms, Anna Akhmatova, Joseph Brodsky), me fascinavam os completa ou parcialmente oportunistas, os convertidos, os renegados e os indecisos, talvez porque seus dilemas e fraquezas sejam tão reconhecíveis.

Durante minha «peregrinação» pela literatura soviética, trabalhei de forma seletiva. Ao me deter no que me fascinou e deixar de mencionar inúmeros incidentes, tracei um itinerário com tônicas pessoais.

Para poder recontar as histórias de vida de escritores, cientistas e outras figuras com a perspectiva e a percepção da época, muitas vezes recorri à reconstrução. As passagens criadas dessa maneira se baseiam numa infinidade de fontes, mas nem todas elas são citadas no texto.

No que diz respeito à história de vida de Maksim Górki, bebi na fonte de sua trilogia autobiográfica (*Infância, Ganhando meu pão, As minhas universidades*, em tradução holandesa publicada pela editora Het Spectrum, Utrecht, 1981, 1983, 1985); de *Gorky, a Biografy*, de Henri Troyat (Crown Publishers, Nova York, 1989); de *Gorky*, de Nina Gourfinkel (Evergreen Books, Londres, 1960) e de *A People's Tragedy — the Russian Revolution*, de Orlando Figes (Penguin, Nova York, 1998). Há uma controvérsia na Rússia sobre as circunstâncias do retorno de Górki à União Soviética. Encontrei novo material e novos insights, entre outros, no artigo «O grande humanista» de T. Dubinskaia-Jalilova na revista *Novoe literaturnoe obozrenie*, n. 4, de 1999.

Vitali Shentalinski, que como presidente da Comissão para o Legado Literário de Escritores Vítimas da Repressão foi o primeiro a ter acesso aos arquivos da KGB, já tinha trazido à tona um tesouro de informações sobre Maksim Górki em seu livro *The KGB's Literary Archive* (Harvill Press, Londres, 1995). E não só sobre Górki. Também tomei emprestadas muitas informações sobre Babel, Pilniák e Platônov do trabalho de Shentalinski, que entre 1988 e 1992, com grande perseverança, conseguiu abrir caminho para os cofres-fortes da Lubianka. Shentalinski parte do princípio de que não existe nenhum dossiê sobre Paustóvski. Isso não significa que o serviço secreto não tenha colhido informações sobre ele, mas sim que nunca foi considerado suficientemente importante ou controverso para um dossiê com o carimbo «custódia perpétua».

Sobre o encontro de Stálin com cerca de quarenta escritores na casa de Górki existem vários relatos. Em minha representação, me baseei principalmente nas notas do crítico literário Korneli Zelinski, que esteve presente. Suas anotações estão no Arquivo Estatal Russo para Literatura e Arte (RGALI), pasta 1604, sob o título «A conversa de J.V. Stálin com os escritores, 26 de outubro de 1932».

O compêndio mencionado, *Dez séculos de literatura russa*, de Johan Daisne, é chamado na íntegra no original: *Van Nitsjevo tot Chorosjo; tien eeuwen Russische literatuur* (Electa, Bruxelas, 1948). Daisne, que citei como diretor da biblioteca municipal de Gante, também foi um famoso poeta, eslavista e historiador do cinema.

As informações sobre a baía de Kara Bogaz vêm principalmente do livro *Kara Bogaz* de Paustóvski (Molodaja Gvardija, Moscou, 1932), que foi publicado em 1935 na tradução holandesa de Gerard van het Reve Sr. e seu filho Karel pela editora Pegasus, e em 1998 na tradução de Wim Hartog pela De Abeiderspers (com o título *De Baai van Kara Bogaz*). Encontrei dados adicionais na revista soviética *Ciências da Terra* (nº 10, 1983), na *Grande enciclopédia da União Soviética* (diferentes edições) e na já mencionada tese da dra. Amansoltan Saparova *Kara Bogaz Gol: Pesquisa científica e exploração industrial* (Academia Turcomana de Ciências, Asgabade, 1992).

As informações sobre a criação do livro *Djan*, de Platônov, vêm da enciclopédia *Turkmenskaia SSR* (Asgabade,

1984) e do posfácio de Thomas Langerak *Over Dzjan en Andrej Platonov* conforme publicado na edição holandesa do livro, traduzida por J.R. Braat (Pegasus, Amsterdã, 1994). No entanto, baseei a citação do parágrafo final de *Djan* na tradução inglesa de Joseph Barnes, da coleção *The Fierce and Beautiful World* (Dutton, Nova York, 1970). Thomas Seifrid também se detém em *Djan* em seu estudo *Andrej Platonov; Uncertainties of Spirit* (Cambridge University Press, Cambridge, 1992). Fragmentos desse romance foram publicados pela primeira vez com um título diferente na *Literaturnaia Gazeta* de 5 de agosto de 1938, e na revista *Ogoniok* (n. 15, de 1947). Só em 1964 o texto completo apareceu sob o título *Djan* na revista *Prostor* (n. 9).

Devo certos pontos de vista sobre o trabalho de Platônov a *Russische Notities*, de Charles B. Timmer (Van Oorschot, Amsterdã, 1981). O posfácio do posterior tradutor de Platônov, Lourens Reedijk, em *De gellukige Moskou* (Meulenhoff, Amsterdã, 1999), também foi muito útil para mim. E o compêndio mais completo, com todos os documentos relevantes de dossiês, foi publicado em Moscou: *Strana Filosofov: Andreja Platonova* (Institut Mirovoi Literatury, Moscou, 2000).

Uma fonte valiosa para minhas descrições da excursão literária de Górki ao Canal de Belomor em 1933 foi *Making History for Stálin; the story of the Belomor Canal*, de Cynthia Ruder (University Press of Florida, Miami, 1998). As opiniões dos agricultores e operários sobre literatura e teatro vêm da coleção *Socialist Realism Without Shores* (Duke University Press, Durham, 1997), em particular da contribuição de Ievguêni Dobrenko.

O «enigma ornitológico» da década de 1930, assim como a afirmação de que as brigadas de caça dos campos do gulag na Rússia ártica foram parcialmente responsáveis pelo declínio da população de gansos-de-cara-preta, vêm do ornitólogo polonês-alemão Eugeniusz Nowak (explicado por ele no artigo *Jagdaktivitäten in der Vergangenheit und heute als Einflussfaktor auf Gänsepopulationen und other Vögel Nordsibiriens*, de 1995). Sou grato a Jan Jaap Hooft e Gerard Boere por terem me indicado o trabalho de Nowak e por terem dado suas explicações especializadas.

Retirei os dados biográficos e bibliográficos de Paustóvski de suas próprias memórias (*Povest o zhizni*, editora Sovremenni Pisatel, Moscou, 1995, que também inclui cartas, fotografias e comentários), e da edição holandesa da série *Privé-domein*, da editora De Arbeiderspers (seis volumes, traduzidos por Wim Hartog), à qual foi adicionado um sétimo volume, *De Gouden Roos* (as memórias literárias de Paustóvski). O livro de memórias escrito por amigos *Vospominaniya o Konstantine Paustovskom* (Sovietski Pisatel, Moscou, 1983) também merece menção, assim como a revista *Mir Paustovskogo*. Nos n. 15 e 16 (de 2000), foi publicado um díptico de Vadim Paustóvski sobre a vida privada do pai sob o título «O anel de prata». Uma versão resumida também apareceu anteriormente como posfácio na edição holandesa de *Os românticos* (De Arbeiderspers, Amsterdã, 1995).

Outras obras consultadas sobre Paustóvski foram: *Der Stil Konstantin Georgievic Paustovskijs*, de Wolfgang Kasack (Böhlau, Colônia, 1971); *Konstantin Paustovskijs Auffassung vom poetischen Schaffen*, de Irmhild Reischle (Eberhard Karls--Universität, Tübingen, 1969); *K. Paustovski i Sever*, de Faina Makarova (Moscou, 1994); «Konstantin Paustovskij, écrivain-modèle», de Leonid Heller, em *Cahiers du monde russe et soviétique*, n. 26 (de 1985), e *Konstantin Paustovski: otsjerk tvorchestva*, de Lev Levitski (Sovietski Pisatel, Moscou, 1977).

A contribuição de Paustóvski para o Segundo Congresso da União dos Escritores Soviéticos foi publicada na revista *De Waarheid* (8 de janeiro de 1955) sob o título «*Laten wij toch openhartig spreken*» («Vamos falar francamente»). A citação de seu *Discurso de Drozdov* pode ser encontrada no posfácio de Martin Ros na edição de bolso das memórias de Paustóvski; informações adicionais sobre essa apresentação e também sobre a campanha difamatória contra Boris Pasternak em torno da concessão do Prêmio Nobel foram encontradas em *Political Control of Literature in the USSR, 1946-59*, de Harold Swayze (Harvard University Press, Cambridge, Massachusetts, 1962).

A apresentação soviética na Feira Mundial de Nova York foi muito bem descrita por Tony Swift em «The Soviet World of Tomorrow at the New York World's Fair, 1939», em *The Russian Review*, n. 3 (de 1998). Além disso, fiz citações do folheto em inglês da exposição *Waterways and Water Transport in the USSR* (Foreign Languages Publishing House, Moscou, 1939).

Meu exemplar de *Oriental Despotism* (Despotismo oriental), de Wittfogel, data de 1981 (Vintage Books, Nova York). Encontrei a informação sobre o envolvimento holandês no canal Volga-Don em *De lange weg naar Moskou*, de Ben Knapen (Elsevier, Amsterdã, 1985).

Consultei como literatura secundária sobre Bóris Pilniák: *Boris Pilniak: a Soviet Writer in Conflict with the State*, de Vera Reck (Queen's University Press, Montreal, 1975); o posfácio de Arthur Langeveld em sua tradução *Stad der stormen* (De Arbeiderspers, Amsterdã, 1993) e o de Aleksandr Tulloch em sua tradução *The Naked Year* (Ardis, Ann Arbor, 1975).

O dossiê com os documentos sobre Iákov Rubinstein está guardado na pasta 140527 no Arquivo Estatal Russo de

História Socio-política (RGASPI). O filme *Kara Bugaz — Chernaya Past* (Ialta, 1935) é do diretor Aleksander Razumni e está arquivado sob o nº 2972 na fundação estatal de cinema GOSFILMFOND.

As maquinações da instituição de censura GlavLit foram pesquisadas e descritas de forma mais extensa por Herman Ermolaev em *Censorship in Soviet Literature, 1917- -91* (Rowman & Littlefield, Lanham, 1997). As citações do antigo censor do GlavLit, Vladimir Solodin, vêm do relatório *KGB: yesterday, today, tomorrow* (Glasnost Public Foundation, Moscou, 1995).

John e Carol Garrard documentaram a história da União dos Escritores Soviéticos em *Inside the Soviet Writers' Union* (The Free Press, Nova York, 1990). Baseei a descrição do Primeiro Congresso, de 1934, entre outras coisas, nos dados dessa obra.

A revista *Itogi* n. 21, de 2001) contém muitos dados sobre as origens da colônia de escritores de Peredelkino. Lev Shilov, diretor do Museu Chukovsky, em Peredelkino, também foi uma importante fonte de informação, tanto oral quanto escrita (em sua brochura *Pasternakovskoie Peredelkino*, Moscou, 1999).

Extraí informações sobre Isaac Babel de seu livro *Brieven naar Brussel, 1925-39* (Moussault, Amsterdã, 1970); do artigo «De dood van Babel», da coleção *Russische werklijkheden* de Charles B. Timmer (De Arbeiderspers, Amsterdã, 1991), e de *Steden zonder geheugen. In het voetspoor van Isaak Babel*, de Pauline de Bok (Meulenhoff, Amsterdã, 1996).

O diplomata britânico que esteve presente como observador nos julgamentos-espetáculo no Salão das Colunas de Moscou foi Fitzroy Maclean. A citação do comentário vem de seu livro *Eastern Approaches* (Penguin, Londres, 1991). O outro enviado diplomático britânico que redigiu um memorando sobre a literatura soviética em 1945 é Isaiah Berlin. A *New York Review of Books* republicou seu relato em outubro de 2000 sob o título «The Arts in Russia under Stalin».

Para descrever sobre o cultivo do algodão na Ásia Central, utilizei a tese de doutorado *Tussen Oxus en Jachartus; de geschiedenis van de katoenbouw in Oezbekistan*, de Greetje van der Werf (Amsterdã, 1995); e *Turkestan Solo*, diário de viagem de Ella Maillart, de 1932 (Century Publishing, Londres, 1985).

A reversão do rio e os protestos contra isso são descritos em *New Atlantis Revisited, Akademgorodok, the Siberian City of Science*, de Paul Josephson (Princeton University Press, Princeton, Nova Jersey, 1997) e em *A Little Corner of Freedom: Russian Nature Protection from Stalin to Gorbachev*, de Douglas Weiner (University of California Press, Berkeley, 1999).

Agradeço aos meus interlocutores, a maioria dos quais incluí no texto, por suas opiniões e informações, e por sua disponibilidade em partilhá-las comigo.

Outros que desempenharam papel indispensável nos bastidores foram Galina Medvedeva, força motriz por trás do *KorPunkt* do jornal *NRC Handelsblad* em Moscou, e Oleg Klimov, fotógrafo, amigo e companheiro de estrada em diversas viagens descritas neste livro.

Yulia Ochetova também esteve nas ilhas Solovki e na baía de Kara Bogaz. Sou profundamente grato a ela por seu virtuosismo na tradução, por seu conhecimento da literatura russa e por suas enérgicas investigações em arquivos e bibliotecas.

Leitores críticos do livro em preparação me desviaram a tempo de pistas falsas e me salvaram de deslizes. Meus agradecimentos por isso a Regina Bennink, Bas Blokker, Lucette ter Borg, Emile Brugman, Ans Jansen-Wouters, Eddy Naessens e Pieter Westerman.

Também tive muita sorte em ter o acompanhamento incansável de Suzanna Jansen, que me manteve alerta a cada passo do caminho.

Moscou, 18 de dezembro de 2001

À margem
volumes publicados

1. Erika Fatland
   Nas alturas
   Uma viagem pelo Himalaia
2. Didier Eribon
   Vida, velhice e morte
   de uma mulher do povo
3. Francesca Mannochi
   Eu, Khaled, vendo
   homens e sou inocente
4. Sarah Watling
   Amanhã talvez o futuro – Escritoras
   e rebeldes na guerra civil espanhola
5. William Blacker
   Ao longo do caminho encantado
   Viagens na Transilvânia
6. Etty Hillesum
   Uma vida interrompida
7. Hisham Matar
   Um mês em Siena
8 Frank Westerman
   Engenheiros da alma

Março
2025
Belo Horizonte
Veneza
São Paulo
Balerna